보도 섀퍼 부의 레버리지

Endlich mehr verdienen: 20% mehr Einkommen in einem Jahr
by Bodo Schäfer
Originally published by Bodo Schäfer Akademie GmbH, Bergisch Gladbach.

ENDLICH MEHR VERDIENEN

보도 섀퍼

경제적 자유로 가는
가장 빠르고 확실한 길

부의 레버리지

보도 섀퍼 지음 · 한윤진 옮김

비즈니스북스

옮긴이 | **한윤진**

연세대학교 독문학과를 졸업했으며 독일 뷔르츠부르크 대학에서 수학했다. 현재 번역 에이전시 엔터스코리아에서 번역가로 활동하고 있다. 옮긴 책으로는《돈, 뜨겁게 사랑하고 차갑게 다루어라》,《뇌, 욕망의 비밀을 풀다》,《코스톨라니의 투자노트》,《사랑한다고 상처를 허락하지 마라》,《자기 회복력》등이 있다.

보도 섀퍼 부의 레버리지

1판 1쇄 발행 2023년 2월 7일
1판 10쇄 발행 2024년 8월 19일

지은이 | 보도 섀퍼
옮긴이 | 한윤진
발행인 | 홍영태
편집인 | 김미란
발행처 | (주)비즈니스북스
등 록 | 제2000-000225호(2000년 2월 28일)
주 소 | 03991 서울시 마포구 월드컵북로6길 3 이노베이스빌딩 7층
전 화 | (02)338-9449
팩 스 | (02)338-6543
대표메일 | bb@businessbooks.co.kr
홈페이지 | http://www.businessbooks.co.kr
블로그 | http://blog.naver.com/biz_books
페이스북 | thebizbooks
ISBN 979-11-6254-326-9 03190

당신의 인생을 하나의 걸작으로 만들자.
부의 축적이 그 길에 큰 도움이 될 것이다.

_보도 섀퍼

당신만의 부와 성공의
레버리지를 찾길 바라며

아름다운 한국을 방문하고 강연을 할 때마다 나는 한국 사람들이 보여준 일을 대하는 태도에 늘 깊은 인상을 받았다. 그런데 세상은 지금 변화를 마주하고 있다. 또 한 번의 경기 침체나 세계공황 수준의 경제 위기가 일어날 수 있다. 이런 상황 속에서 긍정적이고 근면 성실하게 살아온 사람들은 애써 이뤄온 결실을 잃어버릴까 두려워하고 있다.

지금 이 책을 펴내며 내가 전하고 싶은 말이 있다. 그런 두려움을 느낄 필요가 전혀 없다는 것이다. 물론 변화된 상황에 적응하지 못하고 뒤처지는 사람도 있을 것이다. 하지만 동시에 머지않아 돈을 버는 새로운 방식을 찾고 부를 자신의 것으로 만들어 승자가 되는 사람도 탄생할 것이다. 승자들은 안다. 위기의 시대가 승자의 시대라는 것을 말이다.

부를 쌓는 방식도 이제 달라져야 한다

앞서 했지만 나는 한국 사람들이 일하는 태도가 늘 인상 깊었다. 그래서 한국 독자들에게 이 책을 꼭 읽어보라고 권하고 싶다. 이 책에 내가 열심히 일해서 돈을 번 방식뿐 아니라 똑똑하게 일하며 빠르게 부를 축적한 비밀까지 모두 펼쳐내 담았다.

세상은 달라지고 있고 우리는 이제 새로운 게임을 시작했다. 이 게임은 바로 '새로운 수익의 창출'이다. 과거의 오래된 규칙으로 이 게임에 뛰어든다면 당신은 결코 이길 수 없다. 그러니 부디 이 책에 담긴 새로운 규칙을 읽기를 바란다. 그리고 그 규칙들을 반드시 당신의 일과 삶에 적용해 보길 바란다.

기억하라. 위기의 시대가 곧 기회의 시대다. 지금 당신이 이 책을 읽으면 이 시대의 새로운 규칙을 가장 먼저 습득하는 사람이 될 수 있다. 그 규칙으로 누구보다 빨리 새로운 수익 게임의 승자가 될 것이다.

우리가 왜 돈을 버는지 잊지 않길 바라며

진심으로 다시 말하건대 돈을 버는 것은 게임과 같다. 우리는 이 게임에 진지하게 임해야 하고 또 반드시 이기겠다는 마음을 가져야 한다. 이것이 단순히 나 자신만의 문제가 아니기 때문이다. 이 사실을 당신도 잘 알고 있을 것이다. 당신이 부를 축적할 때마다 다른 사람들에게 매우 중요한 가치를 줄 수 있게 된다. 그들이 가진 문제를 해결해 줄 수 있고, 그들이 느끼는 필요를 충족시켜줄 수 있다. 그러니 열린 마음으로 이 책을 읽기 바란다. 당신의 가족과 이웃, 지금 사는 나라와 세상이 앞으로 더 잘살기 위해서 말이다.

이제 당신의 과제는 다른 사람을 도우며 당신이 있는 곳에서 최고가 되는 것이다. 여기서 전하고 싶은 한 가지 당부가 있다. 훗날 당신이 이 과제를 성공적으로 잘 해 낸다면 이 책에 담긴 부와 성공에 대한 새로운 규칙을 삶에 적용할 수 없었던 사람들을 생각해 주길 바란다. 그들은 나이가 들었거나 아픈 사람들일 것이다. 모쪼록 당신이 쌓은 부와 시간의 일부를 그들에게 나눈다면 기쁘겠다.

나는 우리 모두가 세상을 더 살기 좋은 곳으로 만들어 가기를 바란다. 당신이 할 수 있는 바를 다해 가장 훌륭한 사람으로 거듭나기를 소망한다. 그 여정을 당신의 부와 친절함, 배려심 그리고 세상을 함께 살아가는 사람들에 대한 마음으로 보여 주길 바란다.

당신을 진심으로 생각하는

보도 섀퍼

나는 이제 돈을 더 벌기로 했다

주변에서 누군가 돈을 더 많이 벌기 시작했다는 이야기를 들으면 당신은 기분이 어떠한가? 어쩌면 "돈이 전부는 아니야."라고 말하는 사람이 많을지도 모른다. 물론 그것도 맞는 말이다. 성공에 대한 정의는 사람마다 다를 수 있다. 직업 선택에도 중요한 요인들이 많다. 안정성, 재미, 높은 수입, 명예, 여가시간, 의미 등 각자가 생각하는 선택의 기준은 다양하다. 그중에서 무엇이 가장 중요할까? 정답은 '전부'다. 그리고 사람은 누구나 자신이 생각하는 가치를 모두 누릴 자격이 있다.

하지만 학교에서 배운 규칙대로만 산다면 앞서 말한 모든 가치를 누릴 수 없다. 고리타분한 과거의 규칙에 얽매여 안정성을 최우선으로 생각하기 때문이다. 학교에서는 열심히 공부해서 좋은 성적을 받아야 안정적인 직장을 얻을 수 있다고 가르친다. 또한 직업에 따르는 책임에 비해 일에서 찾는 재미와 의미의 가치를 덜 중요하게 다룬다. 많은 사람이 성취감은 안정성만큼 중요하지 않고, 고소득은 명예보다 후순위라고 배운다. 쉽게 말해 돈을 더 많이 벌고 싶다면 '더 오래' 그리고 '더 열심히' 일하는 방법밖에 없다고 생각한다.

부와 성공의 규칙을 바꿔야 한다

이제 부와 성공에 대한 규칙을 새롭게 세워야 할 때다. 오늘날은 복잡하고 다양한 사회 환경과 경제적 국면으로 접어들었다. 직업적 성공을 위한 전제 조건도 그만큼 달라졌다. 직장인이든 자영업자든 마찬가지다.

돈 버는 법에 대한 과거의 규칙에는 커다란 위험이 도사리고 있다. 대다수의 사람이 과거의 규칙을 따르는 과정에서 필연적으로 무언가를 잃는다. 곧장 직업을 잃지는 않겠지만 실현 가능한 소득과 필수 소득만큼 얻지 못하고 있는 것이 현실이다. 직장에서 제대로 인정을 받지 못할 뿐만 아니라 일에서 재미도 느끼지 못하고 있다. 설령 돈을 잘 번다고 해도 대부분 건강과 여가시간을 희생해 얻은 결과다. 인생 전체를 놓고 보면 자신이 누렸어야 할 삶의 질을 맞바꾼 것이므로 결과적으로 제대로 부를 얻었다고 할 수 없다.

만약 새로운 규칙을 따른다면 오늘날 변화된 시대는 당신에게 단 한 번뿐인 기회를 선사할 것이다. 이제는 얼마든지 자신이 하는 일에서 안정성, 재미, 명예, 충분한 여가시간, 의미, 환상적인 고소득 등의 모든 것을 전부 찾고 누릴 수 있다. 실제로 단 몇 달 만에 현재 버는 소득보다 20퍼센트를 향상시킬 수 있다. 나아가 3년 안에 현재 소득의 100퍼센트를 더 벌 수도 있다. 심지어 지금보다 더 오래, 더 힘들게 일하지 않아도 된다.

당신의 인생을 하나의 걸작으로 만들자. 고소득이 당신에게 큰 도움이 될 것이다. 소득은 자신이 적절한 마음가짐을 늘 유지하고 있는지 알려 주는 기준점이 된다. 인생을 살면서 어쩌다 보니 돈이 생기는 경우는 없다. **소득은 일종의 에너지다. 인생에서 가장 중요한 영역에 더 많은 에너지를 투입할수록 더 많은 소득을 올릴 수 있다.** 당신이 누릴 삶의 질도 달라진다.

어떻게 해야 돈을 더 벌 수 있는가

이 책에 담긴 조언을 활용하면 소득을 눈에 띄게 향상시킬 수 있다. 규칙을 새롭게 익히고 세우는 과정에서 더 많은 재미와 의미를 찾음으로써 전반적으로 더 높은 삶의 질을 영위하는 것이 핵심이다. 이때 자신의 소득 수준은 매우 중요한 역할을 할 것이다.

시장경제 시스템 자체를 논하는 일은 다른 전문가들에게 맡기고 나는 당신에게 필요한 맞춤 컨설팅을 제안하고자 한다. 당신은 이 책에서 소개한 부와 성공에 대한 새로운 규칙들을 익히며 자신이 무슨 일을 할 때 가장 즐거운지 깨닫게 될 것이다. 또 그 일에 실제로 뛰어들기 위해 용기를 가지고 실천하는 비결과 현재의 수입을 증가시키는 원리까지 알려 주고자 한다. 더 이상 힘들여 오래 일하지 않아도 된다.

내 제안을 들으면 몇몇 사람은 곧바로 이렇게 반박한다. "그럴 리가 없잖아." "너무 이상적인 얘기야." "내가 일하는 이 직장(업계)에서는 불가능한 일이야." 만약 당신도 이렇게 생각하고 있다면 주변에서 누가 그렇게 말하는지 떠올려 보라. 적어도 자신이 원하는 성공을 이뤄서 행복한 사람이 그런 말들을 하는 일을 보지 못했을 것이다. 만약 누군가 이런 편견과 변명을 입에 달고 산다면 자신이 하는 일에 재미도 느끼지 못하고 소득도 변변찮고 여가시간도 없이 살고 있다고 말하는 것과 다름없다. 그들이 당신이 돈을 더 벌기 위해 새로운 규칙을 세우고 이전과는 달라질 용기를 빼앗도록 내버려 두지 마라.

부자가 되는 일은 운도, 기적도 아니다

이쯤에서 재미난 일화를 하나 소개하고자 한다. 한 성직자가 동프리슬란트의 한 마을을 방문했다. 마을에서는 그의 방문을 환영하는 의미로 오리 사냥 축제를 열었다. 오리 한 마리를 공중에 던지자 사냥꾼이 총을 쏘았다. 총알을 맞은 오리는 자그마한 마을 호수의 정중앙으로 떨어졌고 이를 지켜보던 한 주민이 호수로 다가갔다. 물가에 도착한 주민은 일말의 망설임 없이 물 위를 성큼성큼 걸어가 오리를 건져 돌아왔다. 놀랍게도 주민의 발은 물에 전혀 젖지 않았다. 심지어 이후 몇 차례 오리를 건져 오는 동안에도 발은 말끔했다.

이 장면을 본 성직자는 결심했다. "나도 할 수 있을 거야. 다음 오리는 내가 건지러 가야겠어." 그는 호수로 다가가 물 위를 걸어보려고 시도했지만 그대로 물에 빠지고 말았다. 호수에 빠진 성직자가 물 밖으로 나오는 사이 그 모습을 지켜보던 마을 주민이 옆 사람에게 넌지시 말했다. "아무래도 신앙심이 몹시 깊은 분이신가 봐. 하지만 돌이 있는 위치는 도통 모르시는 것 같아."

우리 주변에 많은 사람이 이 일화 속 성직자와 같은 시선으로 고소득자를 바라본다. 그들이 마치 물 위를 걷는 '기적'을 행한다고 생각하는 것이다. 이 이야기를 통해 나는 두 가지를 말하고자 한다. 첫째, "당신은 무엇이든 할 수 있다!"라는 것이다. 하지만 이러한 금언金言은 워낙 상투적인 데다 어떤 관점에서는 틀린 말이라 볼 수 있고 위험하기까지 하다. 그럴 수 있는 토대가 필요한 것이다. 내가 진정으로 말하고자 하는 두 번째는 이것이다. "고소득이라는 목적지까지 이르게 만드는 안전한 디딤돌은 분명 있다." 그리고 나는 지금부터 그 디딤돌을 당신에게 알려 줄 것이다.

당신이 디딤돌을 밟고 가는 모습을 누군가 본다면 마치 물 위를 걷는 기적처럼 보일 것이다. 하지만 기적은 존재하지 않는다. 그저 돈에 관한 중요한 규칙과 전략을 습득해 자신의 가치만큼 버는 데 적용한 결과일 뿐이다.

나는 당신이 더 많은 돈을 벌 수 있다고 믿는다!

당신이 누군지 제대로 알지도 못하는 내가 이렇게 확신하는 이유가 궁금할 것이다. 나는 어떤 책을 읽을 때 내가 그 책을 찾아낸 것이 아니라 그 책이 나를 발견했다고 생각한다. 누군가에게 선물받은 책이어도 마찬가지다. 만약 책을 선물받았다면 당신에게 호의를 가진 누군가가 있다는 사실까지 깨닫는 계기가 될 것이다.

지금 이 순간, 이 책을 읽으려는 당신의 결심에도 분명 이유가 있을 것이다. 적어도 난 그렇다고 생각한다. 이 순간을 절호의 기회로 활용하고 당신을 둘러싼 주변 환경에 좌절하지 않는다면 당신을 위한 마법이 비로소 힘을 발휘할 것이다.

자! 이제 우리 함께 그 길을 떠나 보자.

지금 나의 소득은 어떤 상태인가

1. 당신이 어느 분야의 전문가인지 한 문장으로 말할 수 있는가?

   _____

2. 당신의 장점은 무엇인가? 다른 사람과의 차별점은 무엇인가?

   _____

3. 당신의 소득을 어떻게 평가하는가? 당신은 자신의 가치만큼 돈을 번다고 생각하는가?
   - □ 매우 훌륭하다
   - □ 잘 번다
   - □ 잘 버는 편이다
   - □ 만족한다
   - □ 그럭저럭 번다
   - □ 부족하다
   - □ 매우 부족하다

4. 일반적으로 사람들은 일을 해야만 돈을 번다. 당신은 한 가지 일

로 장기간 돈을 버는 방법을 찾았는가?

☐ 그렇다

☐ 아니다

5. 일하지 않아도 생기는 수입은 총소득의 몇 퍼센트에 해당하는가?

☐ 0%

☐ ~10%

☐ ~25%

☐ ~50%

☐ ~75%

☐ 75% 초과

6. 자신의 아이디어로 돈을 벌고 있는가?

☐ 그렇다

☐ 아니다

7. 당신의 전문성은 어느 정도인가? 당신이 하는 업무를 맡길 후임자를 훈련시키는 데 시간이 얼마나 소요되는가?

☐ 하루

☐ 일주일

☐ 30일

☐ 최소 90일

☐ 최소 120일

8. 당신은 자신이 보유한 자산으로 돈을 벌고 있는가? 이자 소득은 수입의 몇 퍼센트에 해당하는가?

_____%

9. 세금을 과납부하지 않아도 되는 합법적인 방법을 알고 있는가?
   ☐ 절세에 대해 한 번도 생각해 본 적이 없다
   ☐ 더 고민해야 한다
   ☐ 좋은 해법을 찾았다

10. 지금 당신의 직업은 당신에게 필요한 경제적 안정성을 충족하는
    가? 만약 그 밖의 여러 갈래의 수입원이 있다면 수입원별 소득은
    총수입의 몇 퍼센트를 차지하는가?
    - 수입원 _____, _____%
    - 수입원 _____, _____%
    - 수입원 _____, _____%
    - 수입원 _____, _____%
    - 수입원 _____, _____%

11. 직업 생활을 유지하는 데 위험(해고나 작업 의뢰 끊김 등)에 크게 노
    출됐던 마지막 경험은 언제였는가? 이러한 위험을 감수하는 당
    신의 각오는 어느 정도라고 평가하는가?
    ☐ 거의 위험이 생길 일이 없다
    ☐ 약간의 위험이 존재한다
    ☐ 위험이 높은 편이다
    ☐ 위험이 매우 높은 편이다

12. 매일 무언가를 배우는 데 시간을 얼마나 사용하는가?
    _____시간

13. 당신의 커리어를 지원해 주는 조언자가 있는가?

    ☐ 있다

    ☐ 없다

14. 현 소득보다 20~100퍼센트 정도 더 벌 수 있는 계획을 명확히 세워 놓았는가?

    ☐ 없다

    ☐ 막연한 생각이 있다

    ☐ 상당히 구체적인 구상이 있다

    ☐ 정확한 계획이 있다

15. 직장에서 당신이 할 수 있는 최선을 다하고 있는가?

    ☐ 0~50%

    ☐ ~75%

    ☐ ~85%

    ☐ ~95%

    ☐ 100%

    ☐ 100% 초과

16. 지금 하고 있는 일에서 최소 80퍼센트 이상의 짜릿한 재미를 느끼는가?

    ☐ 그렇다

    ☐ 아니다

17. 당신은 자신의 장단점을 알고 있는가?

    ☐ 그렇다

□ 아니다

18. 당신이 지금 일하는 분야는 당신의 장점을 더 향상시켜 주고, 단점은 크게 문제 되지 않는 분야인가?

□ 그렇다

□ 아니다

19. 근무 시간 중 실제로 소득이 생기는 활동에 활용하는 시간은 전체의 몇 퍼센트에 해당하는가?

_____%

20. 당신은 자신의 소득 수준이 중요하다고 생각하는가?

□ 그렇다

□ 아니다

21. 지금보다 돈을 두 배 이상 번다면 당신의 생활에 어떠한 영향을 미치게 될까?

_____

_____

22. 지금 하는 일에서 자신의 직업적·경제적 포지셔닝을 위해 적어도 하루에 한 시간을 할애하고 있는가?

□ 그렇다

□ 아니다

(자영업자가 아니라면 23~28번 문항은 건너뛰세요.)

23. 당신의 회사가 다른 곳보다 잘 해결할 수 있는 문제는 무엇인가?
고객이 당신의 회사 상품이나 서비스에 지갑을 열어야 할 이유는
무엇인가?

_____

_____

24. 당신의 타깃 집단은 정확히 누구인가?

_____

_____

25. 회사의 사명mission statement과 로고는 무엇인가?

_____

_____

26. 당신의 회사가 제공하는 가장 큰 이익은 무엇인가? 당신의 고객
은 그 이익을 제대로 인지하고 있는가?

_____

_____

27. 당신의 회사를 위해 기꺼이 나설 선봉대가 있는가?

_____

_____

28. 만약 당신이 그만둬도 회사가 제대로 굴러갈 것인가? 그렇다면 얼마나 오랫동안 유지될 수 있을까?

_____개월

• 체크리스트를 마치고

앞으로 내가 실행해야 할 일:

_____

_____

_____

_____

_____

_____

그중 가장 먼저 시행해야 할 일:

_____

_____

_____

_____

_____

_____

차례

제1부

나는 부자가 될 수 있는가

| 제1장 | 부와 성공이라는 게임　　　　　28

돈을 버는 5가지 방법 | 왜 소수의 사람이 돈을 더 버는가 | 소득을 높이려면 기억해야 할 3가지 | 일과 소득이라는 다람쥐 쳇바퀴 | 지금보다 100퍼센트 이상 더 많이 벌기 | 나는 지금 어디를 달리고 있는가 | 매월 천만 원대 수입이 가능할까 | 나는 3년 안에 얼마를 벌 수 있을까 | 소득의 20퍼센트 vs. 소득의 2배 | 돈을 갖는 것보다 부자가 되는 것이 중요하다 | 경제적 자유를 보장하는 부의 레버리지 | 지금이 인생을 바꿀 최적의 시기다

· · ·

나는 부자가
될 수 있는가

부와 성공이라는 게임

부란 자그마한 노력들이 쌓여 큰 결과를 이뤄내는 것이다. 가난이란 크나큰 노력에도 그저 소소한 결과만 나오는 것이다.

_조지 데이비드George David

먼저 좋은 소식이 있다. 돈을 번다는 것은 일종의 게임이다. 누구나 참여할 수 있고 누구나 승리를 거머쥘 수 있다. 앞으로 12개월 내에 지금 버는 수입의 20퍼센트 이상을 더 벌 수도 있고 3년 내에 두 배로 향상시킬 수도 있다.

좋은 소식이 있으면 나쁜 소식도 있는 법. 안타깝게도 대부분의 사람이 게임 규칙을 제대로 알지 못한다. 그들은 오래되고 시대에 한참 뒤떨어진 규칙을 따른다. 무딘 칼을 아무리 휘둘러 봐야 제자리걸음에 그칠 뿐이다. 먼저 규칙을 제대로 알아야만 게임에서 이길 수 있다.

당신이 얼마를 버는지 그리고 자신의 수입에 만족하는지 여부와 별개로 세상에는 당신보다 훨씬 더 많은 수입을 올리는 고소득자들이 많다. 그중 일부는 당신이 버는 수입의 두 배 이상을 버는 사람도 있다. 심지어 10배, 20배 이상 버는 사람도 있다. 어떻게 그런 일이 가능한 것일까? 그들이 당신보다 10배 혹은 20배 이상 똑똑하기 때문일까? 아니면 당신보다 10배 혹은 20배 더 힘들게 일하기 때문일까? 당연히 그렇지 않다. 그들은 수입이라는 게임을 어떻게 해야 하는지 알고 있을 뿐이다. 그들은 게임의 규칙을 알고 있다.

이 책은 수입의 규칙들을 다룬다. 당신은 돈 벌기 게임에서 이기기 위한 새 규칙들을 배우게 될 것이다. 누구나 믿기지 않을 정도로 큰돈을 벌 수 있다고 말하진 않겠다. 적어도 이 책에서 소개하는 규칙을 잘 지킨다면 하나만큼은 약속할 수 있다. 장담컨대 아무것도 시도하지 않을 때보다 훨씬 더 좋은 결과를 달성하게 될 것이다!

돈을 버는 5가지 방법

당신이 돈을 벌 수 있는 방법은 다섯 종류다. 따라서 자신이 속해 있는 영역을 지정하는 것은 그리 어렵지 않을 것이다.

- 직장인·노동자
- 프리랜서

- 투자자
- 기업가
- 전문가

다섯 가지 소득 분야를 별 모양으로 표현한다면 다음과 같다. 지금부터 이 그림을 머릿속에 잘 심어두기를 바란다.

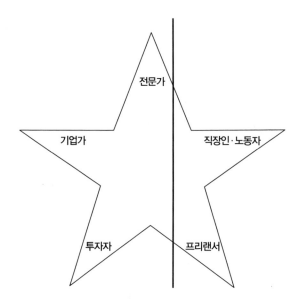

보다시피 별은 둘로 나뉜다. 별의 오른쪽에는 두 가지 소득 분야, 왼쪽에는 세 가지 소득 분야가 위치한다. 나는 여기서 두 가지 사항을 설명하고자 한다.

첫째, 학교에서는 주로 별의 오른쪽에 위치한 분야만 준비하도록 가르친다. 대부분 학교에서 좋은 직장인, 프리랜서가 될 수 있는 법을 배운다.

정작 성공적인 투자자, 기업가, 전문가가 되는 방법은 거의 접하지 못한다. **둘째, 별의 왼쪽에 있는 분야가 돈을 더 많이 번다.** 예컨대 기업가의 수입은 직장인 혹은 노동자보다 월평균 약 다섯 배 이상이다. 투자자는 자신의 돈이 스스로 돈을 벌도록 굴릴 수 있다. 전문가는 자신의 특수 지위를 이용해 크게 인정을 받는다. 자신의 일에서도 쉽게 만족감을 느낀다. 무엇보다 전문가로 포지셔닝하는 방법을 모르는 사람이 버는 수입의 여러 배에 달하는 많은 돈을 번다.

별을 나눈 양 측면에서 최고의 분야는 없다. 분야마다 장단점이 있다. 당신이 선택하는 최종 분야는 자신의 장단점, 위험을 감수하려는 각오, 성격 그리고 자신이 세운 목표에 따라 결정된다. 당신은 어떤 분야에 속해 있든 그곳에서 중요한 사람이다. 그곳에서 성취감과 고소득을 얻을 수도 있을 것이다. 어떤 마을, 어떤 도시 및 어느 국가든 별의 각 분야에서 일하는 사람들이 전부 필요하다.

학교에서는 좋은 직장인과 프리랜서가 되는 법을 가르친다. 경찰, 의사, 소방관, 엔지니어, 회계사, 요리사, 간호사, 교사 등 직업은 다양하다. 모두 사회를 유지하는 데 직접적으로 기여하는 직업들이다. 학생들은 그중에서 재미도 느낄 수 있고, 의미도 찾을 수 있는 직업을 갖는 데 필요한 준비를 한다.

별에 적힌 분야 중 하나를 당신이 의식적으로 직접 선택하는 것이 중요하다. 모두가 선택한다는 이유로 자신에게 맞지도 않은 분야에서 평생 일해선 안 된다. 제2장에서는 자신의 성격에 맞는 분야가 무엇인지 좀 더 명확하게 결정하는 법을 살펴볼 것이다.

왜 소수의 사람이 돈을 더 버는가

시장경제 체제에서 활동하는 직업인들의 비율을 살펴보면 투자자, 기업가, 전문가 한 명당 최소한 12명의 직장인, 프리랜서가 비례한다. 만약 별의 양쪽 면에 있는 직업인들의 수입과 소득이 동일하다면 직장인과 프리랜서가 가진 돈의 총합이 투자자, 기업가, 전문가보다 무려 12배 이상이 됐을 것이다. 현실은 전혀 그렇지 않다. 독일 연방 정부에서 실시한 연구 결과에 따르면 독일 전체 가계의 50퍼센트에 해당하는 돈을 가진 인구는 전체 인구의 4.5퍼센트에 불과했다(2022년 쾰른 독일 경제연구소Institut der deutschen Wirtschaft에서 1만 9천 가구 내 3만 5천 명을 대상으로 시행한 조사에 따르면 독일 전체 가계의 50퍼센트에 해당하는 소득 인구는 전체 인구의 약 20퍼센트에 달한다. 단 독일의 세금은 매우 높으며 각 주의 정

사람 수
왼쪽 분야와 오른쪽 분야의 비율
1:12

돈의 액수
왼쪽 분야와 오른쪽 분야의 비율
12:1

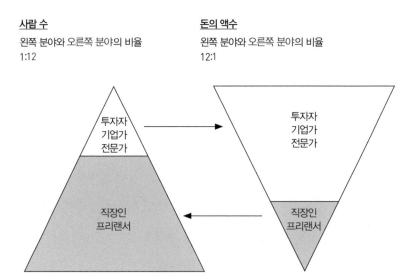

책이 상이하고 기관과 매체마다 세후를 기준으로 추정치를 내놓는 경우가 많다—옮긴이 주).

빈부 격차는 갈수록 벌어지고 있다. 경제학자들은 시간이 흐를수록 현재 기업의 핵심 영역에서 일하는 사람들 가운데 평균 두 배 이상의 월급을 받고, 생산성은 세 배 이상인 사람들이 절반으로 줄어들 것으로 예측한다.

왜 몇몇 사람들만 돈을 더 많이 버는 걸까? 답은 간단하다. 그들이 생각하는 방식 자체가 완전히 다르고, 기존과 완전히 다른 게임 규칙을 따라 돈 벌기 게임을 하기 때문이다.

소득을 높이려면 기억해야 할 3가지

어떻게 하면 돈을 더 많이 벌 수 있을까? 바로 이 책에서 초점을 맞추는 핵심 질문이다. 우선 소득의 정의부터 생각해 보자. 내가 제안하는 정의는 아주 단순하다.

자신에게 들어오는 것 전부가 소득이다.

당신은 매월 쓸 돈이 얼마만큼 있는지가 무엇보다 중요할 것이다. 그 돈을 직장에서, 부업의 현장에서, 독자적인 사업장에서 벌었는지는 중요하지 않다. 예컨대 투자자처럼 전혀 일하지 않고 돈을 벌 수도 있다. 시장경제의 선진국인 미국에서는 돈을 번다는 말 대신 '돈을 만든다'to make money고 표현한다. 나는 소득을 높이는 방법으로 세 가지를 꼽는다.

세 가지 방법 모두 이 책에서 자세히 설명할 것이다.

1. 한 분야 내에서 소득을 높인다

내가 여러 세미나를 개최해 얻은 경험에서 나온 많은 조언과 비결을 이 책에서 얻게 될 것이다. 나는 당신이 1년 안에 적어도 현재 속한 분야에서 소득의 20퍼센트를 더 벌 수 있는 방법을 잘 알고 있다. 책의 곳곳에 등장하는 '보도 섀퍼의 조언'만 잘 지킨다면 충분히 가능하다. 심지어 3개월 안에 목표를 달성할 수도 있을 것이다.

2. 특정 분야에 남아 있더라도 다른 분야에서 추가로 돈을 번다

누구도 별의 오른쪽 분야를 떠나는 것을 원하지 않는다. 그것이 가능하지도 않다. 반면 직장인이나 프리랜서 활동으로 버는 수입 이외에 투자자로 활동하며 추가적으로 돈을 버는 법은 누구나 배울 수 있다. 직장인이나 프리랜서라면 자신을 전문가로서 포지셔닝하는 법을 배울 수도 있을 것이다. 어느 영역에서든 전문가는 일반인보다 훨씬 많은 돈을 번다.

3. 획기적인 성장을 통해 도약한다(그리고 분야를 바꾼다)

완전히 다른 분야로 이직한다면 최고의 소득을 노려볼 수도 있을 것이다. 물론 그 대신 치러야 하는 대가는 세 가지 방법 중 가장 혹독하다. 별의 왼쪽 분야에서 성공하려면 반드시 몇몇 기본 원칙을 익혀야 한다. 만약 당신이 이미 기업가 혹은 자영업자라면 분야를 일부러 바꿀 필요는 없겠지만, 이 책의 조언을 토대로 크게 도약해 기존의 업무를 크게 바꿀 수 있을 것이다.

학교에서는 세 가지 방법 중 어떤 것도 가르쳐 주지 않는다. 학교 교육은 우등생이 되는 것을 가장 중요하게 생각하기 때문이다. 돈을 많이 벌고 싶다면 학교를 벗어나 밖에서도 똑똑한 우등생이 돼야 한다. 사회 적응에 필요한 지능은 학교에서 가르치는 교과목으로 배울 수 없다. 전적으로 논리를 토대로 기를 수 있는 능력도 아니다.

투자자, 기업가, 전문가들이 지켜야 할 기본 원칙이 명백함에도 불구하고 많은 사람이 학교에서 배운 규칙만 따르고자 한다. 결국 투자자와 기업가들은 정작 자신이 속한 분야의 장점을 누리지 못한 채 단점을 힘겹게 견디는 상황에 처하기도 한다. 이 책을 통해 당신이 지켜야 할 기본 원칙이 무엇인지 확립하게 될 것이다.

여전히 사람들은 자신을 전문가로 포지셔닝하는 방법에 대해 잘 모른다. 나는 포지셔닝이라는 주제로 질문을 건넬 때마다 정말 진기한 대답을 많이 들었다. 만약 당신이 전문가라면 돈을 버는 데 더욱 유리할 것이다. 그리고 이 책은 당신에게 전문가가 되는 길을 알려 주는 데 중점을 두고 있다. 자신을 전문가로 포지셔닝하면 당신은 수입의 100, 200퍼센트 어쩌면 그 이상까지도 소득을 높일 수 있다고 깨닫게 될 것이다. 당신이 지켜야 할 첫 번째 원칙, 즉 전문가로 포지셔닝하는 데 필요한 기본 원칙들은 나중에 다시 살펴보겠다.

일과 소득이라는 다람쥐 쳇바퀴

우선 대다수 사람의 현실이 어떤 모습일지 살펴보자. 밤마다 돈 걱정을 하느라 편히 잠들지 못하는 사람만 해도 수백만 명에 이를 것이다. 또 아침마다 각종 청구서에 적힌 금액을 보며 마음 편히 납입할 정도로 돈을 버는 날이 하루빨리 오기만을 꿈꾸며 직장으로 향한다. 막상 돈을 더 많이 벌어도 이런 걱정은 끝나지 않는다. 마치 마법이라도 부린 양 지출도 똑같이 늘어나기 때문이다. 심지어 수입은 그대로인데 지출이 늘어나는 문제는 날이 갈수록 점점 심해지기도 한다.

무조건 더 열심히 일하는 것만이 유일한 해결책이라고 생각하기 쉽다. 더 열심히 벌다 보면 언젠가는 저축할 수 있지 않겠느냐는 희망도 품는다. 하지만 소득이 늘어날수록 생활수준도 수입액과 평행선을 이루며 상승한다. 그만큼 빚도 점점 늘어난다. 한번 경험한 높은 생활수준을 유지하기 위해서, 빚을 갚고 각종 청구 금액을 결제하기 위해 더 열심히 그리고 더 오래 일할 수밖에 없다. 마치 쳇바퀴를 도는 다람쥐처럼 사람들은 끊임없이 돈을 벌고 또 쓰기를 반복한다. 아무리 죽어라 노력해도 단 한 발자국도 앞으로 나아갈 수 없는 개미지옥에 빠진 형국이다. 쳇바퀴를 도는 한 아무리 힘들게 일해도 결국 제자리일 수밖에 없다.

국가는 더 열심히 일하는 사람들에게 돈을 거둬들이기 위해 모든 수단을 총동원한다. 국민들이 돈을 많이 벌면 벌수록 세금과 사회보장기금이라는 명목으로 더 많이 징수한다. 일반적인 국민이라면 온전히 1년에 200일 이상을 나라를 위해 일하는 셈이다. 7월 말이 돼서야 자신을 위해 돈을 벌기 시작하는 것이다(독일의 소득세는 40퍼센트에 육박하며 그 밖에 납부해야 하는 사회부담금과 세금까지 합산해 60퍼센트 이상을 나라에 납부한다는 의미다-옮긴이).

직장인과 프리랜서의 쳇바퀴

다람쥐처럼 쳇바퀴를 돌고 있는 사람 중 대다수는 직장인이다. 그들은 항상 자신보다 남을 위해 일한다는 인상을 준다. 피고용인으로서는 자신을 고용한 사장을 부자로 만들기 위해 일한다. 납세자로서는 국가를, 채무자로서는 은행을 부자로 만들어준다. 소비자로서는 기업들을 부자로 만들어준다.

프리랜서도 처음에는 직장인과 동일하게 쳇바퀴를 돈다. 시간이 지나면 몇 가지 요소가 추가돼 직장인보다 더 얽매인다. 모든 일을 프리랜서 스스로 해결하므로 자신이 일하지 않으면 아무 일도 진행되지 않는다. 의사, 변호사, 건축가 등은 몇 주간 일하지 않으면 자신의 공석을 대체해 줄 시스템을 갖추고 있지 않다. 환자, 고객, 의뢰인은 온전히 그 한 사람에게만 의지하고 있다. 한마디로 프리랜서는 시스템 그 자체다.

자연스럽게 프리랜서는 자신이 하는 업무의 포로가 되기 쉽다. 여기서 한 가지 역설이 생긴다. 프리랜서가 더 열심히 일하고, 더 큰 성공을 거둘수록 그만큼 시스템도 함께 확장된다는 것이다. 하지만 자기 자신이 시스템 자체이기에 결국 혼자 짊어질 부담감도 나날이 커져만 간다.

투자자의 쳇바퀴

투자자 또한 쳇바퀴에서 자유롭지 않다. 많은 사람이 자신은 늘 투자하고 있다고 주장하지만 현실은 그리 녹록지 않다. 순수 재산보다 채무(대출과 담보)가 더 많은 투자자가 대다수이기 때문이다. 그들이 납부하는 대출 이자는 6~10퍼센트인 반면, 보유 자산으로 받는 이자 수익은 고작 2~5퍼센트에 불과하다. 심지어 얼마 되지 않는 이자 수익마저 국세청에 세금으로 납부해야 한다.

증권 시장으로 과감하게 진출하는 투자자도 있다. 대부분 투자에 성공하지 못하고 끝나 버리곤 한다. 무엇을, 언제 사고팔아야 할지 잘 모르기 때문이다. 쓰디쓴 손실을 맛본 후에야 투자자는 안전한 투자처로 돌아선다. 바로 그곳에서 투자자는 쳇바퀴를 만난다. 세금과 인플레이션으로 그나마 얼마 되지 않는 수익마저 빼앗긴 투자자는 빈털터리가 된다. 결국 어떻게 해도 제자리를 벗어나지 못한다. 예금 이자보다 더 많은 대출 이자를 납부해야 하는 실정이라면 결국 재정 상태는 적자에 빠져들 수밖에 없다.

투자자의 쳇바퀴로 진입하면 마치 하행선 에스컬레이터를 역으로 뛰어올라 가는 듯한 느낌을 받는다. 시스템 자체가 그에게 적대적으로 다가온다. 지금까지의 모든 상황이 벌어진 것은 규칙을 제대로 알지 못했기 때문이다.

기업가의 쳇바퀴

다수의 기업가가 처한 상황도 마찬가지다. 스스로를 기업가라고 부르지만 결코 마땅한 행동을 하지 않는 경우가 부지기수다. 기업가 중 상당수가 자신이 세운 기업 내에서 일하고 있기 때문에 사실 기업가보 다는 피고용인에 가깝다. 물론 기업가도 자신을 위해 일한다. 심지어 고 용주로서 다른 사람보다 훨씬 더 엄격하게 스스로를 대한다. 녹초가 될 때까지 더 오래 그리고 더 열심히 일하는 기업가도 많다.

물론 자신이 세운 기업에서 솔선수범하며 열심히 일하는 것은 긍정 적인 현상이다. 하지만 기업을 세운 초창기를 제외하면 고용주가 나서 서 일상적 업무에 매달리는 것은 전혀 바람직하지 않다. 기업가라면 시 스템을 만들어야 한다.

여기서 당신이 기본적으로 지켜야 할 두 번째 원칙에 이르렀다. 대부 분의 기업가가 자신이 없어도 기업이 잘 굴러가는 시스템 구축에 상당 히 무신경하다. 기업에 자율적인 시스템이 구축되지 않는 한 기업가에 게 자유란 없다. 시스템을 마련하지 못하는 기업가는 결국 자신의 노동 력으로 부족한 부분을 채우는 수밖에 없다.

가족이 경영하는 기업이 바로 시스템 부재의 대표적인 사례다. 가족 기업에는 기업가가 원할 때 마음대로 움직일 수 있는 자유가 없다. 문 자 그대로 가족이 사업에 얽매여 있기 때문이다. 피고용인이 결근했는 데 대체 인력이 없다면 고용주가 직접 나서서 두 사람의 몫을 해내야 한다. 내가 생각하는 재미와는 완전히 정반대인 상황이다.

예컨대 요리에 능숙한 사람은 적어도 맥도날드의 세트메뉴보다 더 나은 음식을 만들 수 있을 것이다. 훨씬 건강한 음식을 기대할 수 있다 는 점은 말할 필요도 없다. 하지만 한 개인이 맥도날드와 같은 시스템 자체를 구축할 수 있을까? 시스템 구축에 대해서는 제10장에서 논할 것이다.

마지막 원칙은 탈출 전략에 관한 것이다. 대다수의 기업가가 탈출 전략을 제대로 세우지 못하고 있다. 기업을 제때 매각하지 못하거나 적절한 기업 가치를 달성하지 못하는 경우가 비일비재하다. 매각되지 않은 기업은 고용주의 재산이라고 할 수 없다. 더 정확히 말해 고용주의 자산은 해당 기업에 귀속될 뿐이다.

지금보다 100퍼센트 이상 더 많이 벌기

별의 어느 분야에 있든 고소득으로 향하는 열쇠는 자신을 전문가로 포지셔닝하는 것이다. 포지셔닝에 필요한 원칙을 제대로 알지 못하고, 활용하지 못하는 사람은 자신이 인생에서 얼마나 중요한 것을 놓치는지 간과하게 된다. 나아가 자신이 누렸어야 할 결실의 일부분만 수확하는 데 그친다. 또한 자신이 원래 누릴 수 있었던 부유한 삶과는 멀어진 채, 최소한의 생존과 관련된 문제와 맞서 싸우기도 해야 한다. 지금 당신이 일하는 분야가 무엇이든 자신을 전문가로서 포지셔닝할 수 있는 비결을 제9장에서 안내할 것이다.

나는 수년째 포지셔닝이라는 주제에 관한 세미나를 열고 있다. 한번은 내가 제안한 원칙을 제대로 지켰던 참석자들의 체험담을 듣게 됐다. 불과 2년도 안 돼 소득이 세 배로 늘었다는 사람도 제법 많았다. 놀랍게도 그들 중 대다수는 몇 년 전만 해도 다람쥐가 쳇바퀴를 돌듯 항상 제자리에서 맴돌았던 사람들이다.

내 주장을 비판적으로 바라보는 저널리스트들은 이따금 미심쩍어하는 눈으로 날카롭게 질문한다. "샤퍼 씨, 정말 당신이 말하는 대로 가능합니까?" 그러면 나는 강연을 마치고 사인회를 할 때 기자들을 초대해 내 곁에 서 있으라고 요청한다. 이 시간은 언제나 흥미진진하다. 나를 찾아온 많은 독자가 내 아이디어와 전략을 어떻게 활용했는지 설명해주곤 하기 때문이다. 그중 일부는 정말 환상적인 체험담을 생생하게 들려준다. 그들의 피드백은 내게도 큰 동기부여가 된다. 무엇보다 내 곁에서 독자들의 경험담을 함께 경청한 저널리스트들은 더 이상 내게 곤란한 질문을 하지 않는다.

나는 지금 어디를 달리고 있는가

공항의 무빙워크를 떠올려 보자. 무빙워크에 오르면 빠르게 걷지 않아도 그 옆을 지나가는 보행자들을 추월할 수 있다. 당신은 지금 어디에 올라타 있는가? 목적지까지 두 배속으로 도착하게 해주는 무빙워크인가? 아니면 계속 같은 자리를 맴돌 뿐인 쳇바퀴인가?

쳇바퀴 안에 있는 사람은 너무 바쁜 나머지 자신이 처한 상황을 제대로 인지하지 못한다. 반면 쳇바퀴 밖에 선 사람은 노련한 감각으로 현재 상황을 빠르게 통찰할 수 있다. 쳇바퀴 안에서 달리는 다람쥐는 그저 달리고 또 달릴 뿐이다.

자신이 처한 상황을 분석해 중요한 발걸음을 옮기려면 무엇보다 시간이 필요하다. 누구나 시간을 들여 충분히 심사숙고할수록 더 많은 돈을 벌 수 있다. 록펠러도 "하루 온종일 일만 하는 사람은 돈을 벌 시간이 아예 없다."라는 명언을 남겼다.

혹시 당신도 지금 다람쥐 쳇바퀴를 돌고 있다는 생각이 든다면 쳇바퀴 클럽의 일원이 된 것을 환영한다! 나 역시 과거에 몇 년이나 그렇게 제자리만 돌며 시간을 허비했다. 스물여섯 살 무렵 나는 신경성 위염을 달고 살았고 매우 불행했다. 자신감은 온데간데없이 사라진 상태였고 아무 희망도 보이지 않았다. 바로 그 순간 나의 첫 번째 코치를 만나는 커다란 행운을 누렸다. 그는 돈도 더 많이 벌고 성공으로 향해 나아가며 성취감까지 얻는 길을 내게 제시했다.

오늘날 나는 자유를 잃은 채 얽매인 삶과는 정반대의 일상을 누리고 있다. 여름이면 마요르카에 머무르며 집필 활동을 하고 책을 읽는다. 나머지 계절에는 이곳저곳을 여행하며 나의 두 번째 열정을 불태운다. 바로 강연이다. 그 밖에도 행복과 성공을 거머쥔 다양한 사람들과 만나며 그들의 삶에 매료되고 그들과의 대화에서 영감을 얻곤 한다.

나는 총 여덟 곳의 기업과 기업의 지분을 보유하고 있다. 당신의 예상과 달리 나는 자유를 빼앗기기는커녕 오히려 자유를 누리고 있다. 내가 벌어들이는 소득의 원천은 최소 여섯 가지(컨설팅 수수료, 이자 소득, 인세, 강의료, 다양한 기업의 배당금 등)가 넘지만 그중 하나만 있어도 생활에 지장은 없다.

거의 모든 것을 잃었던 내가 어떻게 이러한 소득과 자유를 이뤄냈는지 궁금하다면 지금 자신이 있는 곳을 점검해야 한다. 나도 가장 먼저 스스로 다람쥐 쳇바퀴 안에 있음을 인식하는 데서부터 시작했다. 우선 진단을 내려야 처방도 가능하다. 다음으로 코치의 도움을 받아 사고방식을 바꾸는 과정은 일정 시간이 필요하다.

부자란 남들과 다른 방식으로 사고하는 사람들의 공동체다. 나는 진정한 부자로 거듭나는 새로운 규칙을 배웠고 바로 그 규칙을 따르며 앞으로 나아갔다. 실제로 부자가 된 사람들을 찾아보니 정말 그들 모두 내가 배운 새로운 규칙대로 살고 있었다. 그들을 관찰하며 자신의 수입을 현저히 향상시켜 주는 기술과 전략을 습득했다. 하지만 누구라도 발걸음을 떼기는 아주 불편하고 쉽지 않을 것이다.

매월 천만 원대 수입이 가능할까

당신은 앞으로 3년 안에 매월 얼마나 벌고 싶은가?

몇 년 전 내게 조언을 해주던 코치가 같은 질문을 던졌을 때 나는 아무 대답도 하지 못했다. 당시 스물여섯 살이었던 나는 파산 상태였다. 앞으로 몇 년 뒤가 아니라 다음 몇 주 동안 얼마나 벌 수 있는지에 모든 관심이 쏠려 있었다. 마침 내가 스승으로 삼고자 한 코치와의 첫 상담이었던 만큼 나는 내가 생각하는 대로 솔직히 답할 수 없었다. 어떻게든 코치가 나를 가르칠 만한 가치가 있는 사람으로 생각하도록 확신을 주고 싶었기 때문이다.

나는 눈치껏 "2만 마르크(당시 환율 기준 한화 약 1,400만 원−편집자 주)요."라고 대답했다. 솔직히 생각조차 해본 적 없는 액수였다. 하물며 매월 그렇게 큰돈을 벌려면 어떻게 해야 할지 아무런 생각도 떠오르지 않았다. 그저 코치에게 깊은 인상을 남기고 싶었을 뿐이다. 코치의 대답은 예상과 달랐다. "목표가 형편없는 사람한테 조언할 수 없습니다. 마지막으로 내 질문에 답할 기회를 한 번 더 드리죠. 당신은 앞으로 3년 안에 얼마를 벌고 싶습니까?" 그에게 깊은 인상을 남기려던 나의 시도는 실패했던 것이 분명했다.

그 순간 나는 뭔가 단단히 잘못된 영화 속 주인공 같은 기분이 들었다. 2만 마르크는 절대로 '형편없는 소소한 목표'가 아니었기 때문이다. 하지만 나는 그를 신뢰하게 됐다. 어쩌면 나 자신보다 그를 더 믿고 있었던 듯하다. 나는 사람이 한 달에 얼마나 벌 수 있을지 아주 골똘히 생각해 봤다. 3만 5,000~4만 5,000마르크 정도면 충분하리라 판단하고 코치에게 다시 대답했다. 그러자 그는 내게 싱긋 미소를 지으며 제안했다. "그러지 말고 어림잡아 5만 마르크로 합시다." 나는 그가 말한 금액을 얌전히 받아 적어야 했다.

나는 3년 안에 얼마를 벌 수 있을까

나도 이제 당신에게 똑같은 질문을 하려 한다. "당신은 앞으로 3년 안에 매월 얼마나 벌고 싶은가?"

질문의 대답에 접근하는 방식은 두 가지다. 첫 번째, 자기 자신을 살펴보는 것이다. 자신의 교육 수준, 능력, 현재 상태 등을 분석한 후 자신이 생각하는 금액이 얼마나 현실적인지 판단할 수 있다. 즉 자신의 상태를 토대로 목표를 추론하는 방식이다. 주로 학교에서 계획을 세우라고 가르칠 때 이 방식을 사용한다. 하지만 이렇게 접근한다면 극적인 변화 없이 예전의 고리타분한 상태에 머무르게 될 위험이 있다.

인생에서 크게 성공한 사람들은 두 번째 방식으로 접근한다. 그들은 자신의 상태를 살피지 않고 자신이 이뤄내고 싶은 그림, 곧 비전을 바라본다. 그리고 자신의 비전을 실현하려면 어떤 사람이 돼야 하는지 심사숙고한다. 다시 말해 성공한 사람들은 자신의 목표와 현재 상황을 별개로 구분해 바라본다. 그들은 자기 수준에 맞춰 목표를 설정하면 결국 제자리걸음밖에 하지 못한다는 것을 잘 알고 있다. 목표를 우선적으로 정하고 목표를 달성하기 위해 노력하는 방법도 있다. 단, 자신이 어느 정도 성장한 상태에 한한다.

소득의 20퍼센트 vs. 소득의 2배

나는 두 가지 길을 제시하려고 한다. 하나는 1년 안에 최소한 소득의 20퍼센트를 향상시킬 수 있는 현실적인 길이다. 또 다른 하나는 단 한 번의 도약으로 상당한 수입을 달성할 수 있는 방법이다. 무려 소득을 두 배 이상으로 늘릴 수도 있다.

올바른 선택을 하려면 우선 두 가지 길을 제대로 알고 자신이 치러야할 대가를 제대로 파악해야 한다. 그에 앞서 다음 질문에 그냥 떠오르는 대로 미리 결정해 보길 바란다. "당신은 앞으로 3년 내에 매월 총 얼마나 벌고 싶은가?"

 원

나는 당신이 제대로 정신 나갔을 법한 결정을 내리기를 기원한다. 즉보통 사람과는 차원이 다르다는 의미에서 어마어마한 액수를 떠올렸기를 바란다. 알다시피 모두가 하는 대로 하는 사람은 결국 모두가 받는 만큼 받는 법이다.

분명 당신은 꿈 같은 수입에 해당하는 액수를 썼을 것이다. 만약 위의 답변을 작성하지 않았다면 더 이상 책을 읽는 것을 멈추길 권한다. 그러니 지금이라도 다시 한번 자신이 벌고 싶은 수입 액수를 생각해 보라. 앞으로 이 책이 당신의 소득과 목표를 어떻게 바꿔 놓을지 매우 놀라게 될 것이다. 나중에 원래 기대했던 소득이 얼마였는지 곧바로 비교해 볼 수 있도록 지금 바로 기록해 두는 편이 좋다.

돈을 갖는 것보다 부자가 되는 것이 중요하다

내가 5만 마르크라고 말하자 코치는 다시금 금액을 두 배로 수정하라고 지시했다. 나는 그가 요구한 대로 금액을 고쳐 쓸 수밖에 없었다. "앞으로 나는 3년 안에 적어도 10만 마르크의 월 소득을 올릴 것이다." 그 순간 손이 덜덜 떨려 왔다. 코치는 내게 축하 인사를 건넸다. "진심으로 축하합니다. 이제야 목표를 제대로 설정했군요."

당시 나는 진정으로 내가 바라는 목표를 정했다는 기분이 조금도 들지 않았다. 심지어 부담스러울 정도였다. 나는 어떻게든 금액을 수정해 보려고 코치에게 물었다. "그렇게 많은 돈은 필요하지도 않습니다. 실제로 그만큼 돈이 있다 해도 썩 좋을 것만 같지도 않고요."

그러자 코치가 예상했다는 듯 답했다. "당신이 앞으로 얼마나 많이 필요하게 될지는 지금 당장 알 수 없어요. 단순히 10만 마르크에 대한 문제가 아니랍니다. 이 금액은 그저 당신이 세운 목표를 실제로 달성하는지 보기 위한 기준점에 불과하니까요. 무엇보다 그 과정에서 당신이 어떤 사람이 되느냐가 가장 중요합니다."

코치의 말을 듣는 순간 내 마음속에서 무언가가 움직였다. 나는 내 성격 자체를 개선하고 싶었고 누구보다 강한 정신의 소유자가 되고 싶었다. 코치는 이어서 내게 오늘날까지도 큰 동기부여가 되는 말을 건넸다.

"그냥 무의미하게 살기에는 인생이 너무 짧으니까요."

그는 단순히 외적인 의미, 그러니까 남들 눈에 보이기 위한 '의미'만을 강조하려던 것이 아니었다. 외적 가치보다 중요한 내적 가치를 달성함으로써 성취감을 느끼고 계속 무언가를 배워 나가는 마음가짐을 알려 주고 있었다.

코치는 종종 이렇게 말했다. "백만 마르크를 소유하는 것보다 백만장자가 되는 것이 중요합니다. 그러려면 재정적 능력이 핵심이죠. 돈은 왔다가도 또 어느 순간 가버릴 뿐입니다. 하지만 재정적 능력을 갖춘다면, 돈과 소득이 어떻게 움직이는지 알고 있다면 언제라도 단시간 내에 재산을 축적할 수 있습니다."

그때만 해도 나는 한 달에 10만 마르크나 되는 큰돈을 벌 수 있을 거라고 감히 상상조차 하지 못했다. 내게는 정말 기적 같은 일처럼 느껴졌다. 실제로 목표를 달성하려면 내가 원래 벌어들이던 수입을 무려 다섯 배까지 늘려야 했다. 게다가 무려 2년 반이라는 시간이 걸렸다. 그런데 이제 돌이켜 보니 터무니없는 기적처럼 느껴지지는 않았다. 나는 목표를 위해 열심히 일했고, 내가 무엇을 했는지 또 잘 알고 있었으니 말이다.

경제적 자유를 보장하는 부의 레버리지

처음부터 기술만 터득하는 것은 그리 바람직하지 못하다. 소득의 크기가 모든 것을 결정하지 않기 때문이다. 단순히 돈을 버는 것보다 행복과 성취감을 느끼는 것이 훨씬 더 중요하다. 기본이 되는 몇 가지 질문을 명확히 짚고 넘어가야 한다.

우선 자신이 올바른 분야를 선택했는지 확인해야 한다. 많은 사람이 일과 소득의 쳇바퀴 안에 들어가는 결정적인 원인은 바로 그들의 사고 방식에 있다. 당신은 자신이 학교형 우등생인지, 사회형 우등생인지 한 번 생각해 보길 바란다. 그 내용을 제2장에서 다룰 것이다.

대부분 사람들은 아직도 과거의 규칙을 따라 생활한다. 일을 많이 해야 소득이 올라가고 소득을 올리기 위해서는 또다시 일을 해야 한다는 고리타분한 원리는 더 이상 필요하지 않다. 제3장에서는 당신이 깜짝 놀랄 만한 고소득을 이루는 데 필요한 새로운 규칙을 살펴볼 예정이다.

이어지는 제4장에서는 각 활동 분야의 장단점을 점검할 것이다. 현재 상태의 자신에게 가장 잘 맞는 영역이 무엇인지 정확히 파악하는 과정이다.

제5장에서는 자신이 지금 하는 일에서 즐거움을 찾는 것이 얼마나 중요한지 살펴볼 것이다. 무엇보다 당신은 플로우flow, 즉 몰입 상태를 느낄 수 있어야 한다. 몰입이란 자신의 목표, 소망, 감정, 능력이 조화를 이루는 상태를 말한다. 몰입 상태에 이르면 온전한 행복을 느끼고 뛰어난 능력을 발휘할 수 있다.

그리고 나면 드디어 결정적인 질문을 다루게 된다. 당신은 인생에서 열정의 대상을 발견했는가? 만약 그러지 못했다면 제6장에서 소개하는 방법을 따라 인생의 열정을 발견할 수 있을 것이다. 어쩌면 아직까지 당신은 돈을 한 푼도 더 벌지 못했을 수도 있다. 하지만 기분만큼은 한결 더 나아졌을 것이다. 그것으로 당신은 가장 실용적인 기초를 닦은 셈이다. 이제 기술적 조언과 전략, 구체적인 실천 방법을 살펴볼 차례다. 이제부터 본격적으로 더 많은 돈이 흘러들어오기 시작할 것이다.

제7장에서는 당신이 의식적으로 선택한 분야에서 수입과 소득을 향상시키는 다양한 방법들을 소개한다. 제8장은 투자자로서 추가로 돈을 벌 수 있는 길을 제시한다. 제9장은 다수의 실제 사례를 바탕으로 전문가로서 포지셔닝하는 방법을 설명한다. '보도 섀퍼의 조언'을 익히고 실생활에서 활용한다면 수입을 비약적으로 향상시킬 수 있다. 지금까지의 모든 변화에 당신은 놀라움을 금치 못할 것이다. 물론 항상 깊이 생각해야 하고, 스스로 많은 문제를 해결해야 한다. 하지만 누구나 할 수 있는 일들이다.

제10장은 뛰어난 성과와 수익성이 넘치는 기업을 세우기 위해 기업가가 주의해야 할 원칙을 다룬다. 여기서는 별의 오른쪽에 위치한 안정적인 분야에서 왼쪽 분야로 이동할 때 주의해야 할 점에 대해서 다룰 것이다.

만약 당신이 성공하더라도 반드시 주변 사람들을 잊지 말아야 한다. 제11장에서는 지금까지 살펴본 별에 다른 방식의 의미를 부여할 것이다. 이제는 어떻게 하면 조금 더 많이 벌 수 있는지를 잊고 어떻게 하면 더 많이 내줄 수 있을지를 생각해 볼 것이다. 잊지 말자. 돈을 버는 것은 우선 누군가에게 봉사한다는 의미를 내포하고 있다.

결코 자신의 인생의 자유를 대가로 수입을 두 배로 늘리는 선택을 해서는 안 된다. 그것은 진정한 성공이라고 할 수 없다. 제12장에서는 둘 중 하나를 희생하지 않고 여가시간과 일의 균형을 맞추는 방법을 다룬다. 당신도 충분히 고소득과 여가시간을 동시에 누릴 수 있다.

지금이 인생을 바꿀 최적의 시기다

이 책을 책장에 꽂아 두기만 하면 수입이 갑자기 두 배로 늘어나는 일은 없을 것이다. 단순히 한 번 읽었다고 해서 자신이 원하는 변화를 얻을 수도 없을 것이다. 반드시 행동으로 옮겨야 한다. 어떻게 하면 좋을지 알아낸 것만으로는 절대 충분하지 않다. 책에서 읽은 내용은 반드시 실천해야 한다. 항상 이론으로 배우고 연습으로 익히는 운동선수나 음악가들을 떠올려 보라. 책을 딱 한 번 읽고 인생이 180도로 바뀌기를 기대하는 것은 밥 한 끼를 먹고 영원히 배고프지 않기를 바라는 것과 다를 바 없다. 그런 만큼 나는 이 책을 읽는 동안 스스로 다음과 같은 두 가지 질문을 계속 던져 보기를 제안한다.

- 새로운 규칙을 실천하면 무엇이 좋아질까?
- 곧바로 행동으로 옮기려면 어떻게 해야 할까?

아리스토텔레스는 "행동으로 옮기기 전에 배워야만 하는 것들이 있다. 그리고 그것을 실천함으로써 우리는 그것을 배운다."라고 말했다. 인생에서 적당한 시기가 올 때까지 마냥 기다려선 안 된다. 인생을 바꿀 최적의 시기는 바로 지금이다. 이 책을 읽으며 시작해 보라. 손에 펜을 쥐고 책에 밑줄을 그으며 틈틈이 떠오르는 생각을 메모하라. 그렇게 이 책을 자신만의 것으로 만들어라. 무엇이 옳은지 알면서도 하지 않는 것은 비겁한 행동이다.

지금 당장 실천해야 한다. 당신이 일궈 낸 수입이라는 성공은 언제라도 측정할 수 있다는 장점이 있다. 사람들이 결국 꿈을 포기하는 이유는 단 한 가지다. 내면에 있는 작은 사람이 큰 사람을 물리쳤기 때문이다. 그런 일은 절대 허용하지 말아야 한다.

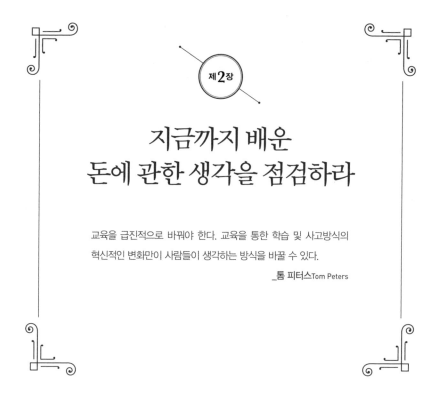

제2장

지금까지 배운
돈에 관한 생각을 점검하라

교육을 급진적으로 바꿔야 한다. 교육을 통한 학습 및 사고방식의
혁신적인 변화만이 사람들이 생각하는 방식을 바꿀 수 있다.

_톰 피터스Tom Peters

당신은 제1장에서 앞으로 3년 안에 매월 얼마를 벌고 싶은지 적어봤다. 이제부터는 당신이 목표를 위한 대가를 치를 준비가 됐는지 함께 깊이 생각해 보려 한다. 대다수가 보상만을 바랄 뿐 그 대가로 치러야 하는 것은 별로 생각하지 않는다. 최대한의 자유를 바라는 사람들은 아주 많지만 그들은 한 가지 사실을 간과하고 있다. 자유는 절대 공짜가 아니다. 자유는 대가를 치를 준비가 돼 있는 사람들만 누릴 수 있는 것이다.

앞서 적은 액수가 크면 클수록 치러야 하는 대가도 커진다. 이제 대가의 두 가지 측면에서 대해 자세히 논해 보자.

- 당신이 감수해야 하는 위험

- 당신에게 필요한 지식

대가의 두 가지 측면이 별의 왼쪽과 오른쪽 분야에 속한 대다수의 사람을 구분하는 결정적인 차이점이다. 다시 말해 위험을 감수하고 평생토록 사회 우등생이 되는 법을 배워야 한다. 위험을 감수하지 않는다면 별의 왼쪽 분야에서는 돈을 벌 수 없다. 실질적인 지식이 없다면 전문가는 어릿광대일 뿐이다. 기업가라면 잠재적인 파산자이고, 투자자라면 아마추어 투기꾼에 불과하다. 나는 이 시점에서 분명하게 밝히고자 한다. 정말 돈을 많이 벌고 싶다면 무엇보다 불확실성을 감수하고 끊임없는 학습과 성장하겠다는 마음가짐을 우선적으로 갖춰야 한다.

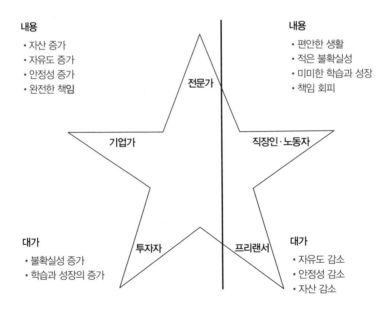

나는 어떻게 일하고 어떻게 돈을 버는가

이 책에서 조언하는 방식대로 일한다면 자신이 꿈꾸는 수입에 가까워지며 결국 기대를 충족할 수 있을 것이다. 제2부에서 고소득을 이루는 기술, 전략, 비결을 상세히 살펴보기에 앞서 '우회'하는 두 개의 길로 안내하고자 한다. 때로는 돌아갈수록 오히려 시간이 더 단축된다는 말이 여기에도 적용된다. 두 가지 우회로는 목적지로 빠르게 데려다 주는 기능 이상의 효과를 제공한다. 그렇게 해야만 고소득을 올릴 수 있다.

만약 자신이 추구하는 일이 자신의 성향과 맞는지 곰곰이 생각해 보지도 않고 그저 최대한 빠르게 돈을 많이 버는 데만 집중한다면 아무런 의미가 없을 수도 있다. 충분히 고민하지 않고 일을 착수한다면 잘못된 목적지에 최대한 빠르게 도착할 뿐이다. 그럼 고소득을 위한 두 가지 핵심 전제 조건을 살펴보도록 한다.

- 당신의 사고방식은 어떠한가? 현재 당신이 일하는 분야가 당신의 사고방식과 잘 맞는가? 지금 하는 일에서 당신의 가치를 발휘할 수 있는가? 그리고 그 안에서 당신의 꿈과 목표를 실현하는 것이 가능한가?
- 당신의 직업은 당신의 열정과 맞는가? 당신은 좋아하는 일을 하고 있는가? 아니면 더 열정적으로 할 수 있는 다른 일이 있는가?

두 가지 전제 조건을 명확히 밝혀야 진정한 성공을 이룰 수 있는 기초를 닦은 것이다. 소득이란 고층 건물을 짓는 것과 같다. 건물을 높게 지을수록 기초 공사가 튼튼해야 한다. 당신의 사고방식과 열정에 대해서도 그만큼 더 많이 생각해야 한다.

나는 코치로부터 고소득을 위한 전제 조건을 전해 들을 당시 몹시 초조한 상태였다. 최대한 빨리 소득을 두 배로 늘릴 수 있는 비결만 알고 싶을 뿐이었다. 하지만 코치는 가장 중요한 토대를 쌓을 수 있는 가르침을 전하고자 했다.

사람은 저마다 출발점이 다르고 무엇보다 자신이 중심이 돼야 한다. 사람마다 느끼는 성공, 행복, 성취감은 모두 다르다. 여기서 당신은 중요한 역설을 마주하게 될 것이다. 소득을 늘려주겠다고 시작한 이 책에서 정작 돈을 버는 행위를 후순위로 두기 때문이다. 하지만 사고방식을 바꾸고 자신의 열정을 충족하는 일을 하다 보면 행복과 돈은 자동으로 따라온다. 다음의 우화가 이를 잘 보여 주고 있다.

고양이 두 마리가 길에서 마주쳤다. 고양이 한 마리가 말했다. "나는 고양이 철학 학교를 다녔지. 거기서 나는 행복이 가장 중요하고, 행복은 우리 꼬리에 숨겨져 있다고 배웠어. 내가 내 꼬리를 뒤쫓을 때마다 나는 그만큼 행복과 가까워지는 거야."

그러자 두 번째 고양이가 말했다. "나는 너처럼 현명하지도 않고, 철학 학교도 다니지 않았어. 하지만 그 말이 맞아. 행복이 가장 중요하고, 행복은 우리 꼬리에 숨겨져 있어. 하지만 인생을 살다 보니 다른 깨달음을 얻었지 뭐야. 좋아하는 일을 하면 꼬리에 숨겨진 행복이 자동으로 날 쫓아온다는 사실을 말이야."

나는 나의 일을 사랑하는가

앞서 언급했던 것처럼 나도 한때 최악의 쳇바퀴에 갇힌 다람쥐처럼 쳇바퀴만 구르고 있었다. 코치를 찾아갔던 것도 그때쯤이었다. 나는 그가 도와주기를 원했지만 내 방식대로 도움을 얻고 싶었다. 어쩌면 나는 내가 달리던 쳇바퀴를 조금 더 빠르게 달리는 법을 배우고 싶었던 걸지도 모른다. 당연히 코치는 내가 원하는 대로 움직이지 않았다.

그는 늘 이렇게 말했다. "당신의 사고방식이 지금의 당신으로 이끈 셈이죠. 그런데 또 같은 방식으로 생각한다면 결코 당신이 원하는 사람은 될 수 없습니다."

코치와의 첫 번째 상담 시간에 나는 두 번째 질문을 받았다. "섀퍼 씨, 당신은 당신의 일을 사랑합니까?"

당시 나는 대학생 신분이었지만 이미 기업을 두 곳 운영하고 있었다. 애석하게도 수입은 얼마 되지 않았다. 나는 결정을 내려야 했다. 이후 사업과 별개로 안정적인 임금을 보장하는 보험 회사의 일자리를 선택했다. 하지만 나는 보험 컨설턴트 업무를 그리 좋아하지 않았다. 하물며 사랑은 논할 필요도 없었다. 나는 코치의 질문에 솔직히 "아니요."라고 대답했다.

"그러면 사랑하지도 않는 일을 왜 하는 거죠?"

코치의 질문에 나는 이렇게 답했다. "그야 돈을 벌어야 하니까요."

코치는 단호한 어조로 말했다. "그것은 충분한 사유가 아니군요. 자고로 사람은 자기가 사랑하는 일을 해야만 합니다. 그러니까 그 일을 그만두십시오. 그것도 지금 당장요!"

코치의 질책에 나는 순간 무릎에 힘이 빠지는 기분이 들었다. 나는 최후의 보루나 다름없는 안정적인 직장을 코치의 말 한마디에 내려놓기가 너무 힘들었다. 직장을 그만두기 전에 적어도 어느 정도의 안전장치는 마련해 놓아야 하지 않겠는가. 나는 코치에게 말했다. "지금 그만두면 당장 다음 달 월세를 어떻게 내야 할지 도무지 방법이 없습니다."

코치는 단호한 말투로 대답했다. "나는 내게 조언을 구해 놓고 수용할 생각이 없는 사람과는 의논하지 않습니다. 당신에게 30분의 시간을 드리죠. 내 사무실 밖으로 나가서 사직서를 작성해 당장 팩스로 보내시길 바랍니다. 그래야 다시 마음이 약해지는 일이 없을 테니까요. 지금 하는 일을 당장 그만두지 않는다면 다른 코치를 찾아야 할 겁니다."

지금의 상황에서 무작정 일을 그만둔다는 것은 정신 나간 짓처럼 느껴졌다. 나는 사무실 밖으로 나와 진땀을 뻘뻘 흘렸다. 하지만 나는 무슨 일이 있어도 코치에게 가르침을 받고 싶었다. 정확히 30분에서 2분을 남겨 둔 시점에 말로 설명할 수 없는 이유로 홀린 듯 사직서를 작성해 코치에게 건넸다. 그는 곧장 사직서를 팩스에 넣어 보험 회사로 발송했다.

이것을 내 성공담의 시작으로 생각하면 안 된다. 처음에는 갈수록 문제가 심해지는 것만 같았다. 사직서를 쓰고 난 후 두세 달 동안은 재정적 면을 따졌을 때 내 인생에서 가장 혹독한 시기였을 것이다. 정말 뭐라 말할 수 없을 정도로 힘들었다.

새 직장을 찾아야겠다는 생각도 몇 번씩 했었다. 정작 실행에 옮기지는 못했다. 그 사이 나는 별에 양쪽 측면이 존재한다는 점을 납득했다. 나의 성향은 별의 왼쪽에 해당됐다. 그리고 그곳에 속하려면 처음에 매우 고될 수밖에 없다는 점을 이해하게 됐다. 어떤 일이 생겨도 두 번 다시 별의 오른쪽 분야(직장인, 프리랜서)로 되돌아가고 싶은 마음은 없었다. 내 인생에 더 이상 상사를 모시는 일은 없었으면 했다. 자유와 재미가 가득한 삶을 떠올리자 지금 당장의 비참한 상황도 그리 중요하지 않았다. 나는 내게 맞지도 않는 직장에서 시간을 허비하는 대신 최소한의 생계만을 이어 가며 그 시간을 전부 학습하는 데 투자했다.

직접 경험하지 않으면 그리 힘들게 보이지 않을 수도 있겠지만 실상은 전혀 그렇지 않다. 나는 2년 내내 내 결정이 옳은 것인지 끊임없이 의심했다. 또 실패할 때마다 속절없는 내 운명을 들먹이며 원망했다. 하지만 아무리 고생스러운 일이 찾아와도 매 순간 문제나 실패에 대처하는 법을 배워 나가야만 했다. 그 과정에서 인생의 승자들이 사는 방식과 원칙을 내게 거듭 상기시켜 준 코치가 내 곁에 있어서 천만다행이었다.

당연히 내 가족은 나의 도전을 전혀 이해하지 못했다. 평생 안정을 추구해 온 사람이라면 나의 시도를 그저 미친 짓이라고 생각할 수밖에 없을 것이다. 그 시절 나는 더 이상 어머니와 논쟁을 벌이기에는 너무 지친 상태였다. 어머니에게 딱 3년 만이라도 내 결정에 대해 아무 말도 하지 말아 달라고 부탁했다. 그때가 되면 내 선택이 옳았는지 보게 될 것이라고 말했다. 몇 번의 예외를 제외하면 어머니는 내 부탁을 비교적 잘 들어주셨다. 그리고 나는 어머니에게 약속한 기간이 끝나기도 전에 매월 10만 마르크 이상의 돈을 벌게 됐다. 어머니와의 논쟁은 그걸로 끝이었다.

내 행동 방식을 자랑하려는 말이 아니다. 오히려 주의하라는 경고에 가깝다. 어쨌거나 내게는 다행히 잘 맞는 방법이었다. 그리고 당시에 내린 결단은 단연코 내 경력에서 가장 중요한 결정이었다. 내가 선택한 방식이 누구에게나 통하는 것은 아니다. 다음 장에서 당신도 자신이 어떤 유형인지 확인할 수 있다.

당시 나 스스로에게 던졌던 질문이 있었다. "왜 코치는 날 적극적으로 돕지 않는 걸까? 왜 나를 챙겨 주지 않는 걸까?" 그는 내게 조언을 건네면서 항상 이렇게 말했다. "나는 당신에게 길을 알려 줄 수는 있습니다. 하지만 그 길은 당신이 스스로 걸어가야 하죠."

만약 당시에 그가 발 벗고 나를 도와줬다면 아마도 나는 오늘날 지금만큼의 자신감을 얻지 못했을 것이다. 그렇게 나는 평생의 교훈을 얻었다. 코치에게 가르침을 받은 이후 나는 어떤 깊은 구덩이에 빠지더라도 빠져나올 수 있음을 확신하게 됐다. 어떤 상황에 처해 있어도 목표만 있다면 최대한 절제하며 나아갈 길을 찾을 수 있다.

이제 나는 쓰러져도 다시 일어난다. 실수해도 상관없다. 실수를 통해 무언가를 배우며 나 자신을 용서한다. 설령 패배감에 빠져 몇 차례 욕설을 퍼붓고 울부짖었다고 해도 말이다. 나는 당시 내게 가르침을 주었던 코치에게 매우 감사하고 있다. 자신감과 확신은 힘든 시간을 이겨낼 때 키울 수 있다.

어떤 사람들은 해시계와 같다. 해시계는 태양이 있을 때만 사용할 수 있다. 하지만 태양이 항상 뜨는 것은 아니다. 비가 오는 날도 있고, 때때로 폭풍우가 거세게 몰아치기도 한다. 그때 자신이 쓰러질 수도 있다는 사실을 인지하고 있어야 한다.

나는 내 이야기를 통해 당신을 격려하고 싶다. 지금 당신이 겪는 힘든 시간을 피하려 들면 안 된다. 절대로 포기해서도 안 된다. 힘든 시기야말로 당신의 미래를 위한 토대를 쌓아야 할 순간이다.

존재하고, 행동하고, 소유하는 것

빈곤층과 중산층은 부유층이 가진 것을 소유하고 싶어 한다. 값비싼 고급 승용차를 타고, 멋진 초호화 여행을 다니고 싶어 한다. 우아한 고급 가구와 충분한 여가시간도 원한다. 많은 사람이 값비싼 취미인 테니스와 골프를 하고 싶어 하지만, 정작 부자처럼 되는 것은 원하지 않는다. 부자들이 행동하는 대로 행동하고 싶어 하지도 않는다. 벤저민 프랭클린은 이렇게 말했다. "가난한 사람이 부자의 흉내를 내려는 것은 개구리가 황소와 같아지려고 몸을 부풀리는 것만큼이나 어리석은 행동이다."

빈곤층과 중산층이 부유층에 버금가는 부를 얻을 수 있는 방법은 크게 두 가지뿐이다. 훨씬 더 열심히 일하거나 만약 돈이 부족하다면 신용으로 빚을 내는 것이다. 지금 사회에는 정부와 언론의 그릇된 부추김이 빚은 잘못된 우상의 모습이 확산됐고 새로운 탐욕이 들끓고 있다. 사람들은 어떻게든 부자들처럼 되고 싶어 한다. 하지만 부자라는 목적을 이루기 위한 길을 완전히 잘못 선택한다. 즉 그들은 무언가가 되기 위해 무언가를 소유하고 싶어 한다.

점점 더 많은 사람이 쳇바퀴 같은 생활에 빠져 버리는 선택을 한다. 프랭클린의 또 다른 말을 인용할 시점이다. "자유롭게 태어난 사람이라면 그 누구도 타인에게서 수치심 또는 두려움을 느끼지 않는다. 하지만 빈곤은 사람에게서 종종 의지와 용기를 앗아 간다. 속이 텅 빈 배낭은 제대로 세워지지 않는 법이다."

우선 일상생활에서 최소한의 소비를 하며 절약하고 자신이 어떻게 살고 싶은지부터 배워야 한다. 이것이 부자가 되는 법이다. 당신이 닮고 싶은 인물에 대한 상을 정립하고 그에 필요한 확고한 가치와 특성을 발전시킨다면 올바른 방식으로 실천할 수 있다. 그제야 비로소 당신이 꿈꿔 왔던 것들을 소유할 수 있다. 하지만 대다수의 사람이 이런 방식을 불편하게 여긴다. 솔직히 말하자면 그런 사람들은 부자가 되는 데 따르는 대가를 치르고 싶은 마음이 없는 것이다.

대부분의 사람이 주입식으로 수학을 공부한다. 심지어 수학보다 훨씬 실용적인 주제인 돈에 대해서는 전혀 배우지 못했다. 많은 부모가 학생들은 학교에서 인생을 사는 법을 배워야 한다고 믿는다. 단지 학교를 위해 공부하는 것이라고 생각하는 부모는 없을 것이다. 하지만 정작 학교에서는 아이들이 돈을 어떻게 관리하고 다뤄야 하는지 알려 주지 않는다. 학생들이 내면의 안정을 찾도록 이끌어 주기는커녕 오히려 돈을 위해 일하고 자신이 아닌 다른 사람에게서 안정을 찾으라고 훈련시킨다.

내 사고방식은 목표 달성에 도움이 되는가

어느 순간 나는 정말 환상적인 사실을 깨달았다. 별의 한 분야에서 일하는 사람들은 다른 분야에서 일하는 사람들보다 사고방식에서 획기적인 차이를 보였다. 위험, 교육, 안정, 성취감, 자유, 수입과 책임에 대한 견해는 서로 완전히 달랐다.

별의 왼쪽과 오른쪽에서 일하는 사람들의 차이도 두드러졌다. 그들은 사고방식에 차이가 있으니 서로를 이해하지 못한다. 각각의 면에 속한 사람들은 저마다의 진실을 믿고 각자 나름의 철학을 갖고 있다. 때로는 어느 한쪽이 상대가 현실을 제대로 보지 못할 정도로 눈이 멀었다고 생각하기도 한다. 나아가 분야별로 견해 차이와 갈등을 겪는다.

이 책에서 특정 사고방식이 올바르다고 내세울 의도는 전혀 없다. 자신에게 어떠한 사고방식이 가장 유용할지 직접 깨닫는 과정이 매우 중요하다. 여기서 결정적인 질문은 "당신의 목표를 보다 쉽게 달성하는 데 도움이 되는 철학은 무엇인가?"이다. 우선 어떤 방식으로 사고할 것인지 결정하면 그 밖의 다른 것들은 모두 자연스럽게 정해진다.

앞으로 이어질 내용에서 당신은 다양한 사고방식의 '미리 보기'를 체험할 것이다. 제3장과 제4장에서는 각 영역의 장단점을 자세히 다룰 것이다. 앞으로 이 책을 읽으면서 자신의 사고방식은 어떠한지 확인해보기를 바란다.

'당신의 사고방식은 별의 오른쪽과 왼쪽 중 어디에 적합한가?'

'당신의 사고방식은 직장인 혹은 프리랜서에 가까운가? 아니면 투자자, 기업가, 전문가에 가까운가?'

더 나아가 자신에게 다음과 같이 질문해 보라.

'내 사고방식을 고수했을 때 내가 세운 인생의 목표를 이룰 수 있는가?'

부자는 학교에서 돈 버는 법을 배우지 않았다

투자자, 기업가, 전문가가 생각하는 방식은 학교에서 배운 방식과 매우 다르다. 학교에서 배운 방식이 아니라면 도대체 어디에서 배웠단 말일까? 그들은 목표로 향하는 길에서, 그러니까 사회에서 그 해답을 찾는다. 우상으로 삼은 인물에게서, 경험하고 실험을 해보는 과정을 통해서, 그리고 무엇보다 자신이 저지른 실수와 코치를 통해서 배운다. 투자자, 기업가, 전문가들이 사회 우등생인 이유다.

돈과 수입을 살펴보면 우선적으로 그 사람의 사고방식을 추적할 수 있다. 나의 부모님은 학교 우등생이 되는 것이 절대적으로 무엇보다 중요하다고 믿는 열혈 지지자였다. 반면 나의 코치는 사회 우등생의 사고방식으로 생각하는 사람이었다. 코치는 번듯한 대학교 졸업장도 없었다. 딱히 언급할 만한 교육도 받지 않았다. 코치가 제안하는 아이디어를 좇아가는 데 처음에 큰 어려움을 느꼈던 것도 어쩌면 내가 예상보다 훨씬 더 부모님과 학교에서 받은 영향이 컸기 때문이었을 것이다.

아버지는 내가 열세 살이 되던 해에 돌아가셨다. 어머니는 학교 우등생의 교육 철학을 늘 강조하셨다.

"학교에서 열심히 공부해야 해. 그래야 좋은 직장을 얻을 수 있단다."

"실수를 해서는 안 된다."

"굳이 위험을 무릅쓰려 하지 말거라."

"잘살려면 안정된 직장에서 인생의 안정을 찾아야 한다."

반면 나의 코치는 전혀 다른 방식으로 말했다.

"당신이 닮고 싶은 사람들을 보고 배우십시오."

"실수해도 괜찮아요. 성공으로부터 배울 건 없어도 실수를 통해 배우니까요."

"위험을 감수하지 않고, 아무것도 하지 않는 사람은 아무것도 얻지 못하고 결국 아무도 될 수 없습니다."

"기회를 활용하는 우리의 능력을 제외한다면 절대적 안정이란 존재하지 않습니다."

파산과 빈곤은 다르다

언젠가 코치는 내게 돈이 얼마나 있냐고 물었다. 나는 지금 당장은 돈이 한 푼도 없는 빈털터리라고 대답했다. 그러자 그는 "당신은 지금 파산 상태인 것이지 가난한 게 아닙니다!"라고 반박했다. 그러고는 스쳐 가는 과정인 '파산'과 지속적으로 이어지는 상태인 '빈곤'의 차이점을 설명해 줬다. 그가 말한 차이는 내게 엄청난 의미로 다가왔다. 당시는 내가 재정적 측면에서 실패자라고 체념하기 시작했던 시절이었기 때문이다.

코치에게 정기적으로 상담을 받으며 학습을 시작한 후 나는 곧 결단을 내려야만 했다. 무엇보다 그가 내게 조언하는 말들이 어머니와 친척들의 조언과 크게 달랐기 때문이다. 평소 어머니는 "그건 네가 할 수 없어."라고 말씀하셨다. 하지만 코치는 스스로에게 질문하라고 가르쳤다. "어떻게 하면 그것을 해낼 수 있을까?"

가족들은 항상 누려야 할 권리부터 찾았다. 반면 코치는 자신이 이행해야 할 의무를 먼저 살피라고 조언했다. 또 가족들은 국가가 이룬 사회 복지의 업적을 굳건히 신뢰하며 종종 확신에 찬 말을 꺼냈다. "결국 우리가 그것을 위해서 열심히 일한 만큼 필요한 지원이 제공될 거란다." 반면 코치는 지원을 받을 권리가 있다는 사고방식에 강한 반대 입장을 표명했다. 그는 소극적인 자세로는 재정적으로 종속될 수밖에 없고, 결국 나약한 사람을 만들 뿐이라고 생각했다. 코치는 무엇보다 책임 원칙을 신봉했다. 그는 누가 자신을 도울 수 있을지 생각하기보다 자신이 타인을 도울 방법이 없을지를 고민했다.

돈은 내 인생을 위해 배워야 하는 것이다

나의 가족은 돈은 중요하지 않다고 생각했다. 반면 코치는 돈은 선택의 기회이자 자유라고 강조하곤 했다. 어린 시절 나는 '돈이 곧 모든 악의 근원'이라는 말을 자주 들으며 성장했다. 코치는 전혀 반대의 입장을 건넸다. "돈을 바라는 태도는 좋다. 하지만 한 푼도 없는 것은 좋지 않다."

많은 사람이 부모에게서 돈에 대한 생각을 물려받는다. 만약 경제적으로 걱정이나 근심이 있는 부모라면 돈과 관련해 자녀에게 무슨 말을 할 수 있을까? 그저 보편적인 조언을 따라 말하는 수밖에 없을 것이다. "좋은 성적을 받도록 열심히 공부해라. 그런 다음에는 좋은 직장을 구해야지."

하지만 코치는 좋은 직장이 보장하는 안정을 신뢰하지 않았다. "경제적 지능을 키우고, 직업을 창출하는 방법을 배우십시오." 내가 학교에서 배우고 부모님에게서 들었던 것과는 완전히 다른 사고방식이었다. 그를 만나기 얼마 전까지도 내가 원했던 것은 그저 안정적인 직장이었다. 그런데 그는 내가 일자리를 만들어 내야 한다고 말하고 있었다. 그리고 그의 말은 내 시각을 완전히 바꿔 놓았다.

나의 변화를 곁에서 지켜본 가족은 걱정하기 시작했다. 특히 어머니가 코치를 불신하며 이런 질문을 하셨다. "네 아버지는 박사 학위를 받은 변호사셨지. 그런데 그 코치라는 사람에게는 무엇이 있지?" 나는 곰곰이 생각한 후 대답했다. "그에겐 돈도 있고 즐겁게 살며 자유도 많아요."

현재 학교 시스템은 미래가 아닌 과거의 방식대로 아이들을 교육시키는 데 전력을 다하는 것처럼 보인다. 진정한 학교라면 학습을 위한 학습을 줄이고 인재를 양성하는 데 더욱더 힘써야 한다. 양심이 없는 지식은 가치가 없다. 더 이상 아이들을 단순히 데이터를 기록하는 저장 매체로 만들지 말아야 한다.

학생들은 종종 하드디스크에 비교되곤 한다. 마치 무엇을 어떻게 시작해야 할지도 전혀 모르는 정보들로 가득 찬 저장 매체 말이다. 학교는 정작 그 정보가 유용하게 쓰일지 아무도 모르는데도 불구하고 학생들에게 수많은 정보들을 쉴 틈 없이 주입한다. 그러면서 여전히 "너는 학교를 위해서 공부하는 것이 아니라 네 인생을 위해 공부하는 거란다."라고 주장한다.

아이들은 자신의 장점을 키우고 성취감을 느낄 직업을 준비하는 교육을 받아야 한다. 무엇보다 별의 왼쪽 분야에 대해 제대로 알아야 한다. 결정적인 순간에 활용할 수 있을지 의심스러운 맞춤법이나 고치는 것 외에 교과 과정에 중요한 내용이 없다는 사실은 정말 끔찍하다.

오래된 돈 버는 규칙을 버려라

정말 많은 사람이 처한 현재 상황을 보면 좀처럼 가망이 없어 보인다. 그들의 생각이 어느 정도 옳다고 볼 수도 있다. 당신을 비롯한 수많은 사람이 큰 게임에 참여하고 있다. 게임의 규칙을 제대로 알지 못하는 한 절대 승리를 가져올 수는 없다. 규칙을 제대로 파악하고 잘 지키는 사람만이 장기적으로 항상 승리해 수입도 지속적으로 늘릴 수 있다.

이미 사회는 오래전에 완전히 다른 규칙을 가진 시대로 접어들었다. 사회를 구성하는 시스템이 완전히 뒤바뀌었고 새로운 시스템이 자리 잡으며 새로운 규칙이 생겨났다. 새로운 기회인 만큼 새로운 위기도 공존한다.

새로워진 시스템에서 과거의 규칙은 더 이상 효과를 발휘하지 않는다. 그런데도 학교와 다수의 학부모들은 낡아빠진 규칙대로 아이들을 키우려고 한다. 그들은 여전히 그것이 좋은 방법이라고 믿지만 종종 그런 규칙들이 아이들에게 달갑지 않은 지식이라는 사실이 증명되곤 한다. 고리타분한 규칙대로 살아가려는 사람은 지금 같은 시대를 잘 헤쳐나가기가 어렵다.

이제 다음 장에서 새로운 규칙을 살펴볼 것이다. 그중 몇 가지는 이미 당신의 생활에 스며들었을 수도 있다. 또 분명 이전까지 접하지 못했던 새로운 규칙도 있을 것이다.

제3장

돈을 버는 규칙은 어떻게 달라졌나

우리는 지금까지 당연하다고 생각했던 것들이 전혀 통용되지 않는 시대에 살고 있다.

_찰스 핸디Charles Handy

과학자들이 여러 파이프가 설치된 방 안에 실험 쥐를 풀어 놓았다. 그리고 단 하나의 파이프에만 먹이를 넣어 뒀다. 배고픈 쥐들은 방 안에 가만히 웅크려 있지 않고 돌아다니며 파이프 사이를 뒤지기 시작했다. 그들은 먹이가 들어 있는 파이프에 도착할 때까지 계속 움직였다.

그로부터 며칠 동안 실험 쥐를 방에 집어넣을 때마다 쥐들은 곧장 먹이가 있던 파이프로 달려갔다. 며칠 후 과학자들은 다른 파이프 안에 먹이를 넣어 뒀다. 쥐들은 항상 그랬던 것처럼 익숙한 파이프로 쏜살같이 달려갔다. 먹이를 발견하지 못한 쥐들은 어떻게 됐을까? 이전과 달라진 상황에 당황해 파이프에 주저앉았을까? 아니면 곧장 다른 곳을 탐색하기 시작했을까? 쥐들은 다른 곳을 찾아 움직였다.

인간은 쥐보다 더 똑똑하다. 그렇지 않은가? 하지만 당신이 알고 있는 사람들 중에서 실험 쥐가 겪은 상황처럼 파이프 안에 아무것도 없다는 사실을 깨닫고 자신이 사기를 당했다고 느끼며 그 자리에 주저앉아 넋을 놓고 있는 사람들이 얼마나 되는가? 애석하게도 대부분의 사람이 변화를 무시하며 그저 지나가기만을 바란다. 물론 그렇지 않은 경우도 많다. 어떤 사람들은 의미 없는 일들로 허송세월하기만 한다. 입사지원서를 한없이 작성하거나 무작정 직업 소개 온·오프라인 채널들을 찾아가기도 한다. 하지만 두 가지 방법 모두 기운만 뺄 뿐 성공으로 이어질 가능성은 극히 드물다.

차라리 완전히 새로운 길과 가능성을 찾아보는 것이 현명하지 않을까? 새로운 시대에 걸맞은 성공으로 인도해 줄 새로운 길은 어떠한가? 앞으로 이 책에서는 단순히 새로운 직업뿐만 아니라 즐거움을 선사할 일자리를 찾는 실용적인 조언을 소개하려고 한다.

무조건 세상을 탓하지 마라

불과 몇십 년 전만 해도 먹이가 가득 든 파이프가 넘쳐 났다. 오늘날에는 얼마 되지 않는 소량의 먹이만 남아 있을 뿐이다. 일부 사람들은 익숙한 분야에서 좋은 일자리를 찾을 수 없는 현재의 상황이 전혀 정당하지 않다고 느끼기도 한다. 어쨌거나 그들은 학교에서 시키는 대로 열심히 공부하고, 열심히 일했을 뿐이다.

지금은 시대가 달라졌다. 변화란 모든 존재에게 적용되는 필수불가결한 요소이자 자연의 법칙이다. 모든 것은 변한다. 변화 자체가 부당하거나 공정하지 않다고 말할 수 없다. 그것이 바로 인생이다. 세상이 정의로운 경우도 극히 드물어서 정의를 부르짖다가는 씁쓸한 실망감만 맛볼 뿐이다. 개는 고양이를 쫓는다. 고양이는 새를 잡아먹는다. 새는 벌레를 잡아먹는다. 벌레는 그 주변에서 이리저리 꿈틀대며 피하기 바쁘다. 이런 약육강식의 세계에 도대체 정의가 어디에 있단 말인가?

부디 정의라는 덫에 빠지지 않도록 주의를 기울이길 바란다. 정의라는 함정에 빠진 사람은 자신이 불행한 삶을 사는 이유가 이 세상에 정의가 없기 때문이라고 치부하며 잘못된 곳에서 정당성을 찾으려 든다. 즉 불의가 사라지지 않는 한 내가 행복하게 살 가능성이 전혀 없다는 잘못된 신념에 갇혀 버린다.

정의를 추구하는 전략은 치명적이다. 곧이어 불의가 등장하기까지 얼마 걸리지 않기 때문이다. 하지만 많은 사람이 정의라는 함정이 자신의 인생 전체를 망가트리고 있는데도 불구하고 두 손 놓고 방관하기만 한다. 자신은 그저 희생양에 불과하다는 감정에 빠져 허덕일 뿐이다. 인생에서 가장 중요한 교훈 중 하나가 바로 "진화에는 정의도 불의도 없다."는 것이다. 그것이 곧 자연의 섭리다. 오히려 정의를 추구하는 것이 자연을 거스르는 행위에 불과하다.

인생에는 자신의 가치관에 따라 해석되는 사건만이 존재한다. 만약 자신의 인생에 불의가 등장한다면 자기 연민에 빠져 허우적거리거나 새 출발의 기회로 삼거나 중에서 선택해야 한다. 무엇보다 중요한 것은 불의 그 자체가 아니라 스스로 어떻게 대처하느냐다.

달라진 돈 버는 규칙 12가지를 정복하라

불과 200~300년 전만 해도 모든 가정의 90퍼센트 이상이 독립적으로 생활했다. 각자 자급자족하며 살았다. 그러다 산업 혁명 이후 큰 변화가 일어났다. 기업과 국가에서 고정된 일자리를 제공하기 시작한 것이다. 사람들은 자유를 포기하는 대신 안정된 직장을 택했다. 시대의 변화에 따라 농사와 소규모 상업에 종사하던 사람들이 공장으로 일자리를 옮기기 시작했다. 그렇게 우리의 조상은 기업가적 능력을 상실했다.

처음에는 노동자를 위한 규정이 전무했다. 노동자의 권리는 찾아볼 수 없었다. 과거의 직물 공장이 그랬다. 아이들은 이미 다섯 살부터 소위 '악마의 공장'에 종속돼 주 70시간에 달하는 끔찍한 업무량을 견뎌야 했다. 많은 사람이 피로에 지쳐 쓰러졌고 죽어 나갔다. 시간이 지나면서 노동자의 권리를 대변할 조합의 필요성이 대두됐다. 새로운 환경에 맞게 노동법 규정들 또한 재정돼야 한다고 생각하기 시작했다.

최근 10~20여 년 전부터 또다시 모든 상황이 근본적으로 달라지고 있다. 산업 혁명이 들끓던 무렵만큼 극적인 변화였다. 하지만 사회의 변화를 제대로 감지한 사람은 거의 없다고 할 수 있다. 거의 모든 사람이 새로운 시스템이 지배하는 사회에서 여전히 과거의 규칙을 따라 살고 있다. 성공의 길이라 믿었던 지식이 더 이상 작동하지 않는 것을 깨닫는 순간 사람들은 좌절했다. 자신들이 부당한 대우를 받았다고 느꼈다.

하지만 시계를 거꾸로 되돌릴 수는 없는 법이다. 이제 더 이상 기업과 국가는 그동안 사람들이 당연하게 여기던 안정을 제공하지 않는다. 구조 조정의 형태로 해고되는 희생양이 되어 본 경험이 있다면 내가 말하는 의도를 정확히 이해할 것이다. 이제 더 이상 책임을 회피할 수 없다. 자신의 삶은 직접 책임져야 한다. 개인에 대한 책임은 더 이상 기업과 대기업의 몫이 아니며 다시 개인 스스로 짊어져야 할 시기가 됐다.

새로운 시스템에는 새로운 규칙이 필요하다. 아직까지는 어떤 규칙을 마련해야 하는지 잘 알려져 있지 않아 대다수가 고리타분한 옛 규칙대로 살기 위해 애쓴다. 하지만 모두 헛수고일 뿐이다. 새로운 시대가 시작될 때마다 승자와 패자가 존재했다. 새로운 규칙을 빠르게 알아차리고 생활에 재빨리 반영하는 사람은 승자로 살아남았다. 패자의 자리는 계속해서 과거의 규칙들을 붙들고 있는 사람들이 차지했다. 이미 새로운 시대가 시작했다는 사실마저도 제대로 인식하지 못한 사람들이 숱하다. 마치 게임을 시작하면서 게임에 맞지 않는 잘못된 규칙을 따르는 것이나 다름없다.

과거부터 전해져 내려오는 오래된 진리는 전통만 내세울 뿐, 오늘날 활용할 수 있는 지혜는 거의 남아 있지 않다. 새로운 규칙을 제대로 따르면 수입은 거의 자동으로 늘어날 것이다. 이제 그 규칙들을 하나씩 살펴보자.

'수입 일기'를 준비하라

- 돈 버는 법에 대한 마음에 드는 규칙을 발견할 때마다 일기장에 기록해 자신만의 규칙들을 완성한다.
- 각 규칙으로 자신이 펼칠 수 있는 가능성이 무엇인지 곰곰이 생각해 본다.
- 머릿속에 떠오르는 돈 버는 아이디어를 전부 기록한다.
- 자신의 아이디어에 대해 창의적인 사람들(가능하다면 이 책을 읽지 않은 사람들)과 의견을 교환해 본다.
- 가장 중요한 규칙을 요약해 일기장에 기록한다. 별로 의미 없는 일처럼 보이더라도 매우 중요한 과정이다. 객관적인 규칙은 당신의 정신적인 자산이 될 것이다.

규칙 1. 일회성이 아닌 다회성 수입이 필요하다

어느 날 코치가 내게 물었다. "당신은 일한 것에 대한 보수를 '몇 번'이나 받았습니까?" 이 질문에는 새로운 규칙 중 가장 중요한 내용이 숨어 있다. 코치의 질문은 당신의 노동에 대한 보수가 단 한 번의 일회성 지급으로 끝나지 않도록 하라는 의미다.

별의 오른쪽 분야는 대부분 일회성 보수를 받는 일이다. 직장인으로 고용되면 시간당 임금을 받는다. 즉 자신이 일한 시간만큼 돈을 받는 것이다. 대부분의 프리랜서에게 적용되는 규칙도 동일하다. 프리랜서도 자신이 일한 만큼 돈을 받는다. 다시 말해 일하지 않으면 수입도 없다. 사실 일회성 보수를 지급받는 근무 형태는 그리 바람직하지 않다.

오늘날 직장의 의미는 단순히 일하기 위해 가야만 하는 장소도, 시간을 때우는 곳도 아니다. 특히 후자의 경우 파킨슨 법칙Parkinson's law에 따라 효율성이 지극히 떨어진다는 사실이 잘 알려져 있다. 즉 시간을 때우려고 들면 시간을 채우기 위한 목적으로 일이 고무줄처럼 늘어나기만 할 뿐이다.

이상적인 전문가, 투자자, 기업가는 완전히 다른 방식으로 일한다. 그들은 한 번 완수한 일의 대가로 여러 차례 돈을 받는다. 종종 한 번 이뤄낸 일로 평생 돈을 받기도 한다. 심지어 유산으로 상속해 후손들에게 혜택이 돌아가는 경우도 있다.

이 책을 집필할 때 나에게는 단 1마르크의 수입도 없었다. 이후 정말 많은 시간을 투자했고 거의 1년 반 동안 출판사를 찾아다녔다. 나는 무려 50여 곳에 이르는 출판사에서 퇴짜를 맞았다. 어느 누구도 내가 들인 시간과 노력에 대한 대가를 지불하고자 하지 않았다. 이 책을 쓰고 출판사를 찾아다니던 시절에 차라리 종업원으로 근무하던 사람이 나보다 훨씬 더 수입이 많았을 것이다.

결과적으로 보면 나는 위험을 감수하며 이 일에 뛰어들었고 그 시절을 버티며 교훈을 얻었다. 당시만 해도 나는 집필과 출판 현황에 대해 아는 것이 거의 전무한 상태였다. 하지만 가까스로 책이 출판되고 4년 안에 300만 부가 판매되면서 인세로 수백만 유로를 벌었다. 지금도 책이 팔리면 나는 출판사로부터 주기적으로 돈을 지급받고 있다. 이처럼 다회성으로 돈을 받는 시스템 혹은 직업은 여러 분야에 존재한다.

- 투자금 1유로마다 수익을 반복해 지급받는 투자자
- 저작권료를 받는 작곡가, 작사가, 가수
- 수수료를 기반으로 매출에 기여하는 마케팅 컨설턴트
- 임대료를 받는 부동산 소유주
- 메일링 목록을 빌려주고 사용료를 받는 소유자
- 특허 발명가
- 러닝 개런티를 받는 영화배우
- 저작권료를 받는 게임 개발자
- 수익을 배당받는 기업가들
- 프랜차이즈 가맹비를 받는 프랜차이즈 소유주
- 협의된 지분을 보유한 프로그래머

새로운 시스템의 사회에서는 더 이상 당신의 시간을 돈과 바꾸지 않아도 된다. 아이디어를 돈과 교환해 시간을 투여하지 않고도 추가로 더 많은 돈을 벌 수 있다.

- 과거의 규칙: 노동을 통해 매월 단 한 번만 돈을 번다. 최대한 임금이 많은 직장을 찾아 더 열심히 일하는 사람이 돈을 잘 번다.
- 새로운 규칙: 한 번의 노동으로 여러 번 돈을 번다. 창의적으로 생각하고 위험을 감수하며 한 번의 노동으로 최대한 평생 돈을 벌 수 있

는 길을 찾는다.

한 번 일하고 여러 번 돈을 벌어들여라

- '수입 일기'의 한쪽에 무조건 이 규칙을 위한 공간을 마련한다.
- 당신이 좋아하는 일과 당신의 능력으로 할 수 있는 일을 목록으로 작성한다. 그중 당신에게 돈을 여러 번 벌게 해줄 일은 무엇인가?
- 당신의 능력이 쓰이는 특정 분야에서 성공한 사람들을 분석해 보자(몇몇 분야에는 종종 열심히 일하는 자세와 꼭 성공해 내고 말겠다는 의지를 지닌 사람들이 있기 마련이다). 그들은 어떤 방식으로 돈을 여러 번 지급받는 일을 하는가? 당신은 그들에게서 무엇을 배울 수 있는가?
- 다회성으로 돈을 벌 수 있는 일을 기록해 놓은 목록을 다시 한번 읽어 보자. 당신은 그중에서 무슨 일을 할 수 있는가?
- 여러 번 돈을 벌 수 있는 일을 하겠다는 결심을 매년 다진다.

규칙 2. 지금 하는 일은 판매가 가능한가

코치는 때때로 내게 윙크를 하며 물었다. "지금 하는 일을 팔아 버린다면 당장 얼마나 받을 것 같습니까?" 그가 이렇게 질문하면 사람들은 보통 어깨를 으쓱일 뿐이었다. 이 질문의 이면에는 매우 중요한 성찰이 숨어 있다. 직업은 유산으로 물려줄 수도 없고 팔 수도 없다는 것이다.

만약 당신이 지금 하는 일을 더 이상 하지 않는다면 그 일의 가치 또한 사라지는 셈이다.

반면 당신이 일하는 기업의 소유주가 기업의 매각을 원한다면 그것은 실현 가능한 일이 된다. 다음 장에서 당신은 앞으로 어떤 분야에서 일하게 될지 살펴볼 것이다. 설령 직장인으로 일하기로 결정한다고 해도 동시에 팔 수 있는 무언가를, 즉 수익을 가져오는 무언가를 만들어 낼 수 있는지 곰곰이 생각해 봐야 한다. 이를테면 집, 특허, 지적소유권 같은 것들이다. 이와 관련한 규칙은 첫 번째 규칙과 매우 유사하다.

- 과거의 규칙: 가장 중요한 재산은 노동력이다. 그러므로 노동력을 최대한 팔아야 한다.
- 새로운 규칙: 새로운 시대에는 무엇보다 아이디어가 가장 중요한 자산이다. 아이디어를 어떻게 하면 팔 수 있을지 고민하라.

규칙 3. 시대에 맞는 롤모델을 찾아라

오늘날 사람들이 우상으로 삼는 모델도 달라졌다. 하지만 학교에서는 세상의 변화를 완전히 무시하고 있다. 이미 젊은이들은 안정적인 평생직장을 얻는 것을 더 이상 꿈으로 여기지 않는다. 그런 만큼 의사나 변호사라는 직업이 주는 자극도 줄어들었다. 의료 제도의 개혁으로 의사라는 직업은 점점 그 매력을 잃어 가고 있다. 프리랜서는 개정된 법안으로 힘든 생활을 근근이 버텨 나가고 있다. 다음 장에서 50년 전만 해도 노력할 만한 가치가 있던 것들이 오늘날 진지하게 의문을 품어 봐야 하는 사항으로 전락해 버린 이유를 자세히 살펴볼 것이다.

그렇다면 오늘날의 아이들은 누구를 롤모델로 삼을까? 재닛 잭슨과 브리트니 스피어스 같은 팝스타, 미하엘 슈마허와 안드레 아가시 같은 유명 스포츠 선수, 브래드 피트나 안젤리나 졸리 같은 영화배우, 스티브 잡스, 리처드 브랜슨Richard Branson과 같은 기업가들이 있다.

물론 50년 전에도 스타들은 있었다. 하지만 지금과 다른 점이라면 첫째로 그 수가 오늘날만큼 많지 않았다. 둘째로 지금처럼 매체에서 자주 볼 수 없었다. 세 번째 요소가 가장 중요한데, 오늘날 젊은 사람들이 스타와 자신을 동일시하는 성향이 강해졌다는 것이다. 자신도 특별한 사람이 될 수 있다고 느끼는 젊은이들이 점점 늘어나고 있다. 그들은 자신만의 강점을 키워 뭔가 특별한 것을 하고 싶어 한다. 자신만의 취미를 발전시켜 경력을 쌓고 싶어 한다. 즉 자신이 즐거움을 느끼고 제 능력을 펼칠 수 있는 것을 직업으로 삼고 싶어 한다.

하지만 학교에서는 그들에게 용기를 북돋기는커녕 그저 "열심히 공부해서 안정적인 직장을 찾아라."라고만 할 뿐이다. 수많은 교육기관에서 젊은 세대에게 미래의 직업이라는 명목으로 상당한 수입을 보장하는 직업을 결정해 줬다. 심지어 아이들을 가르치는 선생들도 같은 방식으로 직업과 프리랜서를 준비하는 학교 시스템에서 교육을 받아 왔다.

직업을 찾을 때 많은 돈을 주는지 여부만 고려하는 것은 진정한 노동의 의미를 모르고 있는 것이다. 돈보다 자신의 능력과 열정을 펼칠 수 있는지가 훨씬 더 중요하다. **당신이 사랑하는 일을 하며 제 능력을 제대로 펼칠 수 있다면 돈은 자동으로 따라온다.** 물론 수입을 몇 배 늘리려면 전문가로 포지셔닝하는 법을 알아야 한다. 당신의 열정을 채워 주는 일을 하지 않는다면 아무리 좋은 기술을 갖고 있더라도 인생의 성공에 그리 유용하게 활용하지 못한다.

• 과거의 규칙: 안정적인 지위를 지닌 사람 혹은 의사나 변호사처럼 현실적인 롤모델을 찾아라. 이러한 직업은 성실해야지만 이룰 수 있다.
• 새로운 규칙: 일하면서 즐거움을 느끼는 사람을 롤모델로 삼아라. 당신의 능력과 성향이 어떠한지 곰곰이 생각한 뒤 그와 관련된 경력을 쌓는다.

규칙 4. 자신의 안정은 스스로 마련하라

새로운 시대에 들어 기업들도 변하고 있다. 그들은 직원들을 위한 책임을 오롯이 감당할 수도 없고 원하지도 않는다. 적어도 과거와 비교해 보면 그렇다. 오늘날 우리는 고객을 만족시키는 기업만이 존속할 수 있다는 것을 알고 있다. 그런 만큼 기업은 평생 일자리를 보장할 수 없는 입장이 됐다. 과거에는 기업이 직원의 평생을 책임져 줄 것이라 생각해 누구나 열심히 일했다. 오늘날 성공하는 기업은 항상 파괴를 거듭해야 한다. 새로운 것을 창조하고자 한다면, 미래의 게임에 참여하고자 한다면 과거에 성공을 거뒀던 방식이나 과거에 정평이 났던 지위마저 없애야 한다. 기업 스스로 파괴하지 않아도 외부의 압력으로 그 길을 따르게 된다. 그리고 기업이 붕괴될 때마다 직장은 사라진다.

연금 납부자와 연금 수령자 사이의 비율이 변화하면서 국가도 더 이상 지금껏 유지돼 온 방식으로 모든 국민을 보살피는 것이 불가능해졌다. 게다가 국가가 국민에게 혜택을 줄 수 있다고 한들 실제로 국가로부터 온당한 혜택을 받은 국민은 없었다. 당신은 국가가 누구의 돈으로 모두를 보살피고자 한다고 생각하는가? 독일의 시인 프리드리히 휠덜린Friedrich Hölderin은 "국가를 모두의 천국으로 만들려고 시도하는 한 국가는 지옥이 된다."라고 말했다. 달리 표현하면 "공짜 치즈는 쥐덫에만 있다."라고 할 수 있다.

평생직장이 보장되지 않는다면 당신은 어떻게 안정을 확보할 것인가? 평생 일자리를 보장할 능력을 기르기 위해 무엇이든 해야 한다. 다시 말해 타인이 나서서 부수기 전에 직접 자신의 손으로 일자리를 파괴해야 한다는 의미다. 당신에게 필요한 안정은 당신이 직접 배우고 또 성장하는 데 필요한 변화에 얼마나 준비돼 있는지에 달렸다. 그러므로 **우리는 자신의 경력, 인생, 돈에 대해 스스로 책임져야 한다.**

과거의 규칙에서는 집을 투자 가치로 보고 최대한 대출을 빨리 상환해야 한다고 가르쳤다. 오늘날 우리가 살고 있는 집은 절대로 투자 대상이 아니다. 집이란 사치품은 될 수 있어도 일상생활에 필요한 수익률을 올려 주진 못한다. 물론 자가로 집을 소유하고 거주하는 것은 추구할 만한 가치가 있다. 단 집을 마련하기 위한 대출을 빨리 상환하는 것은 더 이상 영리한 행동이 아니라는 의미다. 그 이유는 책의 후반부에서 설명할 것이다.

- 과거의 규칙: 기업과 국가가 우리를 보살펴 준다. 당신은 돈을 안

전한 곳에 투자해야 한다. 가장 중요한 투자는 집이다.

• 새로운 규칙: 자신을 스스로 보살펴야 한다. 더 이상 책임을 위임할 수 없다. 직접 자신의 부를 축적해야 하며 그 과정에 따르는 위험도 감수해야 한다. 집은 투자가 아니라 사치다.

규칙5. 이기기 위한 게임을 하라

과거에는 직업이 가진 위험에 대해 항상 회의적인 자세를 취했다. 굳이 위험을 무릅쓰지 않아도 충분히 보장을 받았기 때문이다. 오늘날은 다르다. 위험을 감수해야 모든 면에서 더 많은 것을 얻는다. 위험을 무릅쓰고 투자한 투자자들은 12퍼센트의 수익률을 달성했고, 그보다 훨씬 더 많은 연 수익을 벌기도 했다. 위험을 감수할 준비가 돼 있는 기업가일수록 부자가 될 수 있다.

물론 한 가지 역설이 존재한다. 최고의 기업가와 투자자들은 완전히 다른 시각으로 상황을 바라본다. 그들을 지켜본 바에 따르면 절대 무모한 행동을 하지 않는다. 그들은 확실한 일, 다시 말해 분명히 올바른 일만 한다고 주장했다.

무엇보다 그들은 자신이 성공할 것임을 확신했다. 물론 그들은 자신의 안전성을 확보하기 위해 누구보다 열심히 노력했다. 변화를 인식하고 명확하게 이해하는 방식을 습득했다. 사실 변화란 자신이 처한 상황을 제대로 이해하지 못하고 끝까지 과거의 관습에서 벗어나려 하지 않는 사람들에게만 위험하고 위협적인 것으로 보이기 마련이다.

당신은 어떠한가? 최근 5년 동안 위험을 무릅쓰고 무언가를 시도해 본 적이 있는가? 대다수의 사람은 어떻게든 위험을 피하려 한다. 배움을 통해 변화에 대응하고 계속 성장하려는 자세가 준비되지 않았기 때문이다. 이처럼 위험을 회피하는 태도는 자신이 원래 벌 수 있었던 만큼 벌지 못하는 주된 이유가 된다.

부를 쌓든 위험을 회피하든 누구나 자유와 안정성 중 한 가지를 결정해야 하는 순간을 맞이한다. 두 가지를 모두 선택하는 것은 불가능하다. 안정성을 찾는 사람은 결국 두려움을 발견한다. 세계적인 소설가 세르반테스는 두려움에 대해 이렇게 경고했다. "두려움은 감각을 혼동시켜 사물의 본모습을 다른 식으로 인식하게 만든다."

안정성을 추구하는 세계는 몹시 편협하고 큰 변화를 경험할 수 없다. 때때로 사람들은 대기업 중 하나가 무너졌다는 기사를 읽으면서 자신의 철학이 입증됐다면서 만족한다. 이처럼 위험을 회피하려는 사람의 습성을 설명하는 옛 속담이 하나 있다. "거인은 종종 비틀거리고 떨어지지만, 벌레는 그렇지 않다. 그들이 할 수 있는 것이라고는 땅을 파고 기는 것이 전부이기 때문이다."

이 세상에는 공짜란 존재하지 않는다. 그것은 안정 또한 마찬가지다. 안정을 취하기 위해 사람들은 삶의 질을 대가로 치른다. 안정이라는 환상을 위해 모험과 아름다움으로 가득한 흥미진진한 인생을 두려움과 불안으로 가득 찬 삶으로 바꾸려는 사람들이 너무나 많다. 하지만 두려움이라는 감정은 종종 안정을 취하는 대신 자신이 누릴 수 있는 것들을 포기하게 만든다.

위험을 감수하는 자세를 취하면, 다시 말해 조금씩이더라도 심사숙고해 발걸음을 내딛다 보면 생각보다 많은 것을 이룰 수 있다. 아마 거의 모든 것을 이뤄 낼 수 있을 것이다. 나아가 **진정한 성공에 이르기 위해서는 커다란 도약을 감행할 용기가 필요하다.** 깊은 구덩이는 조금씩 여러 번 뛰는 것만으로 건널 수 없는 법이다.

항상 자신이 처한 상황을 통제하려고 꼭 애쓰지 않아도 된다. 어차피 가능하지도 않다. 오히려 그보다 힘든 상황에 대처하는 힘을 키워야 한다. 솔직히 당신이 처한 상황을 나는 알 수 없다. 하지만 내 삶에서 중요했던 모든 이정표와 성공을 보면 나는 항상 위험을 무릅쓰고 도전해야했다. 그리고 그것은 내 삶의 다른 모든 영역에서도 마찬가지였다.

- 과거의 규칙: 위험을 피해야 한다. 위험은 그저 불필요한 상황만 초래한다. 자고로 잃지 않는 게임을 해야 한다.
- 새로운 규칙: 이기기 위한 게임을 해야 한다. 그러기 위해 위험도 감수해야 한다.

규칙6. 실수해도 괜찮다

실수와 실패는 사업의 일부다. 나 역시 많은 실패를 겪었다. 너무나 많은 실패를 겪은 나머지 실패가 나를 마주 보며 싱긋 미소 짓는 것만 같았다. 이런 태도를 취할 수 있기까지 나는 매우 힘겹게 교훈을 얻어야 했다. 내가 코치를 만났던 스물여섯 살 무렵, 나의 가장 큰 문제는 파산을 했다는 것이었다. 재정 부문에서 나는 참 많은 실수를 저질렀다. 내 가족의 입장에서도 이 문제는 커다란 수치였다. 반면 코치는 내가 저지른 모든 실수에서 약간의 희망을 보았다며 이렇게 말했다. "우선 누구나 실수를 하고 그 안에서 교훈을 찾습니다. 실수할 때마다 자신이 바라보는 세계는 조금 더 커지거나 조금 더 작아지죠. 그것은 전부 자신에게 달렸답니다."

나는 당신의 재정 상태를 모른다. 하지만 상관없다. 결국 당신이 이 책을 읽고 어떻게 반응하는지, 이제부터 어떠한 방향으로 나아가는지가 중요하다. 실제로 누구나 자신의 재정 상태와 각자가 저지른 실수에 반응하는 방식을 스스로 선택할 수 있다.

최근에 자신이 저지른 실수 중 떠오르는 것이 있는가? 만약 그렇다면 당신은 그 실수에 어떻게 반응했는가? 기본적으로 여섯 가지 반응 중에서 하나를 선택할 수 있다.

- 거짓말을 한다: "내가 한 게 아니야."라고 발뺌한다.
- 부정한다: 재빨리 현실로부터 도망쳐 "모든 것이 다 괜찮아. 전부 잘될 거야."라고 말한다.
- 정당화한다: "달리 방법이 없었어."라고 말한다.
- 남 탓을 한다: 잘못된 것은 전부 외부 요인으로 돌린다. 천성('나는 애초에 이렇게 태어났어'), 교육('나는 그렇게 배웠어'), 타인('남들이 먼저 시작했어')에게 전가한다. 이런 식으로 책임을 전가한 대상에게 자신의 권리를 넘긴다.
- 포기한다: "너무 힘들어. 재미도 없고, 그냥 다 필요 없어."라고 말한다.

- 배운다: 자신에게 스스로 되물어 본다. "내가 무엇을 배울 수 있을까? 미래에 이런 실수를 피하려면 무엇을 해야 할까? 이 문제를 어떻게 해결해야 할까? 재미를 느끼려면 어떻게 해야 하지?" 모든 경험은 내가 가는 길을 비추는 등대가 돼야 한다. 자신을 붙들어 놓는 정박장이 돼서는 안 된다.

학교와 교육계에서 실수란 어리석고, 부주의한 결과라고 여긴다. 그 것은 과거의 잔재다. 오늘날에도 학교 성적은 실수의 횟수에 따라 정해 진다. 실수가 적을수록 그만큼 성적도 좋다. 하지만 이미 오래전부터 새 로운 규칙이 적용되고 있다. 사회 우등생의 세계에서는 누구나 살아가 면서 항상 실수를 저지른다는 것을 잘 알고 있다. 실수를 피하려고만 하면 자신이 살아갈 세계는 문자 그대로 점점 더 좁아지기 마련이다. 영국 수상이었던 윈스턴 처칠은 말했다. "성공이란 실패를 거듭해도 열 의를 잃지 않고 계속 나아가는 것이다."

미국과 일본은 실수에 대한 평가 방식이 확연히 다르다. 일본에서 파 산은 끔찍한 일이다. 파산의 책임을 온전히 짊어져야 하는 사람이 심지 어 목숨을 끊기도 한다. 미국에서는 상반된 방식으로 파산을 다룬다. 주 로 책임을 지려는 사람은 기업가의 자질을 발휘해 새로운 기회를 발견 한다. 작은 차이지만 양국의 경제적 상황의 차이를 보면 많은 것을 시 사한다.

성공만큼 헛된 것도 없다. 정말 아무것도 배우지 못하기 때문이다. 하지만 실수는 인생을 대하는 긴장감과 진보를 가져온다. 실제로 나는 성공이 아니라 실수를 통해서 많은 것을 배웠다. 학습과 성장의 길은 항상 실수에서 시작된다. 무언가를 배우려면 실험하고 실수할 용기를 갖고 있어야 한다.

별의 오른쪽에 위치한 몇몇 직업(이를테면 회계사나 의사)은 가급적 업무를 완벽하게 수행해야 하고 실수하지 말아야 한다는 강박적인 면을 갖고 있다. 그 직업들은 높은 수입을 벌 수 있게 해주는 새로운 규칙에 자동으로 위배된다. 그 문제는 추후에 함께 살펴볼 것이다.

실수는 미래를 미리 보여 주는 거울과도 같다. 실수를 거듭해 미래를 채무로 채울지, 실수를 만회해 투자로 만들지는 자신에게 달렸다. 만약 실수로 빚이 생긴다면 위험한 상황을 마주할 때마다 움츠러들 것이다.

누군가 절대로 다시 새로운 시도를 하지 않겠다고 말하면 나는 그가 배움을 멈췄다고 판단한다. 실망감이 그의 성장을 멈춘 것이다. 많은 사람이 부자가 되지 못하는 이유도 자신의 실수를 계기로 행동을 멈췄기 때문이다. 그들은 자신이 느끼는 실망감에 대처하는 법을 학습하는 대신 앞으로 똑같은 일을 피하는 데만 급급한다.

성공한 사람들은 실수를 미래를 위한 투자라고 인식한다. 그들은 실수를 빨리 경험할수록 더 기뻐한다. 부자에게 실수는 정신적 예금과도 같다. 그들은 실수를 통해 배우고 자신들의 투자가 풍성한 열매를 맺을 수 있도록 보살핀다.

- 과거의 규칙: 실수는 나쁘다. 어리석음의 증거이자 미래의 고통이다.
- 새로운 규칙: 실수는 누군가 살아 있다는 증거이며 미래를 위한

투자다. 성공으로 가는 길은 언제나 실수를 넘어가야 한다.

규칙 7. 계속 배우고 성장하라

어린 시절 점심 식사를 하고 나면 항상 숙제부터 끝마쳐야 했다. "우선 해야 할 공부를 다 하고, 그 다음에 놀자!"라는 철칙 때문이다. 하지만 지금 생각해 보면 왜 숙제를 놀이로 만들 생각을 하지 않았는지 참으로 흥미롭다.

특히 어린 시절에 떠오르는 장면이 하나 있다. 지리 숙제를 하고 있을 때였다. 나는 교과서에 실린 웃긴 사진을 보고 큰 소리로 웃음을 터뜨렸다. 곧바로 엄마가 방문을 열고 들어와 엄한 목소리로 내게 물었다. "보도, 지금 웃고 있는 거니? 나는 네가 숙제하고 있다고 생각했는데?"

대다수 사람들은 어린 시절에 학습에 대해 다음과 같은 메시지를 배운다.

- 학습은 고된 의무이며 재미없다
- 학교에서 배우는 것들은 어른이 되면 모두 잊어버리고 쓸데없으며 실생활과 연관성도 부족하다
- 학습은 주로 학교에서 이뤄진다. 따라서 학교를 졸업한 뒤에도 공부를 하고 싶어 하는 사람은 없다. 무언가를 배우는 일이란 조금도 재미가 없는 일이기 때문이다

평생 공부란 말만 들으면 끔찍한 농담을 들은 것처럼 반응하는 사람

이 적지 않다. 학교를 더 다녀야 한다는 생각과 함께 곧장 자신을 괴롭히던 무서운 교사를 떠올리기도 한다.

우선 내가 강조하는 '끊임없는 학습과 성장'은 학교 공부를 염두에 둔 것은 아니다. 그보다는 사회 우등생이 되는 법을 배우자는 것이다. 즉 지식을 배우는 것만으로도 즐거운 학습을 말한다. 그러기 위해서는 아이는 물론 성인에게도 현재와 다른 교육자가 필요하다. 훌륭한 트레이너와 세미나 지도자가 놀이처럼 배울 수 있도록 가르치고 함께 이야기를 나눠야 한다. 또한 쓸모없는 정보로 각자의 하드디스크를 채우지 않고 행동을 자극할 수 있는 연설가가 필요하다. 애석하게도 학교 우등생은 재미가 결여된 단순한 지식의 저장 매체 역할에 그칠 때가 많다. 하지만 사회 우등생은 유용한 교육을 재미있는 방식으로 전달해 행동을 자극한다.

성공한 사람들은 평생 공부한다. 그들은 끊임없이 성장하고 배운다. 학교 우등생을 배출하는 학교 교육은 평생 배워야 하는 학습 중 일부에 불과하다. 성공한 사람은 사회 우등생이 되기 위해 학교에서 배운 이론적인 지식들을 보충한다. 그들은 살면서 더 성공하고 행복해지는 데 필요한 것들을 전부 배운다. 건강, 돈, 관계, 자기 자신 및 타인, 가치, 동기, 목표 등 모든 분야에 대해 빠짐없이 배운다. 또 자신보다 먼저 성공한 사람의 사례를 보면서 배운다. "보면서 배운다."learning by looking는 스키선수 크리스타 킨스호퍼의 말처럼 말이다.

산업 혁명 시대에는 가난한 자와 부자의 두 계급이 존재했다. 오늘날은 정보를 가진 사람과 아무것도 모르는 사람의 두 집단으로 나뉜다.

미래에는 글을 읽지 못하는 사람이 문맹이 아니다. 아마도 아무것도 모르는 사람이 문맹으로 인식될 것이다. 시간이 흐를수록 자신이 알고 있는 지식의 일부가 빠르게 과거의 산물이 돼 버릴 것이다. 그러므로 절대로 배움을 멈춰서는 안 된다.

모든 것을 알고 난 이후에도 배움을 이어가는 것이 무엇보다 중요하다. 새로운 시대에는 마음가짐, 위험 감수와 더불어 학습이 핵심 주제가 될 것이다. 노동과 학습은 서로 떼려야 뗄 수 없는 하나로 융합돼 버렸다. 계속 배우지 않고서는 오늘날 그 누구도 절대 성공할 수 없다. 수입을 풍족하게 만들기에 앞서 정보를 풍족하게 갖고 있어야 한다. 만약 배우는 재미까지 더한다면 그만큼 더 성공하게 될 것이다.

따라서 사회가 학습에 대한 다른 관점을 갖도록 노력해야 한다. 무언가를 배울 수 있다는 것 자체가 선물이다. 자신이 관심을 갖는 분야를 학습한다면 말로 다 설명할 수 없는 재미도 얻을 수 있다. 학교의 공교육을 바꾸는 것에서부터 시작해야 한다. 모든 학교는 두뇌를 개발하는 학습의 연구 전문가를 가장 중요한 전문 인력으로 키워야 한다. 그들은 학습이 놀이처럼 즐거운 경험이 되도록 애써야 한다. 오늘날 지식의 개념을 재정립해야 한다는 논의가 계속되고 있지만 애석하게도 아직 학교에는 적용되지 못하고 있다.

이제 학교에서도 '돈'을 교과 과목에 포함시켜야 한다. 평소 자유롭게 살면서 평생에 한 번쯤 학교에서 주 2회씩 반년에 걸쳐 부유한 사람들의 가르침을 전해 주는 수업이면 좋을 듯하다. 그 수업을 들으면 누구나 부자가 되는 것은 아니라는 깨달음을 얻을 것이다. 물론 단순히 결론을 내려 버리는 것은 매우 어리석은 행동이다. 돈을 얼마나 벌고 싶은지, 그 대가로 무엇을 치를지는 각자가 결정하기 나름이며 전부 자기 자신에게 달렸다. 돈과 부자의 수업을 들으면 무언가 다른 것을 성취하게 될 것이다. 어느 누구도 "내가 얼마나 부자가 될 수 있을지는 나도 모르겠어."라고 말하지 못할 것이다. 수업을 들으면 누구나 이제 그 길을 알게 되기 때문이다. 모든 아이에게 동일한 기회를 줄 수는 없다. 하지만 예전과 비교하면 모든 아이에게 훨씬 더 나은 기회가 주어질 것이라는 사실만큼은 확실하다.

- 과거의 규칙: 학습은 실제로 학교와 교육 과정을 통해 이뤄진다. 학교 공부는 제법 힘들고 전혀 재미가 없다. 학교 공부가 끝나야 직장 생활이 이어진다.
- 새로운 규칙: 누구나 평생 동안 끊임없이 배우고 성장해야 한다. 학교를 떠난다고 해서 학습 과정이 끝나진 않는다. 매 순간 마주하는 사회 우등생의 공부를 학습해야 한다.

◇ ━━━━━━━━━ **보도 섀퍼의 조언** ━━━━━━━━━ ◇

끊임없는 학습과 성장을 삶의 모토로 삼아라

- 좋은 전문 서적을 (많이) 읽는다: 속독에 관한 책을 구입해 읽는다. 독서 속도를 두 배로 향상시킬 수 있다. 두뇌 활용 학습에 대한 책을 두세 권 읽어라.

방법만 제대로 안다면 책을 얼마나 쉽고 재미있게 읽을 수 있을지 깜짝 놀라게 될 것이다.

- 일기를 쓴다: 용도에 따라 여러 종류의 일기장을 만든다. 성공일기, 수입 일기, 깨달음 일기, 관계 일기 등 자신에 대한 글을 쓰려면 먼저 자신을 소중하게 생각해야 한다.
- 1년에 3~4일은 세미나에 참석한다: 향후 12개월 안에 참석할 의향이 있는 세미나를 찾아본다.
- 우상이 될 롤모델을 찾는다: 당신이 한 수 배웠으면 하는 사람들의 이름을 목록으로 작성한다. 만약 잘 모르는 사이라면 그들을 알 만한 사람을 생각해 본다.

규칙 8. 자신의 직업을 새롭게 창조하라

과거의 규칙은 학교에서 공부를 다 마친 후 취업 전선에 뛰어들어야 한다고 강요한다. 하지만 새로운 시대에서는 끊임없이 향상해 나가지 못하는 사람은 기회조차 얻지 못할 것이다. '규칙 7'에서는 평생 학습을 통해 나 자신을 끊임없이 성장시켜야 한다고 강조했다. 자신을 개선하는 것만으로는 충분하지 않다. 간혹 과거에 얽매여 그대로 머물러 버리는 경우가 많기 때문이다. 그보다 과거를 완전히 떨쳐 버릴 수 있어야 더 많은 성공을 거둘 수 있다.

예를 들어 교육 수준이 직원들의 수입에 미치는 영향을 살펴보자. 최근 10년간 경력 직원의 수입은 크게 하락했고 끊임없이 급속도로 하락하고 있다. 교육 수준이 낮을수록 임금 삭감의 속도는 더 빨라지고 있다. 능력이 뛰어난 피고용인의 수입도 마찬가지로 큰 폭으로 하락했다. 즉 경험의 가치가 사라지고 있는 것이다.

또 다양한 직업군에서 세대교체가 진행되고 있다. 경력 직원은 경험과 노하우를 갖고 있는 반면, 젊은 구직자는 완전히 차별화된 방식의 지식으로 무장하고 있다. 앞으로는 과거의 전략으로는 대응할 수 없는 직업이 곧 등장할 것이다. 구세대는 신세대에게 좋은 일자리를 점점 빼앗기게 될 것이다.

만약 당신이 직장인이라면 결코 간과해서는 안 되는 대목이다. 자칫 방심하다가는 머지않아 일자리를 잃을지도 모른다. 자신이 많은 것을 알지 못함을 인정할 뿐만 아니라 잘못된 방식으로 알고 있다는 사실을 명확히 깨달아야 한다. 제아무리 지도 위에 길이 자세히 그려져 있더라도 오래된 지도를 가지고 신대륙을 찾을 수는 없는 법이다.

규칙 7만을 따르는 사람은 새로운 개념을 접해도 기존의 사고체계에 더하기는커녕 거부하기만 한다. 그보다 위험한 것은 대부분의 사람이 곧 다가올 변화를 감지조차 하지 못한다는 점이다. 오히려 매사가 '잘 굴러가고' 있으므로 자신이 '성공'할 거라고 확신한다. 자신이 처한 상황을 잘못 받아들이는 동안 미래는 이미 달라진 모습으로 변해 버릴 것이다. 미래는 자신의 손으로 새롭게 만들어 나가야 한다. 당신이 직접 나서서 다른 사람보다 더 빠르게 새로운 전략을 개발해야 한다.

전략이란 아직 성공을 거두고 있을 때 바꿔야 하는 것이다. 끊임없이 자신에게 질문하라. "나의 능력이 새로운 세계에서도 과거만큼이나 가치가 있을까? 나는 무엇을 바꿔야만 하는가?"

- 과거의 규칙: 지속성은 좋은 것이다. 계속 우승하고 있는 말이라면 절대 갈아타지 말아야 한다.

- 새로운 규칙: 더 개선하는 것만으로는 충분하지 않다. 때때로 과거에서 완전히 벗어나 새로운 일을 찾아내야만 한다.

규칙 9. 돈 벌기는 일종의 게임이다

돈 벌기란 누구에게나 고된 노동이다. 많은 사람이 "비지땀을 흘려야 빵 값을 벌 수 있다."라는 말을 들으며 자란다. 교육계에서도 일이란 원래 재미가 없지만 열심히 일하는 사람이 좋은 사람이라는 지식을 아이들에게 가르친다.

또 아이들은 자기가 한 일에 책임을 져야 한다고 배운다. 물론 옳은 말이다. 하지만 의문을 가질 필요가 있다. 왜 꼭 재미가 없는 일에만 책임져야 할 일이 생기는 것일까? 이런 식의 교육과 학교 시스템은 산업혁명 시대에 등장한 직업을 준비할 때나 이상적으로 맞아떨어질 내용들이다. 교대로 나사 네 개를 조이는 일을 하면서 끝까지 책임감 넘치는 자세를 유지하기란 어려울 것이다. 만약 일을 하면서 자아를 실현하고, 일을 일종의 게임으로 여기는 사람이라면 재미도 없고 삶의 의미도 없는 일을 오래하기가 힘들 것이다.

나는 단 한 번도 나사를 조이는 일을 해본 적이 없다. 학생 때는 그와 비슷한 일을 해본 적이 있었다. 나는 방학 내내 아침마다 색인 카드를 잔뜩 받아 와 길이 13.5미터에 높이 2.3미터인 서가에 분류해 꽂는 일을 맡았다. 카드 더미는 성인 남자의 키만큼 높이 쌓여 있었다. 내게 일을 맡긴 담당자는 6시간 내에 모두 분류하라고 지시했다. 첫날에는 무려 14시간이 걸렸지만 점차 익숙해지면서 11시간으로 줄어들었다. 당시에는 분류 작업을 조금이라도 빨리 끝내는 것이 유일한 낙이었다.

하루는 궁금증이 생겼다. 색인 카드 시스템을 사용하는 사람을 본 적이 전혀 없었기 때문이다. 결국 담당자에게 도대체 색인 카드 시스템의 장점이 무엇인지 당돌하게 물었다. 아무도 내 질문에 대답하지 못했다. 나는 부서장과 총책임자를 찾아갔다. 그들에게서도 명확한 설명을 듣지 못한 나는 그대로 그 일을 그만두었다.

얼마 전 당시에 나와 함께 일했던 동료를 우연히 마주쳤다. 그는 지금도 그곳에서 일을 하고 있었다. 그의 얼굴을 보니 여전히 불행해 보였다. 또 예나 지금이나 자신의 업무에 불만이 많았다. 색인 카드 시스템은 현재 컴퓨터 프로그램으로 대체돼 무용지물이 됐다. 수많은 색인 카드를 단 6시간 내에 분류하는 기술을 갖고 있었던 색인 카드 정리 담당자는 전부 해고됐다. 아무리 대단한 실력이라고 해도 부질없는 일이 된 것이다.

과연 무엇이 차이를 만들었을까? 내가 잠시나마 그곳에서 일할 수 있었던 것은 내가 받아 왔던 교육 때문이다. 나는 일이란 고되기 마련이라는 가르침 속에 성장했다. 이후 성장하면서 미국에서 새로운 규칙을 배우고 생각을 많이 바꾸게 됐다. 하지만 예전에 함께 일하던 직장에서 아직도 일하고 있는 동료들은 여전히 '열심히 일하는 사람이야말로 성실하고 좋은 사람'이라는 규칙을 따르고 있었다. 그들이 따르고 있는 규칙을 감안한다면 내 동료는 성공한 사람이고, 나는 비겁한 사람일 것이다. 그가 보기에 내 방식은 제대로 일을 하는 것이 아닐뿐더러 너무나도 미심쩍은 방식이었을 수도 있다.

솔직히 말해 지금처럼 확고한 나만의 철칙을 가진 상태라면 난 그곳에서 단 1분도 일하지 않을 것이다. 무엇보다 일은 즐거워야 하며 일종의 게임이어야 한다. 또한 우리가 정말로 좋아하는 일을 할 때, 자신의 열정을 충족시켜 주는 일을 할 때 비로소 맡은 일을 제대로 해낼 수 있고 제 능력을 발휘할 수 있다. 일은 곧 우리가 좋아하는 놀이나 취미처럼 큰 재미를 느낄 수 있어야 한다.

마음에 내키지도 않는 일을 억지로 하며 시간을 허비하기에 인생은 너무나 짧다. **절대로 돈을 벌기 위한 목적만으로 일하지 마라. 돈이 일의 목적이 되면 당신은 자신이 벌 수 있는 만큼도 벌지 못할 것이다.** 일을 통해 얻는 결과도 당신이 누릴 수 있는 삶의 질에 부합하지 않는다.

내 주장에 거부감을 느끼는 사람들이 많다. 그들은 주로 과거의 규칙 안에서 생활하고 있기 때문이다. 심지어 자신들이 신성하게 생각하는 일에 대한 가치나 기타 모든 것들을 내가 무너뜨린다고 느낀다. 물론 그들의 입장을 충분히 이해한다. 하지만 만약 내가 제안하는 새로운 규칙이 옳다면 어떻게 해야 할까? 도대체 언제까지 자신이 만족하지도 않는 일을 매일 하며 살 것인가?

삶의 질은 자신이 믿고 따르는 규칙이 만들어 내는 결과일 뿐이다. 랠프 월도 에머슨은 이렇게 말했다. "전통만 고수하는 사람은 언제나 같은 곳에 머무르게 될 것이다. 전통을 집어던져 버리는 사람만이 온 세계를 그의 손에 쥐게 된다."

- 과거의 규칙: 돈을 버는 일이란 원래 힘들고 재미가 없다. 성실하고 정직한 사람은 열심히 그리고 부지런히 일한다.

- 새로운 규칙: 당신이 사랑하는 일을 하라. 당신에게 게임처럼 느껴지는 일을 찾아라. 그래야 잘할 수 있고, 돈도 충분히 많이 벌 수 있다. 그때 비로소 삶의 질을 누리게 될 것이다.

규칙 10. 장점을 강화하라

단점을 없앤다고 부자가 되지 않는다. 예컨대 철자 하나 틀리지 않고 맞춤법에 능하다고 해서 높은 수입을 얻을 수 있는 것은 아니다. 탁월한 성과를 달성하는 사람들이 부를 차지한다. 평균 정도의 능력은 평균적인 임금을, 월등한 능력은 월등한 임금을 각각 차지한다.

단순히 단점만 해소한다면, 최고의 성과를 달성하기 위해 자신만의 장점을 강화하는 데 소홀하다면 대부분 평균 수준에서 벗어나지 못한다. 아무도 그런 사람들에게는 관심을 제대로 기울이지 않는다. 결국 평범한 사람은 누구나 할 수 있는 일을 하는 데 그치고 만다. 평균적인 가치로 평가되는 사람은 사막에 널린 무수한 모래알처럼 흔하다.

애석하게도 너무나 많은 사람이 자신의 단점을 없애는 데만 치중할 뿐 정작 자신의 장점을 보살피는 일을 등한시한다. 종종 나는 이런 질문을 받았다. "섀퍼 씨, 생각해 보면 제게는 딱히 아무런 장점도 없는 것 같습니다. 제가 가진 장점을 어떻게 확인할 수 있을까요?"

나 또한 스스로 이런 질문을 던지던 시절이 있었다. 당시 전국 대회에서 우승한 후 난 일본에서 개최된 최종 예선에 초청받았다. 그곳의 모든 사람들 앞에서 나의 재능을 입증해야만 했다. 한참을 곰곰이 생각했지만 내 인생에는 남들에게 보여 줄 만한 가치가 있는 재능이 아무것도 없다는 결론에 이르렀다. 정말 비극적인 결론이다. 급한 대로 마법 같은 기술 몇 가지를 속성으로 배웠다. 뜻밖에도 대회에서 2등의 성적을 거뒀다.

자신의 장점은 원래 눈에 잘 띄지 않는다. 쉽게 떠오르면 당연한 것이라고 치부하기 일쑤다. 반면 무언가 제대로 작동하지 않을 때는 비상하게 문제점을 알아차린다. 원래 실수와 단점일수록 눈에 더 잘 보이는 법이다. 그건 비극의 시작이다. 대부분의 사람은 자신의 단점을 쉽게 인식하고서 어떻게든 단점을 해소하려고 시도한다. 정작 자신을 부자로 만들어 줄 장점은 제대로 신경 쓰지 않는다. 따라서 자신의 장점이 무엇인지 인식하는 과정은 매우 중요하다. 만약 당신이 느끼는 인생의 플로우 상태와 열정에 대해 탐구해 본다면 명확한 해답을 찾게 될 것이다. 설령 아직까지 단 한 번도 그런 경험이 없다고 해도 말이다.

아인슈타인은 "모든 아이에게는 천재가 숨어 있다."라고 강조했다. 나 또한 그 말에 동의한다. 당신을 비롯해 모든 사람은 특별하고 제대로 꽃피워야 할 재능을 적어도 하나쯤은 지니고 있다.

25년간 기자로 활동했던 사라 밴 브레스낙Sarah Ban Breathnach은 이렇게 말했다. "대부분의 사람들은 자신을 예술가로 보는 것을 불편해한다. 하지만 우리 모두가 예술가다. (…) 우리는 날마다 마주하는 선택으로 자신만의 독창적인 예술 작품을 완성한다. 그 누구도 만들어 낼 수 없는 자신만의 무언가를 말이다."

제6장에서는 당신이 지닌 장점을 찾아보는 내용을 다룰 것이다. 자신만의 장점을 제대로 파악하지 못하는 한 약점으로 생기는 두려움이 장점에 대한 신뢰감을 더욱 가려 버릴 것이다. 성취감을 느끼는 일을 하기보다 약점으로 생긴 구멍을 메우는 데 급급한 삶을 더 이상 이어 가선 안 된다.

- 과거의 규칙: 사슬은 가장 약한 곳에서 끊어진다. 그러므로 약점을 없애는 것이 중요하다.
- 새로운 규칙: 최고의 소득으로 이르는 길은 자신이 지닌 장점을 확대시키는 것이다.

규칙 11. 약점을 해결할 방법을 찾거나 강점으로 바꿔라

많은 사람이 자신의 약점에 사로잡혀 있다. 또 자신의 마음속 깊은 곳에 괴물이 살고 있는 것은 아닌지 의심하는 듯하다. 자신의 약점에 대한 두려움을 떨쳐 버리려면 다른 무엇보다 자신의 약점을 마주해야 한다.

내 마음에 와닿는 약점의 정의는 이렇다. "약점이란 우리의 목표 달성을 훼방하는 모든 것이다." 예컨대 내가 노래를 잘 부르지 못한다는 약점은 나의 발목을 잡지 못할 것이다. 사실 노래를 부르는 것은 목표 달성에 아무런 제약이 되지 않는다. 따라서 노래를 못 부른다는 약점 정도는 가뿐히 무시할 수 있다. 나는 가창력이라는 강점이 없을 뿐이다.

반면 당신의 특정한 특성이 목표를 달성하는 데 발목을 잡는다면 그 약점을 진지하게 받아들여야 한다. 이런 경우에는 약점을 어떻게 처리해야 할지를 고민해야 한다. 그리고 당신이 가진 약점 중에서 실제로 위험하고 문제가 될 만한 것을 절대로 무시하지 말아야 한다. 자칫하다간 약점이 당신을 잡아먹을 수도 있다. 반드시 자신의 약점을 제대로 파악하고 있어야 한다. 약점을 파악한 후에는 다음과 같은 대처 방법 중 하나를 선택한다.

- 약점을 해소할 해결책을 찾는다
- 자신의 약점이 그리 중요하지 않거나 오히려 긍정적으로 작용할 수 있는 직업을 선택한다

첫 번째 방법의 예는 간단하다. 만약 지출이 너무 심하다면 신용카드를 잘라 버리거나 매월 쓸 용돈을 할당해 두는 식이다. 두 번째 방법의 예는 설명이 조금 필요하다. 한 가지 성격이 두드러지는 어린 소년이 있었다. 소년은 지는 것을 너무나 싫어했다. 무슨 일이 있어도 이를 악물고 계속 싸웠고 만약 실패라도 하면 분통을 터트렸다. 만약 내 아이도 그와 같은 행동을 한다면 나는 어떻게 반응했을지 스스로 질문을 던져 봤다. 몇 년 전이라면 나는 아마 이렇게 말했을 것이다. "때로는 지는 법도 배워야지. 항상 승리만이 전부가 아니란다. 게임에 참여하고 함께 했다는 것이 중요하지."

세상 누구보다 지기 싫어하던 소년으로 예를 든 인물이 바로 세계 최고의 골키퍼 올리버 칸Oliver Kahn 이다. 얼마 전 나는 그를 실제로 만나 내

가 느낀 솔직한 감상을 전해 줬다. "약점이라 여길 만한 것이 발목을 잡기는커녕 오히려 자신에게 도움이 되는 일을 찾았으니 얼마나 좋은 일이란 말입니까?"

칸 말고도 의사이자 베스트셀러 작가인 디팩 초프라Deepak Chopra 박사도 약점을 강점으로 바꿔 버린 환상적인 산증인이다. 그와 함께 식사하는 자리에서 그는 내게 미국에서 인도인으로 살아가는 어려움에 대해 이야기했다. 무엇보다 백인들이 그의 병원을 잘 찾지 않는다고 했다. 그는 자신이 처한 상황을 타개할 방안을 모색했다.

긴 고민 끝에 그는 다시 인도로 돌아가 인도의 전통 치료법인 아유르베다뿐만 아니라 고대 인도인의 지혜와 영적 치료술을 터득했다. 미국으로 돌아와서는 현대 의학과 인도의 치료법을 접목한 현명한 인도인으로 자신을 포지셔닝했다. 이후 그는 더 이상 한낱 외국인이 아니라 전문가로 인정받고 있다.

그가 집필한 책도 전 세계에서 베스트셀러가 됐다. 그는 수많은 강연과 세미나를 개최할 뿐만 아니라 병원도 개원했다. 그가 출시한 인도 건강 상품의 판촉을 위해 글로벌 유통 회사도 설립했다. 오늘날 초프라 박사는 세계에서 가장 돈을 잘 버는 의사 중 한 명일 것이다.

그러니 당신도 자신의 약점을 해결할 해법을 찾아라. 만약 약점을 해결하지 못하겠다면 아예 강점으로 만들어 나가야 한다.

강점에 집중하라! 약점은 강점으로 전환하라

- 당신의 강점을 끌어낼 사람을 찾아라. 적어도 특별한 재능 한 가지를 발달시 키도록 노력하라.
- 자신의 강점을 인식하지 못했다면 제5장과 제6장을 집중적으로 파고들어라. 반드시 글로 써서 체득하라.
- 인생의 의미를 논하는 책을 읽고 주제와 관련된 세미나에 참석하라.
- 성공일기에 당신이 잘해낸 일을 기록하라. 그리고 틈틈이 자신에게 질문하라. "이런 성공을 거두는 데 내가 주로 활용한 능력은 무엇인가?"
- 자신의 약점을 분석하라. 약점을 상쇄하는 해결책을 찾아라. 약점을 강점으로 전환할 방법을 찾는 것도 좋다.
- 당신이 남다르다는 깨달음에서 가장 큰 자존감이 나온다. 당신이 특별한 이유를 떠올려 보라.

대다수의 약점은 무시해도 상관없다. 그 어떤 약점도 성공을 향해 나아가는 자신을 방해하지는 않을 것이다. 당신은 비범한 능력을 지닌 사람들도 크고 많은 약점을 갖고 있었다는 사실을 깨달았을 것이다. 비평가들은 유명인사들을 도덕이라는 리트머스지에 올려놓고 신나게 그들의 약점을 들추곤 한다. 그렇게 대중 앞에 벌거벗긴 대상을 표준이라는 잣대로 재단한다.

하지만 유명인사와 천재들의 무능력을 늘어놓는 이야기들은 극도로 따분하게 느껴진다. 아무리 위대한 사람도 한계를 겪는다는 사실은 솔직히 비밀도 아니다. 그들은 그저 특정한 한 가지 일을 남들보다 잘하는 것뿐이다. 그런 사람일수록 성격이 괴팍해 실제로는 사회생활에 잘 어울리지 못하는 경우가 종종 있다. 하지만 누구도 신경 쓰지 않는다. 약점이라는 요소는 특출한 강점 옆에서 무용지물이 돼 버린다.

사람들은 베토벤이나 모차르트 같은 거장의 음악을 감상하면서 작곡가의 약점을 떠올리지 않는다. 그저 음악 자체를 즐길 뿐이다. 천재들은 자신들의 음악으로 세상을 풍부하게 만들었다. 온전히 그들의 강점이 일궈 낸 결과다. 그들에게 약점이 좀 있다고 해서 내 기쁨이 사라지진 않는다.

큰 성과를 목표로 한다면 자신의 강점을 면밀히 파악해야 하고 오롯이 그 부분에 집중해야 한다. 설령 그 대가로 커다란 약점을 감수해야만 하더라도 말이다. 만약 성과를 넘어 인생의 행복을 얻고자 한다면 당신의 발목을 붙잡는 약점을 해소할 해결책을 찾거나 당신의 강점으로 바꿔 놓아야 한다.

- 과거의 규칙: 모나지 않은 성격이 성공을 가져다준다.
- 새로운 규칙: 치명적인 약점을 보완할 해결책을 찾거나 강점으로 전환한다. 대부분의 유능한 사람도 여러 약점을 갖고 있다는 사실을 받아들여라.

규칙 12. 일하고 배우고 포지셔닝하는 것은 전부 하나다

과거에는 시간당 임금이라는 개념이 유효했지만 오늘날에는 정말 시대에 뒤떨어지는 개념이다. 꼭 필요한 경우를 제외하면 정말 아무것도 하고 싶지 않게 만든다. 어떻게든 업무 시간이 끝날 때까지 업무를 하지 않고 질질 끌게 만들어 일에 대한 열정도 확연히 식어 버린다. 결국 업무를 처리할 수 있는 단 한 번의 기회를 놓쳐 버리기도 한다. 시간당 임금이라는 개념에 매몰되면 '최대한 적게 일하고 최대한 많이 벌기'라는 함정에 빠져 버리기 쉽다. 하지만 새로운 시대에는 업무 시간을 다음과 같이 이상적으로 분배해야 한다. 여기서 강조하는 시간은 업무 시간에 해당할 뿐 여가시간과는 관계가 없다.

- 일상 업무를 위한 시간
- 학습 시간
- 전문가로 포지셔닝하기 위한 시간

강연에서 근무 시간의 이상적인 모델을 소개하다 보면 사람들이 뭔가를 깨달았다는 듯한 표정을 짓는 것을 종종 목격한다. 물론 일자리를 단순히 생계 수단으로만 정의해선 안 된다. 일에도 언제나 학습 요소와 미래 요소가 포함돼 있어야 한다.

자신의 미래를 준비하지 않는 사람, 또 적극적으로 미래를 만들어 가지 않는 사람은 계속 현재를 답습하게 될 뿐이다. 그들에게선 더 이상 발전하는 모습을 찾아볼 수 없다. 현재 수준과 지금의 진행 과정이 미래에도 그대로 반복되면 결국 그들은 다람쥐 쳇바퀴를 도는 생활에 익숙해진다.

물론 다른 생각을 가진 청중을 만나기도 했다. "나는 그럴 수 없습니다. 지금 하고 있는 일만으로도 내 머리가 가득 차 버렸는걸요. 그런데 언제 또 공부하고 포지셔닝할 시간을 찾으라는 겁니까?" 그들의 질문도 일견 타당하다. 하지만 애석하게도 나는 이런 질문을 하는 사람들에게 마땅한 해결책을 제시할 수가 없다. 각자가 일하는 환경은 모두 천차만별이기 때문이다.

만약 자신의 인생에서 정말 중요한 일을 하고 있다면 어떻게든 각자 해결책을 찾을 것이라 확신한다. 오로지 우연에만 맡긴다면 아무 일도 일어나지 않는다. 시간을 배분하는 문제 역시 결국 당신의 몫이다. 반드시 '끊임없는 학습과 성장'을 위한 시간, 날마다 포지셔닝 훈련을 위한 시간을 별도로 마련하길 바란다(제9장 참조).

어쩌면 현재 상황에서 벗어나 새롭게 훈련을 하는 과정에서 수입이 줄어들어 일정 기간 동안 강제로 절약해야 할 수도 있다. 약속하건대 그 시기는 곧 지나간다. 힘겨운 노력 끝에 구축한 자신만의 포지셔닝이 곧 상상을 초월하는 수준으로 수입을 높여 줄 것이기 때문이다.

따라서 과도한 생활수준에 맞는 소비를 위해 돈을 버는 데만 혈안이돼 미래를 디자인하는 시간에 투자를 게을리하면 안 된다. 인생은 한편의 거대한 연극과도 같다. 타인이나 주변 상황이 정해 준 역할을 연기하거나 스스로 맡고자 하는 역할을 연기해야 한다.

단기적으로 생각하면 주변 상황이 정해 준 역할을 맡는 쪽이 훨씬 편해 보일 수 있다. 하지만 장기적 관점으로 보면 결국 스스로 만족하지 못할 뿐만 아니라 타인이 조종하는 삶을 견뎌야 한다. 즉 인생이라는 장기적 문제를 해결하기 위해 단기적 해결책을 수용하는 일은 결단코 없어야 한다.

- 과거의 규칙: 결국 생계를 책임지는 밥벌이 수단은 노동 시간이다. 다른 무엇보다 지금 여기에 집중한다.
- 새로운 규칙: 업무 시간을 세 종류로 구분한다. 일상 업무, 학습, 전문가로서의 포지셔닝. 노동 시간의 최소 10퍼센트를 학습에, 20퍼센트를 포지셔닝을 위한 시간에 활용한다. 나머지 70퍼센트는 일상 업무를 위해 활용한다. 사실 가장 이상적인 비율은 1/3: 1/3: 1/3이다.

누구나 고소득을 이룰 수 있는 시대가 됐다

지금까지 소개한 규칙 중 상당수는 새로운 것이 아니다. 사실 모두 건전한 인간의 이성에 관한 내용들이다. 정말 새롭고 환상적인 것은 오늘날 세상이 인류 역사상 처음으로 '누구나' 막대한 소득을 올리는 것이 가능해졌다는 사실이다.

당신은 지금 수많은 혜택을 받은 시대에 살고 있다. 어제까지 허락되지 않았던 것들을 늘 새롭게 발견할 수 있다. 마르크스 아우렐리우스는 이렇게 말했다. "진정한 탐험은 미지의 땅을 보는 것이 아니라 새로운 눈으로 보는 데 있다." 당신도 탐험을 떠날 수 있다. 결심만 한다면 아주 쉬운 일이다.

지금 인류가 살고 있는 이 시대와 이 땅에 새로워진 것이 또 하나 있다. 지금껏 존재했던 어떤 시대보다도 오늘날 누리는 삶이 여러 방면에서 간단해졌다는 것이다. 인류는 그 어느 때보다 자유로운 삶을 살고 있다. 한번 생각해 보라. 누구도 당신의 삶을 구속할 수 없다. 부와 성공을 위한 새로운 규칙을 제안한다고 해서 누구도 당신을 사회적으로 고립시킬 수 없다. 물론 누구나 자유를 누리는 법을 올바르게 배워야 하고 그에 걸맞은 행동으로 자유를 누리는 자격을 입증해야 한다.

그만큼 당신에게는 모든 가능성이 열려 있다. 또한 모든 주제에 대한 정보를 얻을 수 있다. 지금만큼 자아를 실현하기가 쉬웠던 시대는 없었다. 하지만 이런 의문을 가질 수 있다.

- 모든 자유와 혜택이 주어진 상황에서 무엇을 엮어 낼 것인가?
- 나는 자신에게 주어진 기회를 활용하고 있는가? 아니면 아직도 과거의 규칙을 따라 살고 있는가?

빈곤층, 중산층, 부유층은 각자 특정 사고방식으로 생각하는 공동체일 뿐이다. 특정 분야에서 일하는 사람도 해당 분야에 맞는 특정 방식으로 사고한다. 따라서 사고방식을 바꾼다면 자신이 속한 계층과 분야도 자동으로 바뀔 수 있다. 다음 장에서 살펴보겠지만 바로 그러한 특성이 당신에게 큰 위로가 될 것이다.

제4장

직장인으로 살 것인가,
투자자로 살 것인가

미래의 자신이 될 수 있는 것을 위해 지금의 자신을 버릴 준비가 언
제나 돼 있어야 한다.

_샤를 뒤부아Charles Dubois

사람들이 각기 다른 방식으로 사고한다는 것은 누구나 아는 사실이다. 또한 사고방식이 사람들의 운명을 결정한다. 최소 생계만을 유지하는 사람들의 생각을 살펴보면 너무나 똑같아 놀랍다. 중산층에 속한 사람들 또한 마찬가지다. 부유층 역시 특정 부분에 있어서는 매우 유사한 방식으로 사고하는 특성을 갖는다.

별의 각 분야에서 돈을 벌고 있는 사람들에게도 동일한 패턴이 나타난다. 서로 같은 분야에 있는 사람들은 생각하는 방식이 아주 비슷하다. 더 정확히 표현하자면 다른 분야에 있는 사람들이 지닌 사고방식과 확연한 차이를 보인다.

이번 장에서는 자신의 사고방식이 어느 쪽에 가장 가까운지 그리고 어느 쪽에 머물러야 할지 살펴볼 것이다. 당신의 사고방식이 어떤 계층과 가장 밀접한지도 밝혀낼 것이다. 당신은 최저 생계를 유지하는 빈곤층, 중산층, 부유층 중 어디에 가장 가까운가? 자신의 사고방식이 어떤 유형인지 파악하기 전에 우선 알아 둬야 할 네 가지 사항이 있다.

- 사고방식 중에서 무조건 옳거나 그른 것은 없다. 그런 판단을 내릴 수 있는 사람도 없다. 하지만 우리가 어떤 식으로 생각하는지 검증하는 과정은 매우 중요하다. 나의 꿈과 목표를 실현할 수 있는 사고방식인지 고민하기 위해 반드시 필요하기 때문이다.
- 빈곤층, 중산층, 부유층은 정해진 운명이 아니다. 사람이 지닌 무한한 잠재력을 신뢰해야 한다. 대다수의 사람은 스스로 완전해질 수 있는 발달 과정을 거칠 수 있다. 바닥에 심은 해바라기 씨앗 하나가 천천히 작은 식물로 성장하는 모습을 보며 "이 식물은 성장이 너무 더디군."이라고 말하며 불평하는 사람은 없다. 누구나 식물이 자라 마침내 꽃봉오리를 맺으면 그 앞에 서서 감탄하며 바라볼 뿐이다. 시간이 지나 마침내 아름다운 해바라기 꽃이 피면 모두가 탄성을 지른다. 해바라기가 꽃을 피우기까지 씨앗 속에 온전한 잠재력을 품고 있음을 알고 있기 때문이다. 정신의 발달 과정역시 마찬가지다. 성공은 이미 당신의 내면에 있으며 발견되기만을 기다리고 있다.

- 당신의 생각이 번복할 수 없는 최종 결과가 아니라는 점을 위안으로 삼아야 한다. 누구나 다른 방식으로 사고하는 법을 배울 수 있다. 운명도 바꿀 수 있다. 새로운 사고방식으로 완전히 새로워진 삶의 상황을 연출할 수 있다.
- 물론 사고방식을 분석하는 것은 어렵다. 대부분의 사람은 자신이 어떤 가치관을 따라 사는지, 어떤 식으로 사고하는지조차 제대로 알지 못한다. 대신 특정 영역에서 삶에 대한 환상을 키우는 데 익숙하다. 이제 삶의 환상을 폭로하는 것으로 시작해 보자.

안전지대에서 고소득을 꿈꾸지 마라

자신의 사고방식이 예상보다 얼마나 다른지 살펴본다면 앞 장에서 새로운 규칙에 대해 알아볼 때처럼 놀라게 될 것이다. 분명 당신은 현재 특정한 생각에 끌리거나 애써 다른 생각을 밀어내고 있을 것이다. 두 가지 상황 모두 당연한 일이다. 다만 별의 각 분야 중에서 장기적으로 무엇이 자신에게 맞을지 직접 찾아야만 한다. 먼저 자신의 가치관을 명확히 밝혀야 한다. 돈을 많이 갖는 것, 제1장에서 당신이 적은 꿈의 소득을 달성한다는 것은 당신에게는 얼마나 중요한 일인가? 당신이 바라는 소망이 정말로 자신의 가치관에 부합하는가?

대부분의 사람은 가족과 환경의 영향으로 형성된 가치관을 그대로 물려받는다. 종종 사람들은 자신만의 가치관이 있다고 생각하면서도 막상 가치관과는 별개의 방식으로 삶을 살아간다. 특히 부와 수입이라는 주제로 사람들의 삶과 가치관을 살펴보면 쉽게 발견할 수 있다.

자신이 믿는 가치관과 다른 식으로 행동하는 사람을 보면 그가 갖고 있는 삶의 환상을 볼 수 있다. 다람쥐 쳇바퀴를 기억하는가? 쳇바퀴 안에 갇혀 버린 사람은 늘 돈의 지배를 받는다. 밤에는 불안감에 뜬눈으로 지새우고 아침이면 간신히 일어나 자신의 생존을 보장할 돈을 벌기 위해 또다시 일터로 향한다. 돈이 밤낮 할 것 없이 자신을 몰아가고 자신의 인생을 지배하고 있다고 말해 줘도 그들은 결코 인정하지 않는다.

그들은 "돈이 있다고 행복한 건 아니야."라고 말하곤 한다. 그러면서도 어떻게든 악착같이 일해 돈을 더 많이 벌려고 안간힘을 쓴다. 심지어 자신이 좋아하지도 않는 일을 마지못해 하는 경우도 많다. 그뿐만 아니라 상당수의 사람이 매일 발 디딜 틈 없는 대중교통으로 출근한다. 퇴근할 때에도 차량으로 가득 찬 교통지옥에 시달린다. 돈이 중요하지 않다고 말하면서 매일 8~10시간씩 죽어라 일하는 이유는 무엇일까? 왜 이렇게까지 해야 하는 걸까?

바로 두려움 때문이다. 그들은 자신이 사회의 일원으로 받아들여지지 않을 것을 두려워한다. 또 무능력자로 찍혀 버릴 것을 두려워한다. 결국 자신의 마음속을 채우고 있는 두려움을 자식들에게 물려주지 않기 위해 이렇게 충고한다. "학교에 가서 열심히 공부하고 안정적인 직업을 찾아야 한다."

그들은 좋은 교육을 받지 못한 사람이 사회의 여러 집단으로부터 무시당하는 일을 많이 목격했을 것이다. 물론 자식이 경험하는 '실패'의 일부는 부모 탓도 있다. 그럴수록 그들은 아이들을 더욱 강경하게 밀어붙인다. "열심히 공부해서 좋은 성적을 받아 와라." 하지만 어떤 경우에도 두려움은 결코 좋은 조언자가 될 수 없다.

두려움은 잘못된 안정감을 신뢰하게 만든다. 많은 사람이 안정적인 직장이 있다고 믿고 싶어 한다. 확실한 직업이 두려움을 치유하는 약처럼 효과를 발휘할 것이라고 믿는다. 잘못된 생각이다. 차라리 불안에 대처하는 법을 배우는 것이 훨씬 도움이 된다.

솔직히 말해 외부에서 비롯된 '안정'이라는 조건은 환상에 불과하다. 그런 식의 안정은 자신이 통제할 수 있는 문제가 아니므로 외부의 힘에 언제든 빼앗길 수 있다. 진정한 안정감은 자신의 내면에서 형성돼야 한다. 누구도 당신에게 안정을 선사할 수 없다. 외부의 힘에 의지할수록 무언가에 더 종속돼 불안정해지고 불안해질 것이다.

19년 동안 믿음직한 임직원으로 인정받던 남편이 갑자기 통보도 없이 해고됐다는 여성의 사연을 텔레비전을 통해 들은 적이 있다. 그녀는 눈물을 흘리며 말했다. "남편은 19년간 우리 가족의 안정을 위해 누구보다 열심히 일했습니다. 그런데 이렇게 거리에 나앉고 말았어요. 정말 억울합니다." 나는 당장 그 여성에게 달려가 당신이 19년 동안 쫓았던 것은 안정이라는 환상이었을 뿐이라고 말해 주고 싶었다. 다른 누군가를 위해 일한다면 결코 안정을 가져올 수 없다. 그것은 안정이라는 환상에 불과하다.

내가 앞으로 3년 안에 얼마나 벌고 싶은지를 적어야 했을 때 월 10만 마르크, 즉 5만 유로라는 엄청난 액수를 적고 나서도 나는 "큰돈은 필요

없습니다. 솔직히 그 정도로 돈을 많이 버는 것이 좋다고도 생각하지 않고요."라고 말했다. 그 직후 코치는 나를 한 파티장에 데려갔다. 그곳에서 코치의 지인인 사업가를 소개받았다. 코치의 지인은 아주 인상적이고 돈도 많은 사람이었다. 그는 나를 자기 테이블로 초대했고 그와 오랫동안 대화를 나눴다.

그는 코치로부터 내 말을 전해 들은 듯했다. 그가 내게 한 말은 정곡을 찔렀다. "보아하니 당신은 돈을 많이 벌고 싶어 하시는군요. 그런데도 소소한 것만으로 만족할 수 있다고 생각한다면 그것은 자신을 속이는 기만이랍니다. 솔직히 말해 자신이 그 정도의 돈을 벌 수 있을 거라고 믿지 않는 것이지요." 그는 이어서 내가 절대 잊지 못할 인상적인 말을 덧붙였다. "결코 자신을 속이지 마십시오. 그렇게 시작한다면 당신은 끝장입니다."

직장인의 삶을 선택한다면

피고용인은 일자리를 소유한다. 기업가는 회사를 소유한다. 피고용인은 자신이 근무하는 시스템의 일부이므로 유연성을 발휘할 수 없으며 주로 직장에 체류해야 한다. 사실 일자리를 소유한다는 의미는 그리 큰 가치가 없을 때가 많다. 직장인은 자신의 일자리를 판매하지 못하기 때문이다. 더구나 일자리에서 쫓겨나는 순간이 찾아오면 그동안 안정적으로 일자리를 소유하고 있었다는 생각이 깨지고 만다.

스페인의 마요르카와 주변 섬에는 기업을 매각한 이익금으로 안락한 삶을 누리는 전직 기업가들이 넘쳐 난다. 그들이 기업을 매각할 수 있게 해준 피고용인들은 어떻게 됐을까? 대부분의 직장인은 기업의 매각을 통해 얻을 것이 전혀 없다. 자신의 회사를 잃었다는 슬픔이나 분노만 남을 뿐이다. 결국 그들은 정의라는 함정에 빠져 버린다. "이건 부당해."

기업의 소유주에겐 직원들을 부자로 만들어 줄 의무가 없다. 기업가의 책임은 노동관계가 이행되는 동안 안정적인 임금을 지불하는 것으로 끝난다. 부자가 되는 것은 각자가 해결해야 할 과제다. 온전히 자신의 책임이다. 일자리의 본질은 임금이지 복지가 아니다.

물론 피고용인으로서 일하는 데 단점만 있는 것은 아니다. 절대 그렇지 않다. 피고용인으로 일하는 장점은 아주 많다. 직장생활의 진정한 장점을 살펴보면 다음과 같다.

- 일자리는 강제적인 특성이 있어 인내심이 없는 사람에게 일자리를 보존해 준다. 평소 인내심이 부족해 문제라고 생각된다면 직장인으로 근무하기를 권고한다.
- 피고용인은 한 가지 업무에 온전히 집중할 수 있다. 기업가처럼 수많은 일을 감당하지 않아도 된다. 연구 직종이라면 매우 중요한 근무 조건 중 하나다.
- 일정 수준으로 정해진 근무 시간은 규칙적인 여가시간과 휴가를 보장한다. 가족, 친구, 취미, 운동 등 인생의 다른 영역에 몰두하고

싶은 사람이라면 매우 매력적인 요소다. 반면 기업가는 사업 초기 일수록 훨씬 더 열심히, 오랜 시간을 일에 매진해야 한다.

- 건강이나 감정 상태가 심약한 사람이라면 확고한 구조를 지닌 기업이 나을 수 있다. 그들은 자신이 맡은 일을 처리하는 정도의 에너지는 갖고 있어도 독립적으로 기업을 이끌어 가기에는 적절하지 않다.

- 성공을 검증해 줄 타인이 존재한다. 명확한 피드백을 중요하게 생각하는 사람들이 많다. 일부 자영업자들은 몇 년이 지난 후에야 자신들이 일궈 낸 성과를 인정받고 수익을 창출해 낸다.

- 피고용인은 앞으로 나아가야 할 방향이 굉장히 다양하다. 기업가에게 필요한 독창적인 아이디어는 필요 없다.

- 완벽주의자로 타고난 사람은 자영업자가 되기 위한 전제 조건에 잘 부합하지 않는다. 자영업자는 실수를 수용해야 한다. 그들은 완벽을 추구하며 망설이기보다 실수를 할지언정 당장 실천하는 자세를 갖춰야 한다. 만약 완벽주의자가 완벽을 추구해야 하는 직업을 가졌다면 타고난 천부적 재능을 더 발휘할 수 있다.

- 대다수의 사람은 업무를 분배하는 것보다 주어진 업무를 완수하는 것을 더 잘한다.

나는 유능한 피고용인들을 많이 알고 있다. 그들은 자신이 맡은 업무를 환상적으로 완수하면서도 행복해한다. 인생에서 자신에게 맞춤인 자리를 찾은 것이다. 그들은 자신의 장점과 성향에 부합되는 적절한 자리에서 열심히 일하고 있다. 그들이 없다면 어떤 기업도, 아이디어도 존재하지 않을 것이다. 내가 읽은 여러 경영서적에서는 그들이 기업의 가장 중요한 자산이라고 말한다. 그럴 듯하게 들리지만 내 생각은 다르다. 그들이야말로 바로 기업 자체다.

나는 사랑받고 존중받아야 마땅한 사람들과 함께 일하는 행운을 누렸다. 나와 동료들은 서로를 존중한다. 회사의 모든 일원이 전부 소중하고 누구나 저마다의 특별한 장점을 지니고 있다. 우리는 함께 모여 아주 좋은 팀을 이루고 있다.

자신에게 맞지 않은 분야에서 일하는 것만큼 끔찍한 일도 없을 것이다. 또 자신에게 맞는 분야에서 근무하는 것만큼 충만한 것도 없다.

프리랜서의 삶을 선택한다면

대다수의 프리랜서와 직장인(노동자) 사고방식에는 유사한 점이 상당히 많다. 별에서도 두 분야는 같은 측면에 위치하고 있다. 프리랜서는 대부분 시스템의 일부를 넘어 시스템 자체와 같다. 프리랜서라면 특히 고려해야 할 중요한 사항이 두 가지가 더 있다.

• 프리랜서는 다섯 가지 중 가장 어려운 분야다. 프리랜서만큼 파산 비율이 높은 분야도 없다.
• 프리랜서는 오히려 성공이 파산보다 더 나쁠 때가 많다. 성공할수

록 더 오래, 더 열심히 일해야 할 수도 있다.

프리랜서는 대부분 한 사람이 수많은 일을 전부 도맡아서 해야 한다. 전화를 받고 장부를 정리하고 계산서를 작성한다. 마케팅도 해야 하고 홍보와 광고도 해야 한다. 고객도 챙겨야 한다. 프리랜서는 사장이기도 하므로 병가를 낸 직원의 일을 대신해야 하고 세무 신고를 준비해야 한다. 의사라면 환자도 챙겨야 한다.

혼자서 일을 해야 하는 프리랜서라는 직업의 특성상 사고방식도 고착화되기 쉽다. "어느 누구도 나만큼 잘할 수 없어." "다른 사람이 이 일에 익숙해지도록 훈련시키는 동안 나라면 이미 세 번은 끝냈을 거야." 특히 의사와 변호사는 혼자서 모든 일을 해야 하느라 과로에 익숙해진 나머지 평균 수명이 가장 낮은 편이다. 보통 사람들의 평균 수명은 74세 이상이지만 프리랜서의 평균 수명은 60세도 넘지 않는다. 모든 것을 혼자 해야 한다는 고정관념이 있는 한 당연히 지속적인 과로가 이어질 수밖에 없다.

기업가, 투자자, 전문가의 삶을 선택한다면

기업가와 투자자를 설명할 때면 다소 공포스러운 존재로 묘사되기도 한다. "그들의 심장은 장기이식에 안성맞춤일 거야. 피도 눈물도 없는 걸 보면 단 한 번도 쓰인 적이 없을 테니까." 그만큼 탐욕에 눈이 멀고 권력에 취해 있는 냉혈 인간으로 비춰진다.

실제로는 별의 어느 쪽에든 선하고 악한 사람이 존재한다. 마찬가지로 영역마다 가치 있는 사람이 존재하기 마련이다. 각 분야 사이의 진정한 차이는 사고방식이 결정한다. 또한 각 분야에서 일하는 사람마다 자신이 속한 분야의 특징을 보여 주는 우선순위가 존재한다. 예컨대 별의 왼쪽에 있는 사람들은 다음과 같은 사항을 중요하게 여긴다.

- 자신에게 허락된 자유를 사랑한다
- 조직을 설계할 수 있고 책임지기를 원한다
- 문제와 도전을 환영할 만한 게임으로 여긴다
- 불확실성 감수는 지극히 논리적이고 정상적인 일이다
- 자신의 힘과 영향력을 행사하길 즐긴다
- 더 많은 돈, 무엇보다 간접 수입을 원한다
- 뭔가를 만드는 것을 좋아한다
- 여가시간과 근무 시간을 구분하지 않으며 그럴 수도 없다
- 업무가 우선순위 목록의 상위권에 위치한다
- 대부분 커뮤니케이션을 즐기고 타인을 이끌어 갈 수 있다
- 자신만의 일하는 방식을 갖고 있어 피고용인으로는 적합하지 않다
- 항상 분석하고 배운다
- 자기 확신이 넘치고 자신의 내면에서 안정을 추구한다
- 집중력이 좋으며 자신이 정한 목표를 위해 끊임없이 노력한다. 타인에게는 이기적으로 보일 수도 있다

어떤 사고방식으로 일하는가

각각의 영역을 지배하는 다양한 사고방식을 이해하기 위해 각 부문을 서로 짝지어 비교해 보자.

- 투자자와 기업가: 투자자는 기업가를 보며 이렇게 생각할 수 있다. "기업가는 돈의 가치를 모른다. 돈을 가진 사람이 권력도 지니는 법이다. 그런데도 한 번도 내게 감사해 하는 법이 없다." 반면 기업가는 투자자를 보며 불평을 할 것이다. "별것도 아닌 대출 때문에 이렇게 귀찮은 서류들을 만들어야 하다니. 그러면서 이런 식으로 소홀히 굴면 안 되지. 결국 내가 내는 이자로 먹고살면서 말이야." 투자자는 난관에 부딪히기도 전에 미리 포기해 버리지만 기업가는 막상 힘든 상황이 닥쳐야 싸우기 시작한다. 투자자는 최대한 빨리 회수할 수 있는 곳에 투자하는 반면, 기업가는 지속적인 무언가를 만들어 가고 싶어 한다. 투자자는 햇살이 비출 때 돈을 빌려주지만 기업가는 전천후 유형이다.

- 프리랜서와 기업가: 고객이 내야 할 세금을 최대한 절약한 세무사가 해당 서비스에 대한 청구서를 보내면 기업가는 이렇게 생각할 것이다. "세무사가 분명 자신의 골프 레슨비까지 청구했을 거야. 막상 일은 담당 회계 직원이 다 했을 텐데. 저 세무사에게 지불하는 돈이면 점포 하나를 사겠군." 반면 세무사 입장에서는 이렇게 생각한다. "그저 내게 고마워하기나 하면 될 텐데. 세무 서류를 제대로 정산하는 데 뭐 하나 한 것도 전혀 없으면서." 프리랜서는 실수와 무질서를 혐오하는 반면,

기업가는 관료주의와 완벽주의를 혐오한다. 각각 다른 장점을 지닌 그들은 서로를 최적으로 보완한다.

• 직장인과 기업가: 기업가는 우선 더 많은 성과와 결과물을 두 눈으로 확인하고 싶어 하고, 직장인은 어떻게든 월급을 더 받으려고 한다. 직장인은 기업의 수익을 자신이 벌어들인 것으로 간주해 이윤이 배분되기를 바란다. 기업가는 기업의 수익을 재투자하거나 불확실성에 맞설 안정성을 확보하기 위해 활용하고 싶어 한다. 양측의 관계에서 모두를 지속적으로 만족시킬 중간 지점을 찾기란 매우 어렵다. 양측이 서로 함께 힘을 합칠 때 성공할 수 있다는 사실을 이해한다면 훨씬 좋을 것이다. 직장인은 기업이 어려운 시간을 보낼 때 이해심을 보여 줘야 한다. 기업가는 기업의 수익이 많이 생길 때 이윤을 전 임직원과 함께 나눠야 한다.

• 기업가와 전문가: 기업가는 돈과 권력을 원하면서도 뒷전에 머물기를 선호한다. 반면 전문가는 인정받고 싶어 하며 공식 석상에서 널리 알려지기를 원한다. 기업가는 항상 더 뛰어나기를 원하고, 전문가는 남들과 다르기를 원한다. 기업가는 고객을 유치해야 하지만, 전문가는 고객의 부름을 받는다는 결정적인 차이가 있다. 자신의 시간을 효율적으로 배분하는 전문가는 일하는 시간 중 많은 시간을 학습과 포지셔닝에 쏟는다. 결국 자신의 미래 가치를 높여 나간다. 만약 서로의 장점을 인정하는 법을 습득한다면 전문가와 기업가도 이상적인 상호보완 관계를 형성한다.

나는 어디서, 어떻게 벌어야 하는가

직장인, 프리랜서, 투자자, 기업가, 전문가의 노동은 성격이 완전히 다르다. 돈을 더 많이 벌고 싶을 때 각자 선택하는 방법도 아예 다르다. 근무 시간을 일상 업무, 학습, 포지셔닝을 위한 시간으로 분배하는 비율도 모두 다르다. 일반화시킨 내용이긴 하지만 다음의 표를 참고하면 모든 차이를 한눈에 살펴볼 수 있다.

직업 형태	어떻게 일하는가	돈을 더 벌기 위해 무엇을 하는가	일상 업무/학습/포지셔닝을 위한 이상적인 시간 배분(백분율)
직장인	시스템을 위해 일한다	임금 인상을 요구하거나 다른 일 혹은 부업을 찾는다	95/5/0% (가장 이상적인 비율 70/10/20%)
프리랜서	시스템 그 자체다	더 열심히 일한다	80/15/5% (가장 이상적인 비율 40/30/30%)
투자자	시스템에 투자한다	투자 기회를 찾는다	50/50/0% (가장 이상적인 비율 45/45/10%)
기업가	시스템을 구축하고 소유한다	기업(전체 혹은 일부분)을 설립하고 매각한다	85/5/10% (가장 이상적인 비율 33/33/33%)
전문가	시스템을 개선한다	전문성을 향상시킨다	80/10/10% (가장 이상적인 비율 33/33/33%)

다음 페이지에 나오는 '보도 섀퍼의 조언'은 이 책의 핵심을 담고 있다. 가장 중요한 핵심일 수도 있다. 사실 사람들은 직접 글로 쓰면서 훈련하는 방법을 그리 선호하지 않는다. 하지만 이 책에서 도움이 되는 방법을 찾으려면 별의 어떤 영역이 당신에게 적합한 분야인지 확인해

야만 한다. 나중에 소개할 모든 조언들도 여기서 당신이 내린 결정에 근거하기 때문이다. 다음 질문을 깊이 생각해 본 후 앞으로 나올 이야기들을 읽기 바란다.

보도 섀퍼의 조언

자신에게 적합한 일자리를 찾아라

행복한 인생을 원한다면 자신의 자리를 찾는 것이 몹시 중요하다. 자신이 이상적인 분야에 머물고 있는지 스스로 질문해야 한다. 다음의 질문에 답하고 수입일기에 직접 기록해 보라.

- 내 인생의 목표는 무엇인가? 지금 내가 위치한 별의 영역에서 그 목표를 이룰 수 있는가?
- 내가 추구하는 수입은 얼마인가? 내가 속한 분야에서 그 액수를 달성할 수 있는가?
- 내가 일하는 분야가 나와 어울리는가? 그곳에서 나의 기량을 펼칠 수 있는가? 그 일을 하는 나는 행복한가? 그렇다면 이유는 무엇이고, 또 아니라면 왜 그러한가?
- 지금 내가 속한 분야를 선택한 이유는 무엇인가? 아직도 그 이유가 유효한가?
- 나의 개인적 성향과 성격적 특징을 고려했을 때, 내가 지금 속한 분야는 어떤 장점과 단점이 있는가? 적어도 열 가지 핵심 요소를 작성해 보기를 바란다.
- 모든 목표는 변한다. 따라서 이 질문들을 언제 다시 떠올릴지 지금 정하라.

수입의 파이프라인을 늘려라

나의 코치는 직원들에게 종종 이렇게 말하곤 했다.

"돈을 더 벌겠다고 초과 근무를 하지 마라. 그리고 절대로 별도의 일을 더 맡지 마라."

이유는 간단하다. 자신이 맡은 일보다 더 많은 일을 하게 되면 결국 다시 별의 오른쪽에 속하게 될 것이기 때문이다.

코치가 처방한 조언은 다음과 같았다.

"투자하는 법을 배워라. 절대 마르지 않을 새로운 수입원을 만들어라. 판매하는 법을 배워라. 낡은 자동차를 사서 수리하고 튜닝해 보라. 낡은 집도 좋다. 소규모 기업을 설립하라. 시간당 임금을 위해 여가시간마저 버리고 일하기 전에 몇 배로 돈을 버는 법부터 배워야 한다."

이제 당신도 새로운 규칙을 차츰차츰 배워 나가야 한다. 당연히 한 다리로 서 있을 때보다 두 다리로 서 있는 것이 훨씬 수월하다. 당신을 지탱해 줄 두 번째 디딤발을 찾아야 할 시간이다.

그러니 투자의 법칙을 배워라. 당신을 전문가로 포지셔닝하라. 당신의 직업을 포기할 필요는 없다. 단 절대로 두 번째 직업을 별의 오른쪽에서 찾지 마라. 그 대신 당신이 뭔가 배울 수 있는 활동을 통해 부가 수입을 얻도록 신경 써야 한다. 무엇보다 새로운 규칙을 따라 진행할 수 있는 일을 찾아야 한다.

두 번째 수입원을 마련하라

- 두 번째 수입원을 개척하라. 주수입과 동일한 수입원에서 나온 부수입은 수입의 두 번째 디딤돌이라고 할 수 없다.

- 많은 것을 배우고 요구하며, 많이 성장할 수 있는 일을 찾아라. 사회 우등생으로 거듭나고 배움을 실천할수록 실질적 도움을 넘어 돈이 생긴다. 제7장에서는 수입이라는 게임의 규칙을 살펴볼 것이다.

- 판매하는 법을 배워라. 나 자신, 서비스, 아이디어, 상품, 지식, 정보 등 무엇이든 팔 수 있다.

- 위험을 감수하라. 실수를 두려워하지 마라. 부업에 문제가 생겨도 생계의 위협을 받을 일은 없다. 당신에게는 본업이라는 안전망이 있다. 오히려 부업을 통해 위험에 대비하는 훈련을 할 수 있다.

- 자신의 시간과 임금을 맞바꾸려 하지 마라. 여러 번 또는 간접적으로 돈을 벌 수 있는 방법을 찾아라. 당신이 판매할 수 있는 것을 찾아라.

- 재미를 느끼고 자신의 능력을 발휘할 수 있는 일을 찾으려고 노력하라. 늘 "내 취미를 어떻게 활용하면 돈을 벌 수 있을까?"와 같은 질문을 스스로에게 던져라.

- 전문가로 포지셔닝할 수 있는 방법을 늘 고민하라. 나는 사람들 사이에 좋은 책의 소재가 숨어 있다고 생각한다.

- 당신이 무슨 일을 하든 추가적으로 당신은 투자자가 돼야 한다. 자동으로 돈을 버는 수단을 마련해야 한다.

당신의 사고방식은 어디에 가장 가까운가? 이제 마지막으로 사회를 구성하는 세 계층이 가진 사고방식의 차이를 살펴볼 것이다. 지금 자신이 어디에 서 있고, 어디에 속하고 싶은지 명확히 파악하는 경험은 큰 도움이 된다. 외부 요인은 그저 자신의 사고를 비추는 거울일 뿐임을 기억하라.

돈을 위해 일하는가, 돈이 나를 위해 일하는가

오늘날 전 세계의 국가에서는 사회 구성원을 분류하는 여러 기준을 활용한다. 가장 대표적인 기준이 자산 및 소득 상태의 차이다. 이를 기준으로 사회 구성원을 분류하면 크게 빈곤층, 중산층, 부유층으로 나눌 수 있다. 내 견해로는 자산 기준으로 나누는 구분은 각 구성원의 특성을 충분히 반영하지도 않을뿐더러 완전히 들어맞는다고도 할 수 없다. 재정 상태는 유동적이어서 누구나 일시적으로 자신의 존재와 사고방식에서 벗어난 상태일 수 있기 때문이다. 예컨대 조사 직전에 파산했지만 금세 다시 재기한 기업가, 엄청난 복권 당첨금을 받았지만 짧은 시일 내에 전부 탕진해 버린 서민도 있을 수 있다.

자산이나 소득보다는 각 계층에 속한 사람들의 사고 유사성이 더 분명한 구분 기준이라 생각한다. 동일 계층에 속한 사람들이 사고하고 행동하는 습관이 얼마나 비슷한지 보면 매우 놀랄 것이다. 또 각 계층의 사고방식과 행동에 얼마나 차이가 있는지에 대해서도 놀랄 것이다. 빈곤충, 중산층, 부유층을 떠올려 보면 아마도 곧바로 떠오르는 차이점이 있을 것이다. 일부는 진부하게 들리겠지만 종종 정곡을 찌르는 요소들도 있다. 그중에서 다음의 주제와 관련해 가장 중요한 차이를 설명하고자 한다.

- 돈과 수입
- 성과와 업무
- 새로운 규칙과 과거의 규칙에 대한 태도
- 꿈과 목표가 있는 인생에 대한 기대

이 주제로 세미나와 강연에서 만난 수천 명의 사람과 대화를 나누며 많은 도움을 받았다. 나의 코치도 내게 가장 중요한 차이를 일깨워 줬다. 어느 날 그가 내게 물었다. "당신이 세운 재정 목표는 무엇입니까?" 나는 곧장 대답했다. "높은 수입이죠." 코치는 내 대답을 듣고는 잠시 후 이렇게 설명했다. "빈곤층은 단기적으로 얻을 수 있는 높은 시급을 원합니다. 중산층도 높은 수입을 원합니다. 하지만 부유층은 자산의 형성이 중요하다는 것을 알고 있습니다. 당신이 부유해지려면 온전히 돈을 가져야만 할 테니까요."

나는 그에게 질문했다. "그렇다면 중산층이란 도대체 무엇입니까?" 그러자 코치가 대답했다. "중산층이란 일하지 않고 생활할 정도로 부유하지는 않아도 정기적으로 예금할 수 있을 만큼의 소득이 있는 사람들을 말합니다. 보험을 생각해 보세요. 부자는 투자를 합니다. 하지만 빈곤충은 보험을 듭니다. 중산층은 두 가지에 모두 조금씩 참여하죠."

며칠 후 코치가 말했다. "차를 파세요. 차를 타고 다니면 최대로 월수입의 두 배에 이르는 비용을 쓰게 만듭니다. 많은 중산층이 연수입의 대부분을 차에 씁니다. 차를 살 돈이 없으면 리스까지 하면서요. 그 때문에 자동차 비용이 더 비싸지는 거랍니다."

하루는 세탁기가 고장이 나서 새 제품을 사기 위해 시내로 향했다. 총 여섯 곳에서 가격을 비교했다. 5시간 후 나는 아주 좋은 가격으로 세탁기를 구매했고 약 35유로를 아낄 수 있었다. 내 사연을 들은 코치는 깊은 한숨을 쉬었다.

"빈곤층과 중산층만이 돈을 아끼려는 목적으로 자기 시간을 투입합니다. 부자들은 시간을 아끼기 위해서 돈을 쓰지요. 그들에게는 시간이 돈보다 더 가치가 있으니까요. 5시간이라면 발품 팔아 아낀 35유로보다 훨씬 더 많은 돈을 벌 수 있는 시간입니다."

이어서 코치는 말했다. **"가난한 사람들은 돈을 벌기 위해 일하고, 중산층은 돈을 벌기 위해 더 열심히 일합니다. 하지만 부자들은 돈이 자신을 위해 일하도록 만듭니다."** 코치의 말을 들은 나는 마음속으로 생각했다. '말이야 그럴듯하지.' 하지만 코치는 내 생각을 읽은 듯이 내 생각이 미래를 좌우한다고 설명했다. 그리고 이어서 말했다. "가난한 사람들은 종종 자신이 무엇을 원하는지조차 모르곤 합니다. 그러다 보니 아무것도 얻지 못할 때가 생깁니다. 중산층이라면 '내가 할 수 있는 일이 아니야.'라고 말합니다. 그들 중 대다수가 또 그렇게 얻지 못합니다. 내일 부자가 될 사람들은 오늘 당장 이렇게 질문합니다. '어떻게 하면 그걸 얻어낼 수 있을까?'라고 말입니다."

나는 그 차이가 무엇인지 궁금해 코치에게 질문했다. "실제로 모든 분야의 사고방식이 그렇게 다른 겁니까?" 코치가 대답했다. "거의 모든 경우가 그렇죠. 불확실성을 감수하고 도전하세요. 부자들은 기꺼이 위험을 감수합니다. 그리고 위험을 측정할 수 있는 불확실성이라고 생각합니다. 반면 가난한 사람들은 위험을 마주하면 가장 먼저 실패할 위험성부터 봅니다. 중산층은 불확실성을 통해 위험과 기회를 동시에 보지요. 그리고 두 가지 중 무엇이 될지는 순전히 우연에 달렸다고 생각합니다. 전반적인 시장 분위기가 좋다면 주식을 사겠지만, 나쁠 때는 연금을 납입합니다. 사실 '가난'Armut이라는 말은 '용기의 결핍'arm an Mut이라는 말에서 비롯된 것이기도 합니다."

빈곤층, 중산층, 부유층의 차이가 모두에게 적용되는 것은 아니지만 다음의 표를 꼼꼼히 살펴보며 연구해 보길 권한다(130~131쪽 참조). 세 계층 사이의 차이를 명확하게 인식할 수 있을 것이다.

그리고 스스로 질문을 던져 보라. 나는 오늘 어디에 서 있는가? 나는 어떻게 생각하고 행동하는가? 자신에게 해당되는 설명에 밑줄을 치거나 표시해 두면 더 좋다. 자신이 어디로 가고 싶은지, 그 결과를 얻으려면 또 어떤 사고방식과 행동 양식을 받아들여야 하는지 스스로 정확히 알아 두는 것도 중요하다.

	빈곤층 (최저 생계)	중산층	부유층 (재정적 지능 소유)
직장	직장을 구한다. 종종 구하지 못할 때도 있다	직장을 구하며 좋은 일자리를 찾는다	일자리를 창출한다
재정적 어려움	(지속적으로) "나는 가난해."라고 말한다	"나는 가난하지도 않고 부자도 아니야."라고 말한다	"나는 지금 (일시적으로) 파산한 상태야."라고 말한다
수입	돈/국가의 지원을 받기 위해 일한다	돈을 더 많이 벌기 위해 열심히 일한다	돈이 자신을 위해 일하도록 만든다
돈 관리	작은 다람쥐 쳇바퀴에 갇힌 듯 소비 부채가 있다	커다란 다람쥐 쳇바퀴에 갇힌 듯 높은 채무와 소비 부채가 있어 이자를 지불해야 한다	투자를 통해 이자를 받는다
실망에 대처하는 태도	(채무가 발목을 잡는다.) "왜 항상 나야?"라고 말한다	"앞으로 사업은 절대 안 해!"라고 말한다	"이번에 한 수 배웠다! 실패는 투자니까!"라고 말한다
불확실성과 투자에 대한 입장	손실의 위험이 있어도 생계가 우선이므로 불확실성은 피한다	수익, 손해의 결정은 우연이라 생각하고 소소한 위험이 있어도 65세쯤 안정되길 원한다	수익의 기회로 생각하고 자유를 추구하며 큰 위험도 감수한다
지식을 얻는 출처	미디어	주로 학교	주로 롤모델. 직접 경험하며 배운다
현금 흐름 관리	"지갑에 얼마나 있지?"라고 묻는다	"내 신용이면 무엇을 살 수 있을까?"라고 묻는다	(소비 부채가 없다.) "어디에 투자할 수 있을까?"라고 묻는다
투자	돌비서라운드 시스템 기능이 있는 텔레비전	종신보험, 국채, 주식	불확실성에 따른 연 10~15퍼센트 수준의 수익률 추구
집	"한 채만 있으면 좋겠다."라고 말한다	가장 큰 '투자'라고 여긴다	채무, 수입의 최대 10~15퍼센트만 지불해야 한다
투자 시스템	종신보험을 체결한 후 최장 4년 뒤쯤 손해 본 상태로 해지한다	열심히 벌고, 저축한다	돈을 번 후 금융 컨설턴트의 도움을 받아 돈이 더 많은 돈을 벌도록 설계한다

	빈곤층 (최저 생계)	중산층	부유층 (재정적 지능 소유)
근무 시스템	주어진 시스템을 무조건 계속 따른다	시스템 그 자체다	시스템을 만든다
시간-돈 관계	시간과 돈의 관리에 명확한 계획이나 시스템이 없다	돈을 절약하기 위해 시간을 투입한다	시간 절약을 위해 돈을 투입한다
보도 섀퍼 의 저서에 대한 반응	내가 실천할 수 있는 내용이 아니다	잘 썼지만 때때로 현실과 동떨어졌고 너무 낙관적이다	맞는 말이지만 때때로 너무 비관적이다
롤모델, 조언자	롤모델: 대중 조언자: 비슷한 처지의 친구와 가족	롤모델: 상사 또는 존경받는 프리랜서 조언자: 주거래 은행의 담당자와 보험 컨설턴트	롤모델: 성공하고 행복한 사람들 조언자: 추천받은 능력 있는 컨설턴트
가장 큰 재 정적 목표	더 이상 부채를 늘리지 않기	58세에 일찍 은퇴하기	절대적인 재정적 자유를 최대한 빨리 달성하기
자동차 등 고가의 사치품들	고급 승용차가 있다면 인생의 모든 것이 달라질 것이다	리스로 가장 좋은 걸 쓰되 세금 감면 혜택이 필수다	'최대 구입가＝월수입의 두 배' 수준까지만 쓴다
재정계획	모든 청구 내역을 빠짐없이 납부한다	연금을 납입한다	수입, 세금, 예·적금 및 이자 수익을 고려한 세부적이고 정확한 재정 계획을 따른다
규칙	과거의 규칙을 엄격히 고수하며 일한다	주로 과거의 규칙을 따르며 일한다	새로운 규칙을 따라 생활한다. 규칙을 새로 만든다

표에서 또 한 번 자신의 모습을 발견했는가? 당신의 행동과 사고방식이 대부분 표에서 설명한 특정 계층 중 하나와 일치하는가? 다시 말하지만 **사고방식이 행동을 결정한다. 어떻게 행동할 것인지 또 어떤 습관을 받아들일지도 결정한다.** 그리고 행동을 바탕으로 생긴 습관이 우리의 운

명을 좌우한다.

앞서 살펴본 표와 이번 장에서 당신이 깨달은 바를 기록해 보라.

_____

_____

_____

_____

이제 매우 중요한 마지막 질문이 하나 빠져 있다. 바로 삶의 열정을 묻는 질문이다. '무언가에 흠뻑 빠져 있는 상태'를 뜻하는 몰입에 최대한 자주 이르기 위해 당신은 무엇을 할 수 있는가? 당신은 무엇을 할 때 격렬한 재미를 느끼는가? 앞으로 이어지는 장에서 이 질문에 대한 대답을 찾아볼 것이다. 그런 후에 비로소 돈을 더 많이 벌게 해주는 실용적인 조언을 자신에게 적용시킬 수 있을 것이다.

엉뚱한 벽에 놓인 소득의 사다리를 위아래로 살피지도 않고 무작정 빠르게 올라가기만 하면 아무런 의미가 없다. 결국 잘못된 목적지에 더 빨리 도착할 뿐이다. 행복과 성취감도 찾아볼 수 없다. 자칫 건강마저도 챙기지 못할 수 있다. 당신이 정말로 즐거워하는 일을 하고 당신의 능력을 제대로 발휘할 때 얼마나 즐거울지 체험하고 싶지 않은가. 이제 당신의 몰입 능력을 찾아보자!

제5장

인생에서
몰입할 수 있는 것을 찾아라

당신이 추구하는 것을 세상에서 찾기에 앞서 내면에서 발견해야
한다.

_원전 미상

많은 사람이 깨어 있는 시간의 75퍼센트를 일하거나 일을 준비하는 데
쓴다. 주로 옷 입기, 출근하기, 업무 생각하기, 휴식 시간, 에너지 충전
등이다. 여가시간이라고 부르는 시간에도 어느 정도 일을 한다. 예를 들
어 청소, 쇼핑, 정원 관리, 정비, 세탁, 다림질, 개인적 서류 업무 등이다.
나는 인생의 가장 큰 부분이 일로 가득 차 있다는 말에 누구나 수긍할
것이라고 생각한다.

　당신이 그토록 많은 시간을 일하는 데 할애하고 있는 목적이 꼭 돈을
벌기 위한 것이라고는 할 수 없을 것이다. 인생은 은퇴 후의 노후까지

대충 흘려보내기에 너무나 소중하다. 그보다 더 높은 것을 희망해도 된다. 무엇보다 일하며 즐길 수 있어야 한다. 또 그 과정에서 자신의 재능을 쏟아부을 수 있어야 한다. 그래야 비로소 일에서 격렬한 재미를 계속 느낄 수 있다. 따라서 항상 재능을 쏟아부을 수 있도록 노력해야 한다. 전문가들은 소위 '플로우', 몰입이라고 일컫는 상태에 빠져들어야 한다고 말한다.

일은 돈을 버는 수단 그 이상이다

직업에서 진정한 성공이란 무엇일까? 성공이란 자신이 설계한 대로 사는 것을 의미한다. 그저 돈을 벌기 위해서 열심히 일하는 것은 성공과는 거리가 아주 먼 상태다. 특히 오늘날에는 이를 몸소 체험하는 사람들이 점점 더 늘어나고 있다.

수입은 결코 성공을 측정하는 유일한 척도가 아니다. 인생의 의미를 찾아 더욱 가치 있는 삶을 만들어야 한다. 돈보다는 행복, 성취감, 평화와 같은 정서적 요소를 자신의 삶에서 찾아야 한다. 이러한 감정들은 일상적으로 이뤄지는 행위에 더 높은 의미를 부여할 때 생겨난다.

일상에서 찾은 인생의 의미가 깃든 감정에는 다양한 이름을 붙일 수 있다. 삶의 열정, 몰입, 열정적으로 이행하는 업무, 격렬한 재미 등으로 부를 수 있지만 결국 모두 같은 의미다. 여기서는 편의상 간단히 몰입과 의미라고 부를 것이다.

철학자, 화가, 소설가, 시인으로 유명한 칼릴 지브란Kahlil Gibran은 이렇게 말했다. "일이란 눈에 보이는 사랑이다. 사랑이 아니라 거부감을 느끼며 일하고 있다면 당장 하는 일을 그만두고 사원의 입구에 앉아 즐겁게 일하는 사람들에게 적선을 받는 편이 훨씬 낫다."

왜 우리 삶에 몰입이 필요할까

왜 몰입을 경험하고 의미 있는 일을 추구해야 하는 것일까? 몇 가지 타당한 이유를 소개하면 다음과 같다.

첫째, 힘든 상황을 이겨 내기 위한 동기가 필요하다. 운명적인 시련을 마주했을 때는 용기를 내는 것이 무엇보다 중요하다. 자신이 어떤 행동을 할 때 분명한 이유를 이해한다면 자신이 마주한 문제를 훨씬 더 잘 처리할 수 있다. 눈앞의 난관을 이겨 낼 믿음과 힘도 생겨 난다. 즉 자신의 행동에 의미를 부여할수록 그 문제를 해결하고자 하는 동기가 생겨 난다.

둘째, 인생의 본질적인 질문을 해결하지 못하면 한계에 갇혀 자유롭게 생활하지 못한다. 자기 자신과 가치를 제대로 파악하지 못하면 자유로운 삶을 살 수 없다. 자신의 목표, 소망, 감정, 재능을 제대로 파악하고 그것을 경험과 일치시킬 때 비로소 자신의 한계가 사라진다. 한계를 넘어설 때 당신은 좀 더 복합적인 자의식, 더 심오한 마음의 평화와 행복을 얻을 수 있다. 그러므로 자신을 둘러싼 모든 것에 본질적인 질문을 할 수 있고 또 해야만 한다. 누구나 행복과 삶의 의미를 지닐 권리가 있다.

셋째, 재미있고 자신의 능력에 부합하는 일을 할 때 가장 많이 발전한다. 한 분야에서 오래 머물러 있는 사람은 지루해하거나 좌절하기 마련이다. 진화의 핵심은 현재의 모습을 뛰어넘는 것이다. 누구나 더 높은 목적을 달성하려는 욕구를 타고난다. 그것은 잘못된 탐욕이 아니다. 우리가 타고난 천성일 뿐이다.

넷째, 직장이나 일상생활에서 몰입을 경험하지 못하는 사람은 미디어를 보며 쉽게 빠져든다. 결국 직접 몰입을 경험하는 기회를 등한시한다. 직장에서 자신에게 요구하는 것이 없으면 일에 온전히 집중할 필요가 없어진다. 그러면 엔트로피, 즉 사고의 무질서가 등장한다. 엔트로피가 증가하면 누구라도 감당하기가 버거워진다. 결국 주의를 다른 곳으로 돌리게 된다. 주의 집중을 하지 못하는 사람은 미디어에 나오는 자극적인 방송에 빠져들기 쉽다. 그리고 방송에 나오는 사람들을 보면 누구라도 그들처럼 생활할 수 있을 것이라 생각한다. 미디어에 빠져 마음의 공허함을 채우는 것은 정말 일시적으로 현실을 차단하는 수단밖에 되지 않는다. 현실을 벗어나 미디어에 몰입한다고 해서 결코 도움을 얻을 수 없다. 자신의 인생을 그저 덧없이 흘려보낼 뿐이다. 미디어 앞에서 보내는 시간이 길어질수록 자신의 삶을 사는 시간도 줄어든다. 미디어와 다른 대체물들은 자신에게 에너지를 되돌려 주지 않고 그저 당신의 에너지를 훔쳐 가는 시간 때우기 도구에 불과하다.

다섯째, 커다란 그림이 필요하다. 텔레비전 모니터에 앉은 파리의 시야에는 무엇이 보일까? 검은 점들만 무수하게 보일 뿐 명확한 실체는 보이지 않을 것이다. 많은 사람이 이와 비슷하게 느낀다. 그들의 일상은 어떤 것과도 연결되지 않고 눈에 전혀 보이지 않는 무수한 일들로 이뤄져 있다. 반면 큰 목표는 인생의 모든 부분을 하나로 이어 준다. 커다란 목표를 그릴 때 모든 활동에 의미가 생겨난다.

여섯째, 4L이 인생에 충만감을 선사한다. 여기서 4L이란 인생Leben, 사랑 Lieben, 학습Lernen, 인생의 목표Lebenswerk를 의미하는 독일어의 앞글자를 딴 것이다. 모두가 큰일을 해낼 수 있는 것은 아니지만 누구나 커다란 애정과 열정만 있다면 소소한 일을 해낼 수 있을 것이다. 인생, 사랑, 학습은 누구나 기쁜 마음으로 이뤄 낼 수 있다. 조금만 노력하면 제대로 살고, 깊이 사랑하고, 열정적으로 학습할 수 있다. 방금 말한 세 가지는 모두 당신이 완수해야 할 네 번째, 즉 인생의 목표를 달성하기 위한 준비 과정이나 마찬가지다. 내가 만난 수많은 사람 중에서 자신의 이름으로 후세에게 전해 줄 재단, 책, 기업, 정원, 예술 작품 등의 무언가를 남기는 데 회의적인 사람은 없었다.

일곱째, 많은 사람이 인생에서 큰 의미를 추구한다. 지금까지 내가 만났던 사람 중에 가장 행복한 사람들은 인생에서 더 큰 의미를 찾은 사람들이었다. 자기 자신보다 더 중요한 무언가를 위해 일하고 있다는 감정을 지닌 사람들이었다.

부와 행복의 선순환을 가져오는 힘

몰입이란 일하면서 도달할 수 있는 가장 아름답고 만족스러운 상태를 말한다. 미하이 칙센트미하이_{Mihaly Csikszentmihalyi} 교수는 몰입을 연구해 전 세계에 알린 가장 대표적인 학자다. 그는 전 세계 여러 국가에서 뽑은 10만 명을 대상으로 몰입의 경험 여부를 조사했다. 응답자들이 답한 몰입의 정의는 다음과 같았다.

- 내적 조화의 이상적인 상태
- 스스로 내 인생을 꾸려 나가고 있다는 감정
- 가장 깊은 집중과 적극적인 참여
- 깊숙한 곳에서 느껴지는 행복과 기쁨
- 인생의 가장 아름다운 순간
- 황홀경과 자기 충만감
- 다른 모든 것은 중요하지 않다는 기분

등산가라면 산을 오르며 몰입을 체험할 수 있다. 음악가는 연주를 할 때, 컴퓨터 전문가는 자신이 컴퓨터의 일부가 된 것 같은 느낌을 받을 때 몰입을 경험할 수 있을 것이다. 나는 글을 쓰고 강연을 할 때 종종 몰입을 체험한다. 물론 몰입 상태가 아무 때나 이유 없이 찾아오는 것은 아니다. 몇 가지 요소들이 충족돼야 한다.

- 명확한 목표: 누구에게나 방향, 이정표, 근거, 동기가 필요하다.
- 통제: 내면을 가득 채운 거대한 힘을 느끼며 무언가 아름다운 것을 이뤄 냈음을 깨닫는다.

- 특정한 능력 투입: 자신의 능력이 도전 과제에 맞아야 하고 자신
  이 학습하는 이유를 인지해야 한다. 그 결과 자신의 능력을 발전
  시킬수록 더 많은 몰입을 경험할 수 있다.

- 총체적 집중: 모든 다른 걱정과 문제가 차단된다. 자신의 에고ego
  에 대한 걱정마저도 사라진다. 성공 여부도 마찬가지다. 그 결과
  당신은 현재에 집중하게 된다.

- 자기 한계 극복: 어떻게 해야 더 커다란 대상의 일부가 되는지 체
  험한다. 등산가는 바위의 일부가 되고, 외과 의사는 신체 조직의
  일부가 된다. 비로소 자신의 일은 신비롭고 영적인 행위가 된다.

- 피드백: 자신의 행동이 얼마나 성공적이었는지 그 즉시 깨닫는다.
  적재적소에서 제대로 일하고 있다는 감정이 솟아오른다.

- 시간 감각의 변화: 당신이 느끼는 시간이 달라지고 용해된다. 1분
  이 길게 늘어나고, 몇 시간이 단 몇 분처럼 줄어든다. 휘트니 휴스
  턴이 〈원 모먼트 인 타임〉One Moment in Time에서 노래한 '영원에 이
  른 상태'to touch eternity가 무엇인지 몸소 체험한다.

- 스스로 목적이 되는 체험: 사람들은 무언가를 할 때 일 자체를 위
  한 행동을 한다. 반드시 해야 하거나 행위로부터 이득을 기대하기
  때문에 하는 경우도 종종 있다. 하지만 그럴 경우 현재를 제대로
  산다고 할 수 없다.

당신은 인생을 허비하는 듯한 기분을 느껴 본 적이 있는가? 어떻게
든 살아 보고자 항상 발버둥 치지만 단 한 번도 제대로 살아 보지 못한

듯한 감정을 느껴 본 적이 있는가? 오랫동안 동기부여를 해주던 목표가 계속 노력할 의미를 만들어 주지 못해 한순간 힘이 빠져 버린 경험이 있는가?

나는 부와 행복은 타고난 권리라고 확신한다. 누구라도 누릴 수 있는 권리다. 하지만 자신의 인생에서 부와 행복을 찾으려면 반드시 무언가를 해내야 한다. 일단 몰입을 몇 차례 경험하고 나면 긍정적인 의미에서 당신은 그 상태에 빠져들 것이다. 그러고 나면 더 이상 소소한 일로는 만족할 수 없게 된다. 당신이 타고난 권리를 원하는 욕구도 점점 강해진다. 또한 몰입을 체험하고 나면 눈에 띄게 달라진 이익을 가져다줄 것이다.

- 두뇌 생리학이 변한다: 몰입을 경험할 때마다 한결 변화가 쉬워진다. 우리가 어떤 사람인지 더욱 확신하게 된다.
- 학습과 성장에 대한 동기부여가 강해진다: 호기심이 왕성해지고, 도전을 극복해 보려는 성향이 강해진다.
- 사고가 명확해진다: 앞뒤가 맞지 않고 우울한 일들이 의식에서 떠오르는 횟수가 줄어든다. 몰입은 엔트로피와 맞서 싸운다.
- 업무가 향상된다: 창의성과 생산성이 증가한다. 동일한 영역에서 몰입을 오랫동안 체험할 수 없다면 한 단계 앞으로 나아가야 한다.
- 자의식이 높아진다: 몰입을 체험할 때마다 우리의 자의식은 성장한다.
- 훨씬 건강해진다: 스트레스 부담이 줄어든다. 몰입은 스트레스 치

료에 기여한다고 입증됐다.

- 평화가 찾아온다: 인생과 일의 진정한 일치를 경험한다. 몰입은 당신이 일과 인생에 주도적으로 참여하도록 이끈다. 성과 중심으로 사는 사람은 결과를 추구할 것이다. 하지만 몰입은 경험 그 자체를 중요시한다.

누구나 일단 몰입을 경험하고 나면 유사한 체험을 원하게 된다. 그렇게 몰입이 또 다른 몰입을 낳는다. 특히 충만한 삶을 사는 사람들은 자신의 인생 전체를 하나의 몰입 경험으로 엮어 나간다. 삶의 모든 부분을 하나로 연결하고 모든 활동이 동일한 의미를 갖도록 노력한다.

'나는 왜 부를 쌓는가'를 알아야 한다

내가 목표로 삼은 재정적 자유를 달성했을 당시 나는 비교적 젊은 편이었다. 그토록 꿈꿨던 목표에 도달했지만 의아하게도 나는 전혀 행복하지 않다는 사실을 곧 깨닫고 말았다. 내게 무슨 일이 일어난 걸까? 나는 부를 축적하려는 노력으로 한동안 인생의 공허함과 무상함을 덮었던 것이다. 하지만 한 번 달성한 목표는 더 이상 내게 어떤 동기부여도 하지 못했다. 나는 좀 더 깊은 의미를 찾기 시작했다.

자신에게 주어진 문제를 제대로 알고 있다면 모든 것에 의미가 생기고 비로소 자유를 느끼는 단계에 접어든다. 심리학자 빅터 프랭클 Viktor

Frankl은 이렇게 말했다. "자신의 존재와 관련된 '왜'를 이해하는 사람은 거의 모든 '어떻게'를 견뎌 낼 수 있다."

만약 세상에 있는 돈과 시간이 전부 당신의 것이라면 무엇을 할 것인 가? 이런 질문을 스스로 계속 반복해서 묻다 보면 언젠가 해답을 찾게 될 것이다. 그리고 이미 자신에게 필요한 돈과 시간이 충분하다는 사실 을 깨닫게 될 것이다. 디팩 초프라는 이렇게 말했다. "다른 누구도 가지 지 못한 무언가가 우리 모두에게 하나쯤은 있다. 그것이 다른 누구도 하지 못하는 것을 당신만이 할 수 있도록 해준다. 그것을 발견해 키워 나가라. 당신에게 주어진 일을 해나가다 보면 직업적 난제로 고통받는 일은 절대 일어나지 않을 것이다."

이쯤에서 당신이 고개를 갸우뚱한다고 해도 충분히 이해한다. 누군 가는 지금 당장 직장을 잃고 다음 달 임대료를 걱정하고 있는 상황일지 모른다. 또 누군가는 직장 상사 때문에 큰 고민에 빠져 있을 수 있다. 또 아무리 애를 써도 빚의 굴레에서 벗어나지 못해 이러지도 저러지도 못 하는 사람도 있을 것이다.

아마도 당신은 내가 뜬구름을 잡는다고 생각할 것이다. 갑자기 등장 한 내가 몰입이라는 낯선 체험을 인생에서 경험해야 한다고 하니 더욱 그럴 것이다. 오늘 당장 해결해야 하는 문제와 힘든 시기를 견디고 아등 바등 버티고 있는 사람에게는 충분히 조소처럼 들릴 수도 있을 것이다.

하지만 나는 당신의 항변에 두 가지 이의를 제기하고자 한다. 나는 언제가 됐든 누구나 힘든 시기를 겪으리라고 생각한다. 누구도 예외는 없다. 그러므로 "나는 대부분의 사람보다 항상 최악을 경험해."라고 생각하는 사람은 대단히 큰 착각을 하는 것이나 다름없다. 자신의 내면에 있는 어려움을 변명의 구실로 남용해서는 안 된다. 성공한 사람이 힘든 일을 겪지 않고도 경이롭고 의미가 넘치는 인생을 사는 것이 아니다. 그들도 힘든 시기를 겪었지만 행복을 찾은 것이다.

다시 말하지만 나는 스물여섯 살에 파산했다. 그 이후에는 병도 얻었다. 만약 앞으로 나아진다는 확신이 없었다면 질병이나 파산은 특히 더 끔찍한 미래를 선사했을 것이다. 안타깝게도 내가 경험한 질병과 파산이라는 두 가지 사건은 사람들이 내게 등을 돌리는 계기가 됐다. 인생에서 처절한 경험을 겪은 후 나는 인생이 마냥 밝기만 하고 아름다운 음률로 이어진 교향곡과 같지 않다는 사실을 깨달았다. 인생에는 반드시 어둡고, 때로는 아주 어두운 암흑의 시기가 존재한다.

당신도 깨달음을 얻어야 한다. 인생을 살며 마주하는 상황에서 무엇을 어떻게 해야 할지, 또 무엇을 배워야 할지는 전부 자신에게 달려 있다. 인생의 기로에서 만난 큰 사건에는 옛것의 끝과 새것의 시작이라는 두 가지 모습이 공존한다. 파국이 지나가면 당신은 새로운 기회를 찾을 수 있다. 더 빠르게 찾고자 노력할수록 빨리 발견할 것이다. 실업 문제는 물론, 인생에서 마주치는 모든 위기도 마찬가지다.

인생에 불쑥 등장하는 위기를 전부 모면하기는 힘들다. 그보다 위기에 대처하는 법을 배우는 편이 훨씬 낫다. 단테는 1300년경 집필한 《신곡》에서 의미의 위기라는 문제를 묘사했다. 인생의 여정에서 중년이 된 주인공은 위기에 봉착한다. 그는 자신이 가야 할 길에서 벗어나 숲속에서 길을 잃어버렸다. 때마침 사자, 스라소니, 늑대가 어슬렁거리며 다가와 그를 불안하게 만들었다. 세 마리의 짐승은 각각 공명심, 쾌락, 탐욕을 상징한다.

주인공은 마치 외로움이 해결책이라도 되는 듯 산으로 도망치고자 갖은 애를 쓴다. 하지만 세 마리의 짐승은 점점 그에게 다가온다. 결국 그는 베르길 신에게 조언을 구한다. 베르길은 그에게 좋은 소식과 나쁜 소식이 있다고 전한다. 좋은 소식이란 숲속에 탈출할 수 있는 출구가 존재한다는 것이었고, 나쁜 소식은 바로 그 출구가 지옥으로 이어진다는 것이었다.

나는 단테의《신곡》에 흠뻑 매료됐다. 하지만 베르길이 전한 나쁜 소식은 결코 동의할 수 없다. 나는 인간이 가는 길이 반드시 지옥으로 이어진다고 생각하지 않는다. 누구나 지옥에 이르기 전에 삶의 의미를 묻는 질문을 던지는 기회를 가질 수 있다. 또한 몰입 체험을 자기 인생의 확고한 구성 요소로 만들 수 있는 법을 누구나 고민할 수 있다. 다만 애석하게도 대부분의 사람이 막상 눈앞에 심연이 펼쳐진 후에야 그렇게 행동한다.

단 하루를 산다면 무엇에 몰입할 것인가

25년 후의 당신은 어떤 모습일까? 25년 후의 당신이 지금의 당신과 마주친다고 가정해 보자. 당신은 나이 든 미래의 당신과 제대로 소통할 수 있는가? 당신은 그에게 자부심을 느끼는가? 미래의 당신은 자신에게 주어진 기회를 제대로 활용했는가? 그의 인상은 성취감으로 가득해 보이는가? 그는 존경스럽고 의미 있는 삶을 살고 있는가?

현시점에서 보면 25년은 제법 긴 시간이다. 반대로 돌이켜 보면 시간은 매우 빠르게 지나가기도 한다. 당신보다 25년의 세월을 더 보낸 미래의 당신은 현재의 당신에게 무슨 말을 해주고 싶어 할 것 같은가? 어떤 조언을 해줄 것 같은가? 그가 지금 당신에게 무엇에 집중하라고 조언할 것 같은가? 25년이란 세월이 빠르게 지나갔다는 사실 앞에서 그가 바꾸고 싶어 하는 것이 있어 보이는가?

어쩌면 당신은 미래의 당신이 건넬 답을 알고 있을 것이다. 25년 후의 당신은 이미 자신의 내면에 있다. 그는 당신이 살아 온 모든 시간 동안 당신 안에 있었다. 그는 언제든 당신과 얘기하고 싶어 한다. 당신은 그저 그 말을 귀담아듣는 법만 배우면 된다. 미래의 당신은 일상의 문제 이상의 이야기를 우리에게 들려주고자 한다. 인생의 의미에 대해, 베풂에 대해, 전체의 일부인 우리에 대해, 죽음에 대해 들려주고 싶어 한다.

죽음도 인생의 중요한 일부다. 애석하게도 오늘날 우리 사회에서는 더 이상 죽음을 대면할 기회가 사라졌다. 죽음은 병원의 호스피스 병동처럼 최대한 고요하고 눈에 띄지 않는 곳에서 일어날 뿐이다. 노인들이 죽음과 직면하는 순간까지 가족의 일원으로 남을 수 있었다면 훨씬 좋았을 것이다. 노인에게도 우리에게도 마찬가지다. 죽음을 마주하는 순간 잠시 모든 것을 멈추고 자신을 진정으로 행복하게 만드는 것에 대한 의미를 진지하게 숙고할 수 있다.

로빈 윌리엄스가 연기한 영화 〈죽은 시인의 사회〉가 바로 죽음이라는 문제의 핵심을 찌른다. 영화는 학급에 새로운 담임이 부임하면서 시작된다. 학생들은 교사가 가장 먼저 무슨 말을 할지 마음을 졸이며 긴장한 상태다. 교사는 학생들을 교실 밖으로 데리고 나와 기다란 복도를 지나 졸업생들의 사진이 걸려 있는 커다란 게시판 앞에 멈춰 선다.

사진 속 학생들은 전부 교복을 입고 촬영한 탓에 모두 비슷하게 보인다. 하지만 교사는 학생들을 독창적으로 만들어 줄 수 있는 내면의 특별함을 키우는 비밀을 알려 주고 싶어 한다. 이어서 교사가 학생들을 말한다. "사진 속 학생들이 너희들에게 말해 주고 싶은 게 있나 보군. 가까이 다가가면 그 말을 들을 수 있을 거야."

그 말을 들은 학생들이 게시판으로 가까이 다가간다. 물론 아무 소리도 들리지 않는다. 교사는 학생들에게 더 가까이 다가가 보라고 말한다. 긴장감이 고조되고 숨이 멎을 듯한 적막 속에서 학생들은 마침내 게시판에 귀를 바싹 붙인다. 그 순간 교사는 사진에서 흘러나왔을 법한 목소리로 속삭인다. "카르페 디엠, 오늘에 충실하라."

시간을 초월한 메시지, 즉 오늘이 바로 그 기회다. 자신에게 주어진 단 한 번의 선물이다. 햇살이 비추든 비가 내리든 모든 날은 새로운 시작이라는 기적을 담고 있다. 당신은 당신의 하루를 어떻게 활용하고 있는가? 질문이 어렵다면 다른 식으로 물어보겠다. 자신에게 주어진 단 한 번의 선물 같은 시간인 당신의 하루를 의미 있고 가치 있는 일을 하며 몰입 상태에 빠지는 데 써야 하는 건 아닐까?

여기서 중요한 질문을 하나 더 던지려 한다. 매일 일을 하는 동안 당신은 자신이 가장 잘하는 일을 할 기회가 있는가? 만약 그렇다면 전체 근무 기간 중 당신의 재능과 역량을 발휘할 기회는 몇 퍼센트나 되는가? 만약 자신의 장점에서 벗어난 업무만 늘 쌓여 있다면 하루를 효율적으로 활용하기는 어렵다. 인생의 비극은 저마다 특별한 장점이 없다는 것이 아니다. 장점을 갖고 있는데도 불구하고 제대로 발휘하지 못하는 사람이 수두룩하다는 것이 진정한 비극이다.

내 인생의 의미를 찾아야 성공도 따라온다

미국에서 간식으로 도넛을 즐겨 먹는다면 독일에서는 베를리너라는 간식을 즐겨 먹는다. 도넛은 정중앙에 구멍이 뚫려 있는 반면, 베를리너는 중심에 달콤한 잼이 들어 있다. 알맹이가 들어 있는 베를리너와 알맹이가 없는 도넛으로 이야기를 시작해 보고자 한다.

이른바 '도넛 원칙'을 따르는 사람들이 생각보다 많다. 그들은 정작 인생에서 가장 핵심적인 알맹이가 없는 경력을 쌓으며 살아간다. 도넛처럼 속이 빈 채로 말이다. 인생의 핵심인 알맹이가 빠진 경력은 불안정하고 의미를 찾기가 어렵다. 첫발을 뗄기 전에 두 번째 발을 내디디는 불상사는 없어야 한다. 다음 장에서 제시하는 질문을 듣고 충분한 시간을 두고 심사숙고해 보길 바란다. 차분한 마음가짐으로 질문의 답을 찾으며 핵심을 탐구해야 한다. 인생의 핵심을 발견했다면 그것을 중심으로 당신의 경력을 쌓아 가라. 단 자신에게 솔직해져야 한다. 당신에게 도움이 된다는 판단에 억지로 애쓰는 일이 아니라 자신이 진심으로 사랑하는 일을 발견해야 한다.

이번 장에서 몰입과 인생의 의미를 찾는 법을 탐구한 것은 다음에 이어지는 주제인 '자신에게 맞는 일을 찾는 비결'을 위한 준비 과정이었다. 일을 찾는 비결은 단지 실업자뿐만 아니라 현재 직장을 다니고 있는 사람에게도 해당된다.

많은 실직자를 만나 보며 깨달은 것이 있다. 때로는 직장을 잃는 것이 끔찍한 파국으로 다가올 수도 있다. 하지만 다른 한편으로는 누군가에겐 훨씬 더 의미 있고 성취감을 채워 주는 직업을 찾을 기회가 된다. 만약 당신이 실직했다면 그것을 또 하나의 기회로 생각하길 바란다. 즉 지금이 바로 자신을 좀 더 정확히 파악하고 자신의 인생에서 품은 열정이 무엇인지, 어떻게 하면 몰입 경험을 이끌어낼 수 있는지를 발견할 기회다.

자신의 성취를 더 크게 돋보이려는 욕심으로 측정 수단인 자의 눈금을 줄여선 안 된다. 만약 당신이 성취감으로 충만한 인생을 추구한다면 결코 이 책의 핵심 주제에서 벗어나지 말아야 한다. 인생에서 진정한 성공을 쟁취하고 싶다면 자신 앞에 놓인 중요한 문제를 회피하지 말아야 한다. 자신을 괴롭히는 껄끄러운 질문들이 인생의 행복과 성취, 환상적인 수입으로 향하는 길을 보여 준다. 이제부터 좀 더 실질적인 문제를 다뤄 보자.

· · ·

제2부

부의 레버리지로
경제적 자유를 이루어라

제6장

그냥 일하지 말고
즐길 수 있는 것을 하라

자신의 고향이 어디인지도 모르는 사람은 자신이 가려는 마을도 찾을 수 없다.

_중국 격언

오로지 돈만 벌려는 일념으로 일해선 안 된다. 비단 실직자뿐만 아니라 모두에게 적용되는 사항이다. 당신 역시 돈벌이만을 목적으로 직장을 찾는 일은 없어야 한다. 돈을 목적으로 삼는 것은 자신에게 당당한 일도 아닐뿐더러 앞으로 살펴볼 가장 최악의 선택이 될 가능성도 있다.

자신에게 의미가 있는 일이자 몰입을 경험할 수 있는 일이 가장 이상적이다. 하지만 실제로 일상생활이나 직장생활 속의 업무를 하다 보면 인생에 가장 중요한 질문을 고민할 틈조차 찾지 못하는 경우가 많다. 용기마저 부족할 때도 많다. 당신이 어떤 상황에 처해 있든 나는 당신을 격려하고자 한다. 당장 일자리가 있거나 없는 것은 중요하지 않다.

당신의 마음이 향하는 일을 하라

한 설문조사 결과 응답자의 28퍼센트만이 자기가 하는 일에서 재미를 느낀다고 대답했다. 대다수는 임금을 일종의 보상으로 생각했다(세계적인 커리어 전문가 리처드 볼스가 쓴《당신의 파라슈트는 어떤 색깔입니까?》What Color Is Your Parachute? 참조). 현재 취업 시장에는 직장을 찾고자 하는 사람들이 너무나 많다. 그들은 당장 일할 수 있는 일자리가 무엇인지 살펴본 후 자신의 진로를 정한다. 하지만 대부분 자신의 역량과 관심사는 완전히 무시한다. 또한 구인 광고가 즐비한 취업 시장은 구직자의 성향을 포기하는 식으로 많은 사람의 운명을 결정하고 있다.

나는 당신에게 묻고 싶다. 취업 시장이 당신의 심장을 뛰게 만드는 일을 찾아 주는 곳이 아니라 당신이 무엇을 해야 할지 결정해 주는 곳이라면 무슨 의미가 있는가? 차라리 나는 이렇게 조언하고 싶다. "당장의 재정 상태를 무시하고 당신이 정말로 원하는 일을 찾아보라!" 실제로 우리 주변에는 정작 자신이 무엇을 원하는지도 모르면서 단순히 일자리를 얻지 못하는 상황만 탓하며 분통을 터트리는 사람들이 너무나 많다.

지금부터는 당신을 충만하게 채워 줄 직업을 찾는 지침을 살펴볼 것이다. "자신의 마음이 향하는 일을 하라."라는 조언이 다소 무책임해 보이는가? 나는 인생의 의미를 찾기 위해 노력하고 소명을 따르는 사람만큼 자신의 책임감을 증명하는 사람은 없다고 생각한다.

자기 인생을 책임진다는 것은 잠재력을 발굴하고 키워 나간다는 의미다. 사람은 누구나 자긍심과 의미를 선사할 일을 찾을 의무가 있다. 바로 그 의무를 이행한 다음에야 비로소 진정한 행복을 누릴 수 있고 또 다른 사람도 도울 수 있다.

앞으로 직업을 찾기 위한 실용적인 연습을 다양하게 소개할 것이다. 당신은 수많은 질문 중 자신에게 가장 와닿는 질문에 반드시 대답해야 한다. 그리고 자신이 중요하게 생각하는 내용에 대해 조금 더 시간을 내어 깊이 고민해 보길 바란다.

어떻게 재밌는 일을 찾을 수 있을까

나 또한 당신이 나의 주장에 반박할 것이라 예상하고 있다. 적어도 세 가지 사항으로 당신은 의문을 제기할 것이다. 가장 먼저 이렇게 질문할 것이다. "만약 모두 자신이 원하는 일을 찾는다면, 그때는 또 어떻게 해야 합니까?" 하지만 나는 결코 모두 그렇게 하지 못할 것이라고 생각한다. 애석하지만 지금 상황은 그렇다. 그리고 모두 그렇게 하지 못하기 때문에 당신에게 특히 더 큰 기회인 것이다.

두 번째 질문은 아마도 "모두가 원하는 일을 찾는 정치 시스템은 어떻게 구축할 것입니까?"일 것이다. 나는 정치인이 아니므로 정치 시스템까지 책임질 수는 없다. 정치인의 임무는 건강한 경제환경과 안정적인 노동시장을 구축할 수 있는 기본 전제를 마련하는 것이다. 나의 과제는 각각의 사람들, 즉 당신이 처한 상황에서 돈도 더 많이 벌고 성취감으로 가득한 경력으로 향하는 길을 제시하는 것이다.

마지막으로 세 번째 질문은 "누구나 할 수 있는 일이 아닙니다."일 것이다. 물론 맞는 말이다. 하지만 그래서 더욱 당신에겐 유리하다. 다행히도 당신에겐 자신이 옳다고 믿는 일을 실행할 수 있는 큰 자유가 있다. 일부 사람은 성공이나 높은 수입에 전혀 관심이 없을지도 모른다. 그들에게는 이 책의 내용이 아무런 효과도 발휘하지 못할 것이다. 심지어 그들은 이 책을 읽지 않을 것이다. 반면 성공이나 높은 수입에 상응하는 대가를 치를 마음가짐을 갖춘 사람에게는 이 책이 큰 효과를 발휘할 것이다. 나의 세미나에 참석했던 수천 명에게서 확인된 결과다.

주로 항상 잘 지낸다고 말하며 자신의 위치에서 "일하면서 재미까지 찾는 것은 누구에게나 허락된 일이 아니야."라고 말하는 사람들은 나의 조언을 매우 회의적으로 받아들였다. 하지만 자신이 경험하지 못했다고 해서 남들까지 충만하지 못한 인생을 살 거라고 속단해 버리는 사람들의 말은 무시해도 좋다. 일이란 생계를 위한 돈벌이 이상이어야 한다.

무릇 차이를 만드는 것은 어떤 상황에 달려 있지 않다. 자신이 처한 상황을 어떻게 해석하는지가 중요하다. 불교의 선종에는 이런 격언이 있다. "자고로 아름다운 여인은 모든 연인에게 크나큰 기쁨이지만 고행자에게는 견제해야 할 대상이고 늑대에게는 그저 맛있는 한 끼 식사에 불과하다."

일자리에도 마찬가지 원리가 적용된다. 단순히 당신이 체험하는 것을 넘어 어떻게 느끼고 무엇을 경험했는지에 따라 당신의 운명이 결정된다.

내 지인 중에는 실직을 했지만 긍정적으로 받아들이는 사람들이 있다. 그들은 이렇게 말한다. "그때 직장을 잃지 않고 그냥 그대로 계속 일했더라면 그게 더 훨씬 심각한 참사가 됐을 거야. 내게 일어난 일 중에 최고는 단연코 직장에서 해고된 것이었어."

물론 극히 일부의 사람들이 실직한 가운데서도 긍정적으로 반응한다. 대다수 사람은 실직한 순간 절망의 심연에 빠져 버린 기분에 사로잡힌다. 물론 실직을 겪고 부정적인 감정에 침몰된다고 해서 꼭 나쁜 것만은 아니다. 다만 너무 오래 빠져 있지 않도록 노력해야 한다. 특히 타인에게 동정을 구하지 않도록 유의해야 한다. 무엇보다 자신을 불쌍하게 여기지 말아야 한다.

위기는 반드시 새로운 기회를 가져온다

매일 근무하던 직장에서 갑자기 해고 통지를 받으면 긍정적인 태도를 취하기가 결코 쉽지 않다. 나는 직장생활에서 흔히 일어나는 해고를 경험하진 않았다. 하지만 그와 아주 비슷한 일을 겪은 적이 있다.

나의 두 번째 코치와 함께 회사를 설립했을 때만 해도 나는 사업을 일으켜 보겠다는 열정으로 가득했다. 그에게서 전수받은 지식을 실전에서 활용해 보려고 기회만 노리고 있었다. 그 자체만으로도 충분히 대단한 일이어서 나는 무엇이든 가리지 않고 열심히 하기로 마음먹었다. 정말 밤낮으로 열심히 일했고 그 결과 좋은 성과를 달성하기도 했다. 결과적으로 창업 후 단 7개월 만에 돈이 제대로 흐르기 시작했다. 하지만 그 시점에 나의 코치이자 파트너는 사전 통보나 정당한 사유도 없이 갑자기 나와의 결별을 선언했다.

그에게는 공동 사업 파트너였던 나를 해고할 권한이 없었다. 만약 내가 고소를 한다면 승소할 수 있는 상황이었지만 그에게서 많은 것을 배운 것을 생각해 법적으로 싸우고 싶지는 않았다. 실제로 코치로부터 배운 것은 아주 많았다. 내 인생에서 가장 많은 것을 배우고 얻었던 그 시간을 지저분한 법정 소송으로 얼룩지게 하고 싶지 않았다.

나는 당시 사건을 계기로 시커먼 심연을 알게 됐다. 해고당하기 직전에 나는 그의 저택에 초대를 받아 오랜 시간을 머물며 유익한 대화를 나눴었다. 그는 다른 사업 파트너들 앞에서 나의 노고를 치하하기도 했다. 그런데 그로부터 3일 뒤 그는 내게 팩스로 해고장을 보냈다. 그 이후 몇 주 동안 나는 그와 대화를 나눌 기회조차 얻지 못했다. 당시 나는 정의의 덫에 빠지지 않고자 무던히 마음을 다잡아야 했다. 그가 취한 행동은 분명 공정하지 않았지만 이미 엎질러진 물이었다. 그보다 나는 열세 살에 돌아가신 아버지처럼 대했던 그와의 관계가 깨졌다는 사실에 더욱 상처를 받았다. 더구나 나는 그와 함께 진행한 프로젝트에 너무 심취한 나머지 새로운 무언가에도 전혀 흥미가 없었다. 폐인처럼 며칠 동안 멍하니 지내며 나 자신을 동정할 뿐이었다. 그렇게 3개월을 거의 아무것도 하지 않고 허송세월하며 보냈다.

그러던 어느 날 나는 펜을 들었다. 그리고 그 경험에서 얻은 교훈에 대해 쓰기 시작했다. 일방적인 결별을 당하고서 6주 정도 흘렀을 무렵, 갑자기 코치가 전화를 걸어 왔다. 그러고는 이렇게 말했다. "이제 자네한테는 더 이상 내가 필요하지 않다네. 그러니 이제 오롯이 자네만의 일을 하도록 하게나."

이후 나는 정확히 그의 조언대로 실행했다. 《보도 섀퍼의 돈》을 집필해 무려 수백 만 부 이상 판매했고 베스트셀러 1위를 110주 이상 기록했으며 세계에서 가장 많이 팔린 책 중 하나다. 만약 당시의 상황을 겪지 않았다면 내가 그 책을 언제쯤 집필했을지, 집필 자체를 하긴 했을지 알 수 없는 일이다. 나는 한 번의 성공을 발판 삼아 몇 권의 책을 더 집필했고, 모두 베스트셀러 목록에 올렸다. 집필 활동을 통해 나는 그때까지 경험해 보지 못한 성취감을 맛볼 수 있었다. 이어 세미나를 개최했고 많은 사람을 도울 수 있었다. 물론 수입도 많아졌다. 이 모든 것이 바로 해고 통보로부터 시작된 것이다.

해고에서 집필까지 이어지는 과정을 통해 나는 같은 상황을 인식하고 평가하는 방법이 얼마나 다를 수 있는지 배웠다. 어두컴컴한 깊은 밤을 다른 시간으로 바라본다면 그건 또 다른 하루의 시작인 것이다.

어쩌면 타임머신을 타고서 몇 년 뒤의 미래를 미리 볼 수 있었다면 모든 것이 훨씬 수월했을지 모른다. 자신이 내리는 결정마다 결과와 해피엔딩을 확신할 수 있을 테니 말이다. 놀랍게도 기쁜 소식이 하나 있다. 당신에겐 이미 타임머신이 있다. 바로 상상력이다. 미래는 이미 당신 안에 존재한다. 자세히 자신의 내면을 살펴보면 커다란 꽃을 피울 씨앗을 발견할 수 있다. 그리고 당신이 앞으로 무엇이 될 수 있을지 마주할 수 있다. 아인슈타인은 이렇게 말했다. "상상력이 전부다. 상상력이란 앞으로 일어날 사건의 예고편이다." 비전이 없다면 노력해야 할 동기도 없다.

또한 당신과 당신의 미래를 믿어 주는 사람들과 함께해야 한다. 그들과 함께 미래를 설계할 기회를 기다리다 보면 어느 순간 새로운 길과 가능성을 불현듯 깨닫게 될 것이다. 그 순간 자신을 충족시켜 줄 예언은 실현된다.

실직을 대하는 4단계 방법

만약 실직을 눈앞에 두고 있다면 다음의 4단계를 차례대로 이행해야 한다. 2~4단계는 실직자뿐만 아니라 모두에게 공통적으로 적용된다.

1단계. 유익한 태도를 선택한다

해고를 통보받은 사람이라면 누구나 처음에 충격을 받기 마련이다. 하지만 시간이 조금 흐른 뒤 다소 진정되면 자신에게 이렇게 말한다. "나중에 돌이켜 봤을 때 일을 그만두게 된 상황이 재앙이었을지, 새로운 시작의 기회였을지는 전부 내가 하기에 달렸어." 즉 실직을 눈앞에 뒀을 때 처음에 해야 할 일은 실직한 상황에 도움이 될 만한 태도를 취하는 것이다. 물론 지금 겪고 있는 상황에서 낙관하기란 매우 힘들다. 오히려 비관하기가 쉬우므로 주의를 기울여라. 또한 공정의 덫에 빠지지 않도록 유의해야 한다. 주변에서 동정표를 얻으려고 하지 말고 자신을 불쌍하게 여기지 않도록 조심해야 한다. 언제나 자신을 자랑스러워하라. 실직하고 잘 지내는 사람이 또 어디 있겠는가.

2단계. 곧바로 새 직장을 찾지 마라

1~3주의 시간을 가지고 실질적인 질문의 답을 찾는 데 써라. 그동안 자신에게 의미 있는 활동과 몰입 경험이 가능한 일이 무엇인지 찾아본다. 처음 20일 동안은 어떤 경우에도 단순히 돈을 벌려는 목적으로 일자리를 찾지 않도록 하라. 당신에게 짜릿한 재미를 안겨 주는 일은 무엇인가? 나의 제안을 게으름을 피워도 된다는 의미로 오해하지 않기를 바란다. 만약 실직 후 20일 안에도 만족할 만한 답이 떠오르지 않았다면 그 시점에는 새 일자리를 구해야 한다. 사실 생계를 책임져야 하는 상황은 진정한 답을 찾는 데 좋은 전제 조건은 아니다. 하지만 새 직장을 구한 뒤에도 그 답을 찾는 일을 멈추지 않아야 한다.

3단계. 전혀 실직하지 않은 사람처럼 행동하라

아직 놀라기는 이르다. 아침 8시 30분부터 저녁 6시까지 일하는 것처럼 살아라. 직장을 다니며 이보다 더 오래 일한 사람도 있겠지만 직장에서 일했던 만큼 일하라. 그리고 아침에 출근할 때처럼 옷을 차려입어라. 그대로 집을 나서서 누구에게도 방해받지 않고 일할 장소를 찾는 것이 이상적이다. 직장에 출근한 친구의 집을 활용할 수도 있을 것이다. 무엇보다 규칙적인 생활을 하라. 그러면 당장 당신에게 생길 수 있는 최악의 적, 즉 게을러지는 사태를 예방할 수 있다. 또한 어느 누구도 방해하지 못한다는 장점도 있다. 당신이 일자리에서 해고당했을지언정 당신이 할 일은 무엇이든 찾을 수 있다. 언제 그리고 얼마나 일하고 싶은지 직접 결정하라. 이제 그 누구도 그 권한을 가로챌 수 없다. 실직자들이 새 직장을 구하기 위해 일주일에 평균 몇 시간을 쓰는지 알고 있는가? 고작 5시간에 불과하다. 그 정도로 노력하는 사람을 위한 일자리는 없을 뿐만 아니라 그런 사람은 실제로 일도 제대로 하지 않을 것이다. 지금까지 설명한 규칙들이 당신에게 생긴 시간 동안 무엇을 해야 할지 알려줄 것이다. 그리고 당신은 내가 일이라는 개념을 무엇보다 신중히 선택한 이유를 깨닫게 될 것이다.

4단계. 앞으로 100일 동안의 일정을 세워라

처음 10~20일은 당신이 재미를 느끼는 일(의미 있고 몰입할 수 있는 일)을 찾는 데 사용하라. 나머지 80~90일은 이번 장 후반에 소개하는 구직 활동 방법을 따라 움직여라.

당신이 실직의 4단계를 따르기만 한다면 앞으로 100일 안에 단순한 일자리를 넘어설 뿐만 아니라 훨씬 재미를 느낄 수 있는 일을 찾게 될 것이다. 이번 장의 핵심 내용은 다음과 같다.

- 당신에게 의미와 몰입 경험이 될 수 있는 일을 발견하는 방법
- 당신의 능력을 발휘하고 재미있으면서 몰입을 경험하는 데 적합한 일자리를 알아내는 방법
- 자신에게 맞는 직장을 얻는 방법과 행동 방식, 면접 시 유용한 팁

보도 섀퍼의 조언

실직 기간에 깨달은 내용을 메모하라

- 자신이 읽은 책의 모든 질문과 연습문제를 풀어 본다. 그 답을 반드시 메모장에 기록한다.
- 10~20일 정도의 시간을 마련한다. 당장 시간을 낼 수 없다면 가능한 일정을 계획한다.
- 방해받지 않을 환경을 조성한다. 조용한 분위기에서 영감을 얻어야 한다. 예비자금으로 모아 둔 돈이 있다면 한적한 산속이나 바닷가로 떠나는 것도 방법이다. 당장 실직 상태라도 '휴가'를 떠날 수는 있다. 하지만 어떤 경우에도 일반적인 근무 시간을 준수해 해야 할 일은 한다.
- 생각을 종이에 적어야 비로소 구체적인 그림이 완성된다. 같은 맥락에서 메모장은 내가 가장 많은 깨달음과 교훈을 얻은 책이다.
- 깨달음을 기록할 때 단순히 문자를 나열하는 수준 이상으로 최대한 자세히 적는다. 나중에 메모장을 살펴봤을 때 실직의 순간에 얻은 최고의 통찰력을 아무리 떠올리려고 해도 기억나지 않는다면 최악의 상황이다.
- 의기소침해지는 상황이 생길 때마다 메모장의 내용을 한번 읽어 본다. 그러면 또 한 번 놀라게 될 것이다. "지금 느끼는 이 기분도 이미 느꼈던 것이구

나. 심지어 당시 상황은 더 최악이었어. 그런데 모든 것이 다 괜찮아졌군."

- 실수해도 상관없다. 하지만 같은 실수를 다시 반복하지 않도록 주의한다. 실수한 내용과 함께 교훈을 기록해 두지 않는다면 다시 반복할 위험이 매우 높아진다.

- 계속 고민하고 생각만 하다 보면 어느 순간 생각이 멈추면서 머릿속의 모든 것이 불투명해지기 시작한다. 심지어 모든 생각을 틀어막는 장벽이 생긴다. 더 이상 앞으로 나아가지 못하고 막혀 버린다. 하지만 실제로 바로 그 순간은 획기적인 깨달음을 눈앞에 두고 있는 상황이다. 사고 과정이 막혀 버렸다고 꼭 처음부터 다시 시작해야 할 필요는 없다. 생각이 막혀 버린 순간을 제대로 파악한다면 언제라도 중단됐던 부분부터 다시 시작할 수 있다.

내가 진짜 하고 싶은 일을 찾는 질문들

자신이 정말 재미를 느끼고 능력을 발휘할 수 있는 일을 찾는 방법을 몇 가지 소개하고자 한다. 메모장에 실패의 기록을 해둔다면 나중에 참고할 만한 질문들이 이어질 것이다. 물론 반드시 모든 질문에 답해야 하는 것은 아니다. 주로 당신의 관심을 자극하고, 자신을 제대로 파악하는 데 도움이 되는 질문을 찾아보자.

- 실패하지 않는다고 가정하면 어떤 사람이 되고 싶은가? 당신이 진심으로 바라는 상에 대해 최대한 접근하라.

- 전 세계에서 누구의 직업을 가장 갖고 싶은가? 그는 무슨 일을 하는가? 그의 직업이 좋아 보이는 이유는 무엇인가?

- 당신은 무엇을 할 때 재미를 느끼는가? 어떤 상황을 즐기는가? 무슨 일을 좋아하는가? 좋아하는 책은 무엇인가? 즐겨 하는 대화 주제는 무엇인가? 책을 쓴다면 무슨 내용으로 집필할 것인가? 당신이 재미를 느끼는 일을 적어도 50가지 이상 기록해 보라. 업무와의 관련성은 떠올리지 않아도 된다. 업무와 관련된 내용을 떠올리는 순간 자신도 모르게 제한적일 수 있다.

- 당신은 무엇을 잘하는가? 당신의 타고난 재능과 살면서 개발한 역량은 무엇인가? 적어도 50~100가지를 적어 보자.

- 당신의 지능 유형은 무엇인가? 학생들이 지닌 지능의 유형을 파악하고 그것을 키워 나가는 것이 학교의 최우선인 책임이다. 적어도 사람들은 각기 다른 11가지 지능 유형을 갖고 있다. 바로 음악적 지능, 언어적 지능, 객관적 지능, 분석적 지능, 공간적 지능, 실용적 지능, 신체적 지능, 사회적 지능, 직관적 지능, 기업가적 지능, 표현적 지능이다.

- 지금까지 당신이 잘 해낸 10가지 성과를 상세히 기록해 보자. 이어서 스스로에게 질문해 본다. 이런 결과를 얻기까지 가장 많이 사용된 재능과 역량은 무엇인가? 여러 성과에 중복적으로 활용된 특정 역량이 있었는가? 그것이 무엇인가?

- 앞으로 살날이 6개월밖에 남지 않았다고 가정해 보자. 만약 그렇다면 당신은 오늘 당장 무엇을 할 것인가?

- 평소와 달리 활력을 느끼는 경우는 언제인가? 특히 동기를 유발하는 상황이나 배경은 언제인가? 그러한 환경을 계획하는 것이 가능한가? 일을 하면서 그런 상황과 자주 마주칠 수 있는 직업이 존재하는가?

- 당신은 자신이 재미를 느끼고 역량을 발휘할 수 있는 일을 확인했다. 이제 두 목록을 나란히 비교하며 공통적으로 등장하는 일들을 기록해 보자. 그것이 바로 당신의 핵심 목록이다.

- 핵심 목록을 놓고 각각의 요소를 어떻게 결합하면 좋을지 고민해 본다.

- 인생에서 일어난 모든 중대한 사건을 연대순으로 정리해 본다. 당신에게 되물어 보자, 당신은 결정을 내릴 때 타인의 영향력(외부의 결정)을 허용했는가, 아니면 직접 결정(자기 결정)했는가? 언제 더 좋은 성과가 있었는가?

- 인생의 모든 중대사를 기록했다면 5~10개의 이정표로 요약해 보자. 인생에서 가장 중요한 사건들을 기록한다. 인생의 어느 시점에 사건들이 발생했는지 되짚어 본다. 인생의 이정표가 어떻게 당신을 그 다음 장소로 이끌었는지 떠올려 보라. 참고로 나는 열여섯 살에 미국으로 이민 갔을 때 정말로 자유롭고 싶었고 모험을 해보고 싶었다. 이후 계속 다양한 변화 과정을 겪었지만 항상 자유와 모험이라는 두 가지 욕구가 결정적이었다.

- 당신의 인생에서 핵심이 되는 사항을 이정표에서 인식했는가? 특정 욕구가 계속 반복되는 분야가 있는가?

- 당신에게 일어난 나쁜 일들을 전부 떠올려 보자. 그중 좋은 점이라고 할 만한 것이 있는가? 당신의 경험이 오늘날 타인을 돕는 데 도움이 될 수 있을까? 나는 불과 스물여섯 살에 파산을 경험하고서 주저하지 않고 코치를 찾아갔다. 내가 곤경에 처하지 않았더라면 절대 열린 마음으로 임하지 못했을 것이다. 오늘날 나는 돈에 대해 말하고 집필 활동을 한다. 모두 내가 두 분야를 뼈저리게 경험했기 때문이다.
- 인생에서 앞으로 더 이상 원하지 않는 가치와 추가돼야 할 가치가 무엇인지 깊이 생각해 보자. 신념으로서의 가치를 인식하고 언제든지 신념을 바꿀 수 있음을 알아야 한다(제5장 141~144쪽 내용 참조).

이번 장에서 다루는 주제를 좀 더 깊이 살펴보기 위해 이어서 추가적인 정보를 소개한다. 부록에는 이 주제와 관련된 많은 질문이 수록돼 있다(394~399쪽 참조).

나에게 딱 맞는 일을 찾는 쉬운 방법

누군가는 자신에게 맞는 직업이라는 말을 회의적으로 바라볼 것이다. 그들은 '맞춤'이라는 표현만 봐도 눈을 찌푸린다. '일자리 하나 찾는 것만 해도 충분히 힘든데'라는 생각 때문이다. 한술 더 떠서 내게 맞는 일자리를 얻으라니 얼마나 더 힘들어지겠는가? 하지만 그것은 잘못된 생각이다. 당신이 무엇을 원하는지 좀 더 구체적으로 알수록 더 빠르고 수월하게 일자리를 찾을 수 있다.

자신이 무엇을 원하는지도 모르는 사람과 상대하길 좋아하는 사람은 없다. 어떻게 도와줘야 할지 도통 감도 잡히지 않기 때문에 그를 돕는 것 자체를 반기지 않는다. 하지만 당신이 무엇을 할 수 있을지를 타인이 고민하게 만드는 것부터 부당한 요구다.

실제로 당신이 무엇을 원하는지 정확하게 알고 있다면 다른 사람이 제안하는 것들의 가능성을 대조하기가 한결 수월해진다. '자신을 돕고 싶어 하는 사람을 도와라'라는 원칙이 있다. 만약 누군가 당신을 지원하려 한다면 그의 노고를 최대한 덜어 줘야 한다.

재미있는 일의 교집합을 찾아라

자신이 진짜 하고 싶은 일을 찾는 열다섯 가지의 질문을 보고 충분히 고민을 했다면 이제 당신은 자신이 재미를 느끼는 일이 무엇인지, 당신의 능력을 발휘하며 몰입을 경험할 수 있는 일이 무엇인지 깨달았을 것이다. 이제는 그 일로 어떻게 돈을 벌 수 있을지 곰곰이 생각해 보자. 본격적으로 당신에게 맞는 직업을 찾아보는 것이다. 먼저 당신이 가장 재미를 느끼는 세 가지 일을 찾은 뒤 166쪽의 원 안에 적어 보자.

세 원 안에 적은 활동들 사이에 공통점이 있는지 곰곰이 생각해 보자. 이제 당신은 자신이 가장 즐거워하는 세 가지 활동이 어떻게 어우러질 수 있는지 깨닫게 될 것이다.

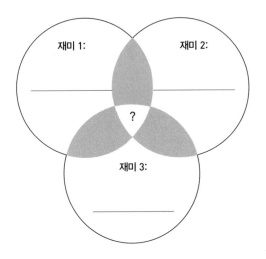

예로 내가 찾은 세 가지 내용을 적어 뒀으니 참고하면 된다.

- 여행을 좋아한다
- 창작을 좋아하고 글쓰기를 즐긴다
- 가르치는 것을 좋아한다

내가 좋아하는 일의 교집합을 찾으면 이렇다. 강연을 하고 여행을 하며 사람들을 가르치고 창작 활동을 한다(강의 준비). 저자로서 여행을 하며 집필 활동과 강의를 동시에 한다(싱가포르에서 호주까지 신간 발표회에 참석).

이를 그림으로 표현하면 다음과 같다.

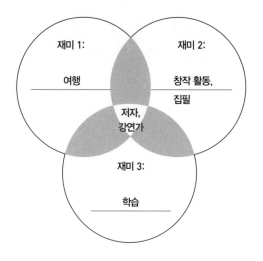

재미 1:

여행

재미 2:

창작 활동,
집필

저자,
강연가

재미 3:

학습

재능과 역량의 교집합을 찾아라

재능은 타고나지만 역량은 개발하고 성장시키는 것이다. 부디 재능을 천재성과 혼동하는 실수를 범하지 마라. 나는 평소 자신에게는 재능이 없다는 말을 주변에서 너무 자주 듣는다. 잘못된 생각이다. 누구나 재능을 갖고 있다. 나는 재능을 타고난 사고, 행동, 감정의 양식이 반복되는 패턴이라고 정의한다. 누군가의 즉흥적인 반응을 살펴보면 그 사람이 타고난 재능의 흔적을 발견할 수 있다.

많은 사람이 자신의 재능을 발견하지 못하는 이유는 두 가지다. 첫째, 숨이 멎을 정도로 천부적인 선물을 재능으로 잘못 정의하기 때문이다. 그런 발상은 틀렸을 뿐만 아니라 동기 자체를 앗아 간다. 모차르트처럼 연주하지 못하고 펠레처럼 축구를 하지 못한다고 의기소침해질 필요는 없다. 세기의 천재들이야말로 극소수다. 오히려 평범한 재능을 펼쳐 뛰어난 성과를 달성한 사람들도 아주 많다.

둘째, 다양한 분야를 경험해 보지 못했기 때문이다. 원래 재능은 심술궂은 면이 있어서 좀처럼 쉽게 눈에 띄지 않는다. 자신만의 능력을 너무나 평범하고 당연한 것으로 치부하는 경향 탓에 자신과 같은 재능을 가진 사람이 많지 않다는 사실마저 간과해 버린다.

이제 당신이 지닌 세 가지 재능과 능력의 교집합을 찾아보자. 당신이 지닌 역량과 재능에 부합되면서 부족함을 보완해 주는 이상적인 활동은 무엇인가?

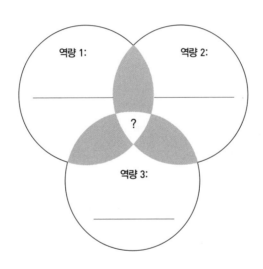

오랫동안 나는 내게 특별한 재능이 없다고 확신했다. 하지만 몇 년 후 나는 내 능력을 발견했다.

- 나는 나를 잘 표현하고 사람들에게 동기를 부여할 수 있다
- 나는 이해하기 어려운 것을 구조화하고 이해하기 쉽게 만들 수 있다

- 나는 끈기가 있고, 비전을 실천할 수 있다

여기서도 저자와 강연가라는 교집합을 발견할 수 있다.

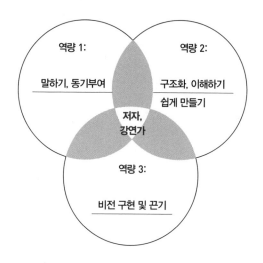

당신도 재능과 능력의 공통분모를 찾을 수 있는가? 당신이 재미를 느끼는 세 가지를 하면서 동시에 당신이 지닌 세 가지 역량을 전부 발휘할 수 있는 활동이 존재하는가?

- 나의 재미를 위한 교집합은 _____다
- 나의 역량을 위한 교집합은 _____다

물론 세 가지가 전부 맞물리고 재미와 역량이 한데 어우러질 수 있다면 가장 이상적이다. 나의 경우를 예시로 들자면 다음과 같다.

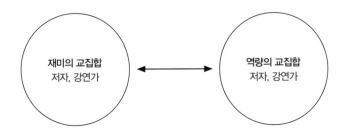

'작은 교집합'만으로도 충분하다

이상적인 조합이 곧바로 눈에 띄지 않더라도 낙담하지 마라. 재미와 역량의 교집합이 완전히 부합돼야 하는 것은 아니다. 충만한 인생을 만들기에는 세 가지 재미 중 한 가지가 역량의 교집합과 맞아떨어져도 충분하다.

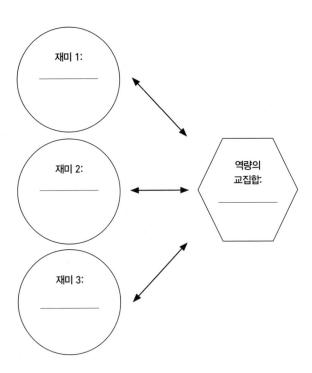

그렇다. 심지어 재미 중 한 가지와 역량 중 한 가지만 서로 맞아떨어져도 충분하다.

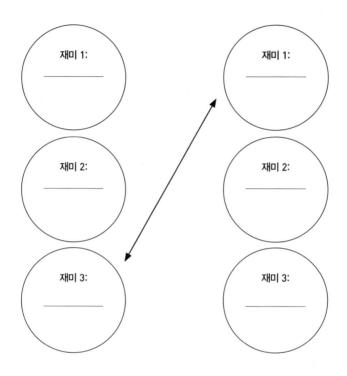

단 반드시 재미를 한 가지 역량에 할당하도록 해야 한다. **무엇보다 역량을 우선시해야 한다.** 단순히 무언가를 좋아하는 것만으로는 충분하지 않다. 아인슈타인은 원래 엄청난 음악 애호가였다. 심지어 물리학은 두 번째 관심사로 밀릴 정도였다. 그는 누구보다 열정적으로 바이올린을 연주했지만, 애석하게도 재능 면에서는 평범했다. 만약 그가 재미를 최우선으로 추구했다면 과학사는 지금과 다르게 흘렀을 것이다. 당신도 자신의 역량을 기준으로 설정한 뒤 재미를 느끼는 일과 겹치는 부분을 찾아야 한다.

세미나에 참석한 사람 중에는 곧바로 해답을 찾는 사람이 있는가 하면, 그 자리에 앉아 고민만 더 늘어난 표정을 짓는 사람도 있었다. 나는 후자에 해당되는 사람들에게 잠시 모든 것을 멈추고 우선 다른 사람들과 의논해 보라고 촉구했다. 바로 당신에게도 건네고 싶은 조언이다. 당신의 특성을 적은 표를 최대한 많은 사람에게 보여 주고 그것들을 모두 통합할 만한 활동이 있을지 그들의 의견을 물어보라.

또한 당신이 평소 꿈의 직업이라고 여기는 일을 하는 전문가들을 찾아가 문의하기를 꺼리지 마라. 자신 있게 그를 찾아가 "약 11분 동안 당신의 직업과 관련된 정보에 대해 들으려면 얼마를 지불해야 합니까?"라고 문의하라. 무작정 직업을 얻고서 나중에 가서 자신의 생각과 달랐다고 후회하지 않도록 미리 상담을 받고 싶다고 확실히 청하라.

성공적으로 일을 구하고 싶다면

지금쯤이면 당신이 바라는 직업의 특성에 대해 어느 정도 파악했을 것이다. 이제는 그 특성에 적합한 직업만 찾으면 된다. 일반적으로 일자리를 찾는 구직자들이 주로 활용하는 방식은 다음과 같다.

- 인터넷에서 찾는다
- 무작위로 입사지원서를 발송한다

- 구인 광고를 보고 지원한다
- 채용중개소 또는 직업소개소에 도움을 구한다

누구나 비슷한 방식으로 일자리를 찾지만 이것들은 최악의 방법이다. 게다가 취업 성공으로 이어질 가능성이 매우 희박하다! 만약 이런 방법들을 활용할 생각이라면 당장 손을 떼길 바란다.

대대수 구직자도 방금 언급한 방법만 가지고 취업에 성공하기 어렵다는 것을 어렴풋이 알고 있다. 뒤늦게 입사지원서를 보내고 몇 달을 헛되이 보내면 분명 예감할 것이다. 왜 다른 방식을 시도할 생각을 하지 않는 걸까? 어쩌면 다른 방식을 알지 못하기 때문일 수도 있다. 어쩌면 면접관 앞에서 직접적인 거절을 듣는 것이 두렵기 때문일지도 모른다. 그런 경험을 모면하기 위해 사람들이 취하거나 단념하는 행동을 살펴보면 정말 놀라울 지경이다.

일자리는 충분하다

일자리는 항상 충분하다. 당신에게 맞는 직업도 반드시 존재한다. 100일 정도면 충분히 당신의 일자리를 찾을 수 있다. 먼저 숫자로 살펴보자. 매년 독일에는 400만 개 이상의 새로운 일자리가 공급되고 있다 (《당신의 파라슈트는 어떤 색깔입니까?》 참조). 새로운 일자리가 창출되고, 누군가 승진하고, 또다시 누군가 퇴사하면서 일자리는 늘 있기 마련이다. 또 누군가 이사 때문에 회사를 떠나기도 하고, 질병이나 사망으로 인해 결원이 생기기도 한다.

하지만 결원으로 생긴 좋은 일자리는 절대 구인 광고나 직업소개소의 공고로 개시되지 않는다. 전체 일자리 중 1~2퍼센트만이 구인 광고를 내고 입사지원서를 받는다. 즉 100개의 자리 중 고작 한두 자리에 불과하다. 만약 구인 광고를 보고 입사 지원을 한다면 당신이 선택받을 가능성은 굉장히 희박하다.

나는 앞으로 당신이 100일 안에 직장을, 그것도 당신이 재미를 느낄 수 있는 일자리를 얻는 방법을 설명할 것이다. 그에 앞서 당신이 본능적으로 거절에 느끼는 두려움을 극복하겠다고 약속해야 한다. 두려움이 눈을 가려 버리면 길을 잃는 법이다. 구직 활동에서도 마찬가지다.

고용주가 사람을 뽑을 때 묻는 것들

당신은 고용주가 무엇을 바란다고 생각하는가? 매끄럽고 창의적이며 실수 하나 없는 지원서일까? 말도 안 되는 소리다! 만약 내 앞에 입사지원서 60부가 쌓여 있다면 최대한 빨리 최종 후보에 올릴 서너 부를 추릴 것이다. 적어도 나나 내 비서의 시간 중 한두 시간이 지원서를 가리는 과정에서 사용될 것이다.

어떤 고용주도 나중에 뒤통수 맞길 원하지 않는다. 모든 고용주가 구직자에게 고용계약서를 건네기 전에 그를 제대로 파악하길 원한다. 무엇보다 그가 강조한 역량에 대한 확신을 얻고 싶을 것이다. 그 순간 그에게는 무엇이 필요할까? 능수능란한 말솜씨일까? 당연히 아니다. 당신의 행동이 모든 것을 말해 준다. 구직자가 구직 과정에서 얼마나 적극적이고 확실한 목표를 가지고 있으며 창의적인지 고용주가 실감할 수 있도록 준비해야 한다. 고용주가 선호하는 구직자는 다음 이야기의 등장인물과 같은 사람들이다.

한 남자가 한 레스토랑에 이력서를 제출했다. 면접 시간이 정해졌지만 그는 사장에게 시간이 날 때까지 거의 두 시간을 기다려야만 했다. 구직자는 자신에게 주어진 시간을 적극적으로 활용했다. 우연히 고객 화장실이 지저분한 것을 발견한 그는 화장실을 청소하기로 마음먹었다. 작은 청소 솔을 가져와 틈새까지 깨끗하게 닦아 냈다. 레스토랑의 화장실은 광택이 흐를 정도로 몰라보게 달라졌다.

사장이 면접 장소에 도착하자 구직자는 자신이 청소한 화장실을 보여 줬다. 때로는 말보다 행동이 많은 정보를 전한다. 구직자는 행동으로써 자신이 일을 하는 데 전혀 부족하지 않다는 것을 증명해 보였다. 무엇보다 그는 자신에게 주어진 틈새 시간을 충분히 활용했다. 그만큼 그일을 진심으로 원했던 것이다. 그는 '먼저 베풀고 나중에 받는다'는 자연의 법칙을 제대로 이해하고 있었다. 결국 구직자는 취업에 성공했다.

당신도 매번 주의를 기울여야 한다. 같은 일자리를 얻으려는 다른 구직자와 자신이 무엇이 다른지 증명해야 한다. 입사지원서를 독창적이고 예쁘게 꾸미는 식의 노력을 좋은 취업 방법으로 생각하면 오산이다. 고용주가 실제로 관심을 가지는 결정적인 질문거리는 입사지원서에 담겨 있지 않다. 고용주는 구직자에 대해 주로 다음과 같은 정보를 알고 싶어 한다.

- 이 구직자는 왜 다른 곳이 아닌 여기서 일하고 싶어 하는가?

- 그는 어떤 유형의 사람이고 무슨 능력을 지녔는가? 다른 지원자와 차이점은 무엇인가?
- 내가 감당할 수 있는 구직자인가? 임금을 얼마나 원하는가?

고용주가 정말 궁금해하는 질문에 명쾌한 답변을 제시한다면 그의 시간을 아껴 줄 뿐만 아니라 구직자의 시간도 아낄 수 있다. 혹시라도 상대방에게서 '아니요'라는 말을 들을까 봐 불안에 떨고 있다면 그 마음을 극복하기 위해 인내를 가져 보라. 충분히 그럴 만한 가치가 있다!

움직여라, 100일 안에 구할 수 있다

첫째, 친구와 지인에게 문의하라. 주변의 지인들에게 당신이 일자리를 찾고 있다는 소식을 알리면 우연치 않게 좋은 기회가 생기기도 한다. 자신이 희망하는 업무 분야를 최대한 세부적으로 설명할수록 훨씬 수월하고 성공적으로 지인의 도움을 얻을 수도 있다.

구직 기간 동안에는 정기적으로 지인들과 연락을 주고받으며 최신 정보를 공유하는 것이 좋다. 그들에게 "혹시 주변에 이런 직장에서 일하는 사람을 알고 있어?"라고 묻기를 주저하지 마라. 만약 주변에 수소문하는 방식을 적극 활용한다면 100일 안에 일자리를 찾을 확률은 약 40퍼센트 정도다.

둘째, 관심 있는 기업에 직접 연락하라. 구직 광고를 내는 기업보다 공개 채용을 하지 않는 기업에서 좋은 일자리를 찾을 확률이 더 크다. 그러니 당신이 관심을 가질 만한 기업과 관련된 정보를 아는 친구가 있는지 수소문해 보라. 또는 구글에서 당신의 관심사와 일치하는 산업 분야 및 기업에 대해 검색해 보라.

만약 관심이 가는 기업을 찾았다면 그곳에 직접 전화하라. 먼저 인사팀 담당자 혹은 중소기업이라면 대표에게 직접 연락한다. 그런 다음 당신이 하고 싶은 일과 자신의 역량에 대해 간략히 소개하고 그 기업이 원하는 인재일 거라는 인상을 받았다고 설명한다. 그리고 최대한 공손하게 최대 4분 정도의 짧은 개별 면접을 요청하라.

고용주는 자기 시간을 낭비하는 사람들을 가장 경계한다. 4분이 지나고 나면 "이만하면 되겠습니까? 아니면 계속 제 소개를 이어 가는 것이 좋을까요?"라고 질문해 시간을 준수하려는 모습을 보여 줘야 한다. 반드시 시간 약속을 지켜야 한다. 약속된 시간이 되면 고용주는 시간을 더 할애할지 결정할 것이다. 분명 당신이 제안한 방식은 많은 사람에게 깊은 인상을 남길 것이다.

분명히 기업에 먼저 연락하는 방식에 두려움을 느끼는 사람이 있을 것이다. 나는 분명히 경고했다. 언제나 가장 좋은 길은 두려움이 있는 그곳에 존재한다. 그러니 내 말을 한번 믿어 보길 바란다. 전화를 걸어 문의하기 시작하면 딱 처음 열 통 정도만 아주 고역일 것이다. 그런 후에는 전화 문의도 비교적 수월해진다. 대략 200곳의 기업에 전화 문의를 마치고 나면 당신이 원하는 일자리를 얻을 확률이 무려 70퍼센트까지 상승한다.

셋째, 관심 기업을 직접 방문하라. 당신이 관심을 갖는 기업의 목록을 만들고 차근차근 계획을 세운다. 하루에 적어도 네 곳씩, 즉 일주일에 스무 곳을 방문한다. 사전에 전화로 면접 시간을 정한 곳도 있겠지만, 면접 시간을 잡지 못했어도 무작정 방문하라. 다음의 두 가지 방법을 병행하면 된다.

먼저 굵고 짧은 4분짜리 자기 소개 내용을 준비하라. 반드시 다음과 같은 요점이 포함돼 있어야 한다. "제가 아주 잘하고 즐기는 일이 두세 가지가 있습니다. 그리고 이러이러한 이유로 제가 이 기업에서 아주 유능한 인재가 될 수 있을 것이라고 생각합니다. (4분이 지난 후) 혹시 제게서 가능성이 보이십니까? 그렇다면 조금 더 제 소개를 해도 될까요?"

당신에 대한 상대방의 호감을 불러일으키고, 당신에게 기업의 문제를 해결할 능력이 있으며, 임금은 크게 상관없다는 인상을 전하면 구직 가능성이 높아진다. 혹은 결과적으로 고용되지 않더라도 면접 분위기가 좋았다면 담당자에게 추천 기업 정보를 문의할 수도 있다. "혹시 저와 같은 인재가 필요할 기업의 구인 정보를 아시는지요? 추천인으로 면접관님을 언급해도 될까요?"

이처럼 추천을 받는 것은 앞으로 이어질 100일 동안의 구직 활동에서 가장 필수 사항이다. 항상 다음과 같이 스스로에게 질문해야 한다.

"내가 모르는 인맥이나 기업을 아는 사람이 누가 있을까?"

만약 정말로 기업을 200곳 방문했다면 분명 당신은 직장을 찾았을 것이다. 확실하다. 단 내가 말한 것은 23곳도, 47곳도 아닌 200곳이다!

일을 구할 때는 남들과 다른 방식을 시도한다

- 친구와 지인에게 묻는다. "아는 사람 중에 그 직장에서 일하는 사람이 있어?" "(자신이 원하는 직업과 관련된) 그 일을 하는 사람 중에 아는 사람이 주변에 있어?"
- 관심 기업에 직접 전화한다.
- 관심 기업을 직접 방문한다.
- 각 기업에 추천을 문의한다.
- 며칠 동안 무보수로 근무하는 것을 제안한다.

이렇게 하면 일하자는 제안이 온다

당신이 제안한 4분의 자기 소개가 끝난 뒤에도 면접관 혹은 대표가 당신과 계속 대화를 이어 가고 싶은 눈치라면, 또는 새로운 면접 시간을 정한다면 합격 가능성이 높아진다. 면접을 볼 때 반드시 유의해야 할 일곱 가지 핵심적인 규칙이 있다.

- 자신에 대해 너무 많이 말하지 않는다: 상대방이 묻는 질문에는 대답해야 하지만 지나간 과거에 대해 너무 과도하게 설명하지 않는다.

항상 면접관의 반응을 기민하게 살펴라. 상대방이 차분하고 흥미진진한 태도로 듣는다면 더 많은 것을 알고 싶다는 표현이다. 의자를 끌거나 손가락을 이리저리 움직이기 시작했다면 재빨리 다음 내용으로 넘어가고 싶은 것이다.

- 대화 주제를 미래로 확장한다: 앞으로 당신이 어떻게 일하고 협업할 것인지 자세히 이야기할수록 취업에 성공할 가능성도 커진다. 다음과 같은 질문을 스스로 던져 보는 것이 가장 좋다. "나의 상사는 누가 될까?" "내가 맡게 될 업무는 무엇일까?" "누구에게 보고하게 될 것인가?" "나의 책임은 무엇이 될 것인가?" "이 업무를 맡았던 전임자는 누구일까?" "전임자의 업무 처리 중 좋았던 점과 그렇지 못했던 점은 무엇일까?"

- 당신의 권리에 대해서 섣불리 언급하지 않는다: 첫 번째 면접에서 논하기에는 확실히 성급한 내용이다. 사람은 누구나 상대방에게 속아서 결정하는 것을 절대 원하지 않는다. 고용주라면 채용 결정을 내리기에 앞서 직원의 권리에 대해 협상하는 것을 결코 선호하지 않는다. 그러니 당신이 기업을 위해 무엇을 할 수 있을지 말하고, 기업이 당신을 위해 무엇을 해야 할지에 대해서는 말을 아낀다.

- 당신이 배울 자세를 갖췄다는 것을 보여 준다: 면접관에게 질문하라. "제가 무엇을 배울 수 있습니까?" "앞으로 5년 안에 기업은 어느 위치까지 오를까요?" "그 과정에서 필요한 역량과 강점은 무엇입니까?" "제가 함께 일하게 될 동료들은 어떤 사람들입니까?" "그들에게서 무엇을 배울 수 있습니까?"

- 며칠 동안 무보수로 근무하겠다고 제안해 보라: 기업의 대표가 아니라 기업, 상사, 동료를 파악하고 업무와 직장의 분위기를 경험하는 계기가 된다.

- 임금에 대해 언급할 경우 절대로 먼저 금액을 밝히지 않는다: 연봉 협상을 성공으로 이끄는 방법은 다음 장에서 살펴볼 것이다. 당신과 면접을 보는 면접관이 희망 임금을 묻는다면 어느 정도 여유를 두고 희망 금액을 밝힌다. 이를테면 "업무에 따라 2,200~2,900유로 정도를 희망하고 있습니다."라고 말한다.

- 면접 후에는 항상 짧은 감사 편지를 발송한다: 무직 상태가 아니어도 활용하면 좋은 방법이다. 물론 현재 직장을 다니고 있지 않은 구직자들보다 시간이 충분하지 않기 때문에 따로 시간을 들여야 하는 수고가 든다. 또한 잠깐의 휴가 기간에 인생의 의미와 당신을 충만하게 만드는 일(재미, 능력, 유용)을 탐색하도록 한다.

효과적인 구직 활동을 하려면 이번 장에서 소개한 많은 조언을 제대로 활용할 수 있는 시간을 만들어야 한다. 무직자들 역시 마찬가지다. 앞서 소개한 방법대로 구직 활동을 한다면 적어도 100일 뒤에는 분명 일자리를 찾게 될 것이다. 그런 다음 그 경험담을 나에게 보내 준다면 더없이 기쁠 것이다.

당신이 이 책에서 소개한 대로 실천한다면 일자리 이상의 결과를 얻을 것이다. 무엇보다 그 과정에서 당신은 직장생활의 본질적인 의미를 발견했을 것이다. 또한 자신이 얼마나 성장했는지를 깨닫고 깜짝 놀라게 될 것이다.

자신감은 돈을 더 많이 버는 데 가장 핵심인 전제 조건이다. 이제 다음 장에서는 당신이 직업이나 동일 직군 내에서 1년 안에 돈을 20퍼센트 이상 더 버는 법을 살펴볼 것이다. 빠르면 단 3개월 안에 성공할 수도 있다.

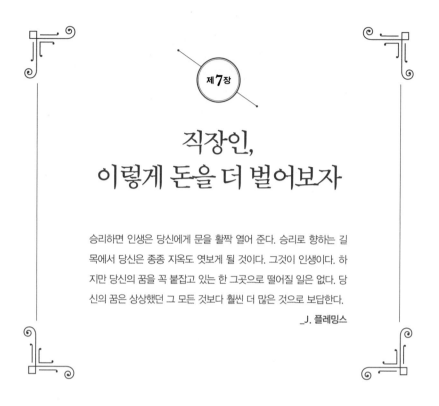

제7장

직장인,
이렇게 돈을 더 벌어보자

승리하면 인생은 당신에게 문을 활짝 열어 준다. 승리로 향하는 길
목에서 당신은 종종 지옥도 엿보게 될 것이다. 그것이 인생이다. 하
지만 당신의 꿈을 꼭 붙잡고 있는 한 그곳으로 떨어질 일은 없다. 당
신의 꿈은 상상했던 그 모든 것보다 훨씬 더 많은 것으로 보답한다.

_J. 플레밍스

만약 수중에 돈이 더 많기를 바란다면 당신이 할 수 있는 일은 무엇일
까? 많은 사람이 두 가지를 떠올린다. 우선 대출을 받으려고 시도한다.
그것이 여의치 않으면 허리띠를 더 졸라맨다. 나는 다른 방식을 제안하
고 싶다. 차라리 돈을 더 많이 버는 것은 어떨까? 당신이 버는 수입의
크기는 전부 당신이 하기 나름이기 때문이다.

　내가 이렇게 제안할 때마다 주변에서 "그건 그렇게 쉽지 않다. 이미
확고한 구조가 정해져 있어서 임금 인상은 그리 간단하지 않다."라는
말을 얼마나 자주 들었을지 당신도 쉽게 예상할 수 있을 것이다. 도대

체 어떤 말이 맞을까? 누구의 말이 정답일까?

모두 당신의 결정에 달렸다. 만약 돈을 더 많이 벌고 싶다면 기본적으로 다섯 가지 방법 중에서 하나를 선택할 수 있다.

- 직장을 옮긴다
- 자영업자가 된다
- 여가시간을 활용해 추가로 돈을 번다
- 전문가로서 포지셔닝한다
- 지금 하는 일에서 돈을 더 많이 벌 수도 있다

수입원을 추가로 개척하고 전문가로 포지셔닝하는 방법은 다음 장에서 논의할 것이다. 이번 장에서는 마지막 방법을 살펴볼 것이다. 현재 일하는 직장에서 수입을 늘리려면 어떻게 해야 할까?

직장 근로자라면 고액 연봉을 받을 수 있는 게임의 규칙을 제대로 파악해야 한다. 자영업자라면 이번 장을 넘어가도 좋고, 이번 장에 수록된 정보를 직원들에게 어떻게 전달할 수 있을지 고민해 봐도 좋을 것이다. 당신이 고용한 직원들이 모두 더 많은 임금을 원한다는 것은 공공연한 비밀이다. 물론 당신이 더 많이 벌게 된다면 당신에게도 좋지만 더 많은 임금을 직원들에게 지급할 수 있을 것이다.

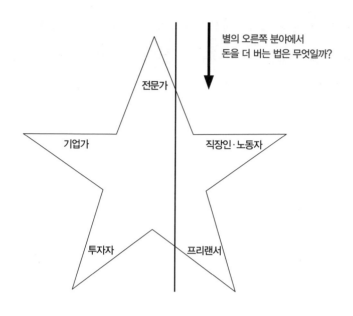

일과 임금을 대하는 5가지 사고방식

직장인·노동자, 프리랜서들에게 필요한 고소득을 위한 15계명과 임금 인상을 위한 정확하고 자세한 지침을 설명하기에 앞서 반드시 갖춰야 할 다섯 가지 사고방식이 있다.

1. 누구나 독립적이다

모두가 자기 자신을 위해 일한다. 그 누구도 사장을 위해서 일하지 않는다. 당신이 일하는 이유는 돈을 벌고 일에서 재미와 의미를 느끼기 위해서다. 당신이 어떤 일을 하건 자기 자신을 하나의 기업으로 바라보면 도움이 된다. 자신을 항상 독립적인 기업으로 여겨라. 당신의 능력을 팔아야 하는 상품으로 인식하고 고용주를 고객으로 바라보라. 이런 태도를 취할 때 당신의 사고는 한층 자유롭고 강력해진다.

2. 항상 당신이 버는 만큼 얻는다

많은 사람이 자신이 받는 임금보다 자신의 가치가 훨씬 더 높다고 주장한다. 그렇지 않다. 정확히 말해 더 많이 벌 때 당신도 더 많이 받게 될 것이다. 타인에게 종속돼 있고 희생자 역할을 맡을수록 자신이 직접 결정하는 권한도 축소된다. 그러면 결국 돈을 더 적게 벌게 된다.

3. 게임 규칙을 잘 알아야만 돈 버는 게임에서 이길 수 있다

게임 규칙을 만드는 주체는 바로 시장이다. 시장은 모두에게 동일한 환경이다. 결코 누군가를 선호하지 않는다. 시장은 누구에게도 불리하지 않다. 이것이 시장의 원리다. 단 게임 규칙을 모르는 사람에겐 엄청난 불이익이 기다릴 뿐이다.

4. 당신의 임금에 꼭 정해진 규칙은 없다

세상에 절대 변하지 않는 법칙이 있다는 말에 속지 말기 바란다. 모든 규칙을 만든 것은 사람이다. 다시 말해 모든 규칙은 사람에 따라 변할 수 있으며 당신이 규칙을 바꿀 수도 있다. 당신이 행하는 노동의 가치를 측정하는 객관적 척도도 존재하지 않는다. 당신의 가치는 항상 주관적이다. 다시 말해 노동력의 가치를 평가할 수 있는 객관적 권리를 지닌 사람은 없다는 말이다. 당신을 고용한 사장은 물론, 당신에게도 없다. 가치를 평가할 수 있는 전반적인 기준이 없는 대신 당신의 임금은 다음의 세 가지 기준을 근거로 정해진다.

- 사장이 평가하는 당신의 가치
- 당신이 평가하는 자신의 가치
- 당신의 협상 능력

5. 당신의 임금은 인상되는 것이 아니라 당신이 번 것이다

지금 당신은 근무하는 기업에 얼마나 기여하고 있는가? 당신은 기업에 얼마나 필요한 인재인가? 협상의 위치는 당신이 지닌 지식과 역량이 기업의 수요와의 관계에서 얼마나 희소성을 띠는지 따라 달라진다. 여기서도 객관적 척도가 존재하지 않으므로 네 번째 사고방식이 적용된다. 당신의 과제는 현재 일하고 있는 기업의 사장이 당신의 가치를 깨닫도록 하는 것이다. 당신이 자신과 자신의 가치에 대해서 어떻게 생각하는지, 협상 실력이 얼마나 좋은지도 전적으로 당신에게 달려 있다.

다섯 가지 사고방식은 고소득을 위한 15계명의 토대가 된다. 덧붙여 당신이 직장인 혹은 프리랜서로 성공하기 위해 갖춰야 하는 중요한 세 가지 전제 조건은 자기 신뢰, 책임감, 행동이다.

고소득자들이 지키는 15계명

누구나 성공을 뒤쫓는다. 성공을 위한 규칙이 있듯이 성공적인 고소
득자가 되기 위해 앞서 말한 다섯 가지 사고방식 외에 열다섯 가지 계
명이 있다. 다음의 15계명이 돈을 더 많이 버는 길의 토대가 된다.

- 최선을 다한다
- 수입을 창출하는 활동을 한다
- 도움과 기쁨을 함께 나눈다
- 자신이 하는 모든 일을 사랑한다
- 학습하고 지속적으로 성장한다
- 게임을 하듯 진지하지만 재밌게 일한다
- 장점을 강화한다
- 자신감을 키운다
- 제대로 집중한다
- 긴장감을 잃지 않고 일한다
- 공개적으로 반박하지 않는다
- 큰 사람이 되기 위해 노력한다
- 책임을 전적으로 감수한다
- 상대에게 약점이 아닌 강점을 보여 준다
- 임금 인상을 요구한다

제1계명: 최선을 다한다

　행동하라. 항상 최선을 다하라. 당신이 좋은 경력을 쌓는 데 도움이 될 만한 조언을 한 가지 하겠다. 다음 업무를 맡으면 기업의 경영진 전체가 그 일에 주목하고 있고 그 일에 당신의 승진이 걸려 있는 것처럼 처리하라.

　별로 중요하지 않은 업무란 없다. 자신이 해야 할 일을 제대로 완수하는 것이 무엇보다 중요하다. 평소 중요한 업무와 중요하지 않은 업무를 구분하는 사람은 항상 최선을 다하지 않는다. 그런 사람일수록 자신이 중요하지 않은 업무라고 규정한 일을 제대로 완수하기보다 대충 처리한다. 항상 맡은 바 최선을 다하라. 최선을 다한 사람들의 이야기는 왜 첫 번째 계명이 중요한지 잘 알려 준다.

　천문학자 수브라만얀 찬드라세카Subrahmanyan Chandrasekhar 교수는 윌리엄스베이에 있는 한 천문 연구소에서 근무했다. 또 그는 130킬로미터 떨어진 시카고대학에서 천체 물리학 상급과정 강의를 맡았다. 문제는 강의를 듣기로 한 학생이 단 두 명뿐이었다는 것이다. 사람들은 그가 강의를 취소할 것이라고 생각했다. 그럴 만한 사유는 충분했다. 경제적 측면에서도 전혀 타산이 맞지 않았기 때문이다. 당신이라면 어떤 결정을 내렸을 것 같은가? 단 두 명의 학생을 위해 추운 겨울날 매주 2회씩 130킬로미터의 길을 왕복하는 수고를 마다하지 않을 것인가?

　사람들의 예상과 달리 찬드라세카 교수는 강의를 이어 나갔다. 그는 수강 학생의 수가 얼마 되지 않는 상황에서도 어떻게든 가능성을 찾으려 했다. 학생이 둘밖에 없으니 훨씬 더 세심히 보살필 수 있을 것이라고 판단한 것이다. 그 결과 그의 수업을 들은 학생들은 전 세계 물리학 분야에서 받을 수 있는 최고의 상인 노벨상을 수상했다. 1983년에는 찬드라세카 교수 자신도 노벨상을 수상했다.

또 다른 이야기는 작은 호텔에서 근무하던 직원 조지 볼트에 관한 이야기다. 도시의 모든 호텔이 만실이었던 어느 저녁, 볼트가 근무하는 호텔로 선한 인상의 노부부가 찾아왔다. 볼트는 그들이 투숙할 방이 없다는 사실을 알려 줄 수밖에 없었다.

그런데 노부부의 실망 어린 표정을 목격한 순간 그에게 아이디어가 떠올랐다. "제 방에서 묵으시면 어떨까요? 어차피 전 내일 이른 아침까지 교대 근무해야 해서요. 물론 특실은 아니지만 최소한 주무실 침대는 있으니까요."

노부부는 한사코 거절하려 했지만 볼트는 끝까지 권유했다. 진심으로 자신들을 걱정하는 모습에 감동한 노부부는 그의 제안을 받아들였다. 다음 날 아침 진심 어린 작별 인사를 나누고서 볼트는 한동안 두 사람의 소식을 듣지 못했다. 그동안 그는 호텔에서 배워야 할 모든 것을 익히고 훈련받았다.

2년 후 어느 날, 갑자기 볼트는 노부부로부터 초대를 받았다. 그들이 보낸 초청장에는 뉴욕행 기차표가 들어 있었다. 뉴욕에 도착하자 기차역으로 노부부가 마중을 나와 있었다. 그들은 볼트를 데리고 피프스애비뉴 34번가에 있는 거대한 빌딩 앞에 멈춰선 후 말했다. "이 건물을 좀 자세히 보게나. 이 빌딩은 호텔이라네. 내가 자네를 위해 마련했다네.

나는 자네가 이 호텔을 운영했으면 하네."

볼트에게 호텔 운영을 부탁한 노신사는 월도프 아스토리아 호텔의 창업자 윌리엄 월도프 애스터William Waldorf Astor였다. 노부부에게 자신이 베풀 수 있는 친절을 최선을 다해 베풀었던 볼트는 결국 세계적으로 유명한 월도프 아스토리아 호텔의 첫 번째 총지배인이 됐다.

언제 어디서든 최선을 다하는 사람은 하나를 보면 열을 알 수 있다. 예를 들어 전화를 받는 비서가 "네, ○○○ 씨의 사무실입니다. 안녕하십니까."라고 대답하는 태도만 들어도 제법 많은 정보를 알아낼 수 있다. 이를테면 "나는 지금 기분이 좋지 않아요. 당신이 방해가 됐거든요. 이곳에서 일하는 것이 전혀 마음에 들지 않아요."라는 상대방의 기분도 느낄 수도 있다. 만약 전화를 받는 상대가 긍정적인 상태라면 아마 그의 반응에도 좋은 느낌이 담겨 있을 것이다. "당신이 마음에 듭니다. 전화해 주셔서 기쁘네요. 당신은 중요합니다. 나는 내가 하는 업무를, 이 기업을, 사장님을 좋아합니다."

아무리 작은 일이라도 최선을 다함으로써 커다란 일에 대한 만반의 준비를 갖춰야 한다. 성공한 사람들은 특별한 일만 잘하는 것이 아니다. 그들은 단순한 일도 특별하게 해낸다.

만약 당신이 당신의 미래를 볼 수 있다면 더 많이 노력하게 될 것이다. 또한 노력을 통해 더 많은 것을 얻을 수 있다는 사실을 알게 될 것이다. 물론 미래를 볼 수는 없지만 당신은 자신의 미래를 직접 쌓아 올릴 수 있다.

당신이 오늘 어떻게 일하느냐에 따라 당신이 내일 벌어들일 수입이 결정된다. 항상 최선을 다하라. 지금 무슨 일을 하고 있는지는 중요하지 않다. 마틴 루터 킹은 이렇게 말했다. "거리 청소부를 직업으로 삼은 사람은 미켈란젤로가 그림을 그리고, 베토벤이 작곡하고, 셰익스피어가 희곡을 쓰던 것과 같은 마음가짐으로 거리를 청소해야 한다."

제2계명: 수입을 창출하는 활동을 한다

이탈리아의 경제학자 빌프레도 파레토Vilfredo Pareto는 일찍이 사람들이 버는 돈의 80퍼센트가 자신이 행하는 활동의 20퍼센트에서 비롯된다는 파레토 법칙을 발견했다. 굉장히 널리 알려진 법칙이지만 파레토 법칙에서 교훈을 얻은 사람은 극소수에 불과하다.

파레토 법칙을 수입에 대입하면 당신이 일하는 근무 시간의 80퍼센트가 낭비되거나 적어도 최적으로 활용되지 못하고 있다는 말과 같다. 매출에 직접적인 영향을 미치지는 못하는 활동이 무려 80퍼센트나 된다는 말이다. 서류 정리, 물류 시스템 구축, 업무 환경 조성, 사무 용품 구매, 전화 통화, 강의, 우편물 정리 등 정말 많은 일을 하지만 정작 수입을 창출하는 데는 필요 없다는 말과 같다.

당신은 이렇게 변명할지도 모른다. "하지만 이런 일도 해야만 하지 않나요!" 옳은 지적이다. 업무를 위해 반드시 필요한 일들을 소홀히 하는 기업은 장기적으로 성공하기 힘들다. 20퍼센트의 필수적인 일을 제외한 나머지 80퍼센트의 활동은 언제 해야 할까?

직업마다 수입의 규모를 결정하고 소득을 창출하는 핵심적인 업무가 있기 마련이다. 가장 먼저 그러한 임무를 찾아 집중해야 한다.

성공한 사람들은 업무에서 핵심적인 20퍼센트의 활동을 가장 먼저 처리하고 나머지 80퍼센트의 활동을 뒤로 미룬다. 나폴레옹은 우편물을 한 달에 딱 한 차례만 확인했다고 한다. 편지를 받고서 한 달이 지난 후에도 자신의 관심을 끄는 편지에만 회신했다. 일정 시간이 지나면 우편물의 내용은 대부분 이미 지나간 일이거나 진부해졌기에 읽지 않고 그대로 던져 버릴 수 있다.

그런데 왜 사람들은 나머지 80퍼센트의 활동을 우선시하는 걸까? 핵심적인 업무가 아닌 일들이 일단 재미가 있고 쉬워 보이기 때문이다. 특히 20퍼센트의 핵심적인 업무만큼 상사가 관리할 것 같지 않기 때문이다. 사실 후자의 이유가 가장 결정적이다. 상사가 관리할 만한 업무라면 그만큼 실수가 더 잘 보이기 마련이다.

◇———————— **보도 섀퍼의 조언** ————————◇

당장 수입을 창출하는 일부터 처리하라

- 우선 업무 중 핵심적인 20퍼센트의 주요 활동을 완료하면 나머지 시간에 무엇을 할지 차분히 생각해 볼 수 있다. 공부를 해도 좋고 포지셔닝을 위한 활동을 할 수도 있다. 또 다른 수입을 생산하는 활동을 해야 할지 결정할 수도 있다.
- 20퍼센트의 일을 처리했다면 서두를 필요가 없다. 자신의 업무를 찬찬히 수

행하고 확인해야만 그 밖의 주요 활동에서 최상의 성과를 달성할 수 있다.

- 할 일 목록을 만들어 20퍼센트에 해당하는 주요 활동이 무엇이고, 80퍼센트에 해당하는 활동은 무엇인지 확인한다.
- 80퍼센트의 활동을 가급적 다른 사람에게 위임한다. 그러면 혹시라도 그 업무에서 실수가 발생해도 피해를 최소화할 수 있다. 하지만 당신이 위임하는 모든 일들을 관리하고 검수하는 것을 잊으면 안 된다.
- 당신이 두려워하는 일을 우선적으로 처리한다. 모든 업무를 시작하기에 앞서 잘못될 리가 없다고 확신한다면 지금 당장 무엇을 해야 할지 찾는다.
- 가장 실행하기 힘든 일부터 처리한다.
- 서류 작업은 되도록 한 번에 끝낸다.

◇―――――――――――――――――――――◇

제3계명: 도움과 기쁨을 함께 나눈다

기회가 있을 때마다 주변을 돕는 것이 좋다. 당신이 일하는 기업의 사장은 당신이 분위기를 고조시키는 사람인지, 가라앉히는 사람인지를 아주 빠르게 알아차린다. 직원들의 밝은 분위기는 생산성에 기여하기 때문이다.

모든 고객을, 사장을, 동료를 도와줘라. 주변에서 사랑받는 사람으로 거듭나라. 당신이 충분히 발휘할 수 있는 능력을 키워라. 승진하는 사람의 80퍼센트가 아래에서 위로 밀어주는 역할을 하고, 단 20퍼센트만이 위에서 끌어 주는 역할을 한다. 모든 사람에게 사랑받는 사람은 주변에서 밀어주는 힘을 받아 위로 오르기가 그만큼 수월하다.

사장은 절대로 자신의 부서를 이끌지 못하는 사람을 부서장으로 삼지 않는다. 또한 대부분의 사장은 당신의 동료들이 보내는 신호에 아주 민감하게 반응한다. 자신에 대한 좋은 인상을 심는 데 도움이 되는 세 가지 조언이 있다.

첫째, 타인에 대해 좋은 이야기만 하라. 남을 헐뜯는 험담에 동참하면 안 된다. 누군가가 동료를 험담하려고 하면 이렇게 말하라. "혹시 지금 당신이 내게 하려는 이야기에 사람들이 관심이 있는지 한번 물어봐 주시겠어요?" 그 자리에 없는 사람을 험담하는 사람은 누군가 자리를 비우는 순간 그에 대해서도 험담을 늘어놓기 마련이다.

둘째, 타인과 교류할 때 적용할 몇 가지 원칙을 글로 작성해 둔다. 내가 집필한 《보도 섀퍼의 이기는 습관》에 수록된 스물네 가지 황금 규칙도 좋은 조언이 될 수 있다. 황금 규칙을 종이에 적어 잘 보이는 곳에 두고 매주 몇 번씩 눈으로 훑는다. 또한 모든 사람에게 그 원칙을 적용하고 지킨다.

셋째, 타인과 접촉할 때마다 상대가 자기 자신, 회사, 당신에 대해 좋은 감정을 가질 수 있도록 노력한다. 수년 전부터 나는 전화기 주변에 "좋은 감정 선사하기: 고객, 기업, 나"라고 적은 종이를 붙여 놓았다. 타인을 소중한 사람으로 만드는 연습을 하라.

제4계명: 자신이 하는 모든 일을 사랑한다

지금쯤 당신은 내게 이렇게 말하고 싶을 것이다. "잠깐만요! 지금까지 '당신이 좋아하는 일을 하는가?'라고 묻지 않았나요? 그런데 이제 와서 무슨 말입니까? 내가 사랑하는 일을 해야 하는 건가요? 아니면 내가 하는 일을 사랑해야 하는 건가요?"

굳이 말하자면 둘 다 정답이다. 물론 제5장과 제6장에서 말한 것처럼 자신이 사랑하는 일을 찾아야 한다. 하지만 그것은 이상적인 경우라고 할 수 있다. 현실에서는 자신이 그리 좋아하지 않는 일들을 계속 마주하게 된다. 그런 일들마저 사랑하라는 것은 애당초 무리다. 게다가 아무리 유쾌하지 못한 업무라고 해도 지금 당장 그만둘 여건이 되지 않는 사람이 더 많은 법이다.

당장 열정적으로 뛰어들기 힘든 일을 하고 있다고 해서 자신이 맡은 업무의 무기력한 희생자가 돼서는 안 된다. 때때로 당신에게는 자신이 깨닫고 있는 것보다 훨씬 더 큰 힘이 있다. 무언가를 결정하는 것은 바로 당신 자신이다. 어떤 사고방식을 가지고 일을 해낼지 결정하는 것은 순전히 당신에게 달려 있다.

언제 어디서 무슨 일을 하더라도 늘 즐겁게 일을 하도록 도와주는 간단한 전략이 있다. 당신은 자신이 맡은 일을 건성으로 할 수도 있고 즐기면서 할 수도 있다. 모든 업무를 사랑하는 데 활용할 수 있는 단순한 비결은 매사 최선을 다하고 열심히 노력하며 단순히 일을 하는 것이 아니라 명작을 완성하듯 일하는 것이다.

위대한 바이올린 연주자 예후디 메뉴인Yehudi Menuhin은 몇 주 내내 매일 밤 같은 곡을 연주하는 것이 지루하지 않느냐는 질문을 받았다. 그는 "매일 저녁 진심을 다해 연주한다면 절대로 지루하지 않습니다."라고 답했다. 당신도 한 가지 일을 처리해야 할 때 매번 최선을 다하라. 그러면 생각보다 그 일이 오래 걸리지 않을 것이다. 당신은 곧 그 일 자체를 즐기는 자신의 모습을 확인하게 될 것이다. 이런 현상을 뒷받침하는 세 가지 근거가 있다.

- 자신이 맡은 일에 노력할 때는 집중해야 한다. 그러면 흥미가 유발된다
- 노력은 유능함을 낳고 노력하는 자체만으로 당신에게 기쁨을 안겨 준다
- 노력과 기쁨을 통해 자부심도 성장한다

연금술사는 흙과 납을 금으로 바꾸기 위해 노력했다. 당신도 불편하고 어려운 일들을 해내기 위해 노력하며 황금빛으로 찬란하게 빛나는 순간을 만들어 보라. 마지막으로 당신 앞에 놓인 모든 상황을 품격 있는 차원으로 끌어올리는 비결을 알려 주고자 한다. 고소득을 위한 15계명 중 하나 또는 여러 가지를 선택한 후 주변 상황에 적용하는 연습을 하라. 적어도 당신의 단순한 업무에 또 다른 중요성과 의미를 부여할 것이다.

제5계명: 학습하고 지속적으로 성장한다

제5계명은 제3장에서 소개한 새로운 '규칙 8'과 동일하다(93~95쪽 참조). 당신은 일과 학습이 하나로 융합된 새로운 시대에 살고 있다. 지속적인 학습 없이는 절대로 직업적으로 성공할 수 없는 시대다.

다른 계명도 마찬가지지만 특히 제5계명은 제6장의 내용이 얼마나 중요한지를 잘 보여 준다. 끊임없이 무언가를 배워야 하는 이유는 무엇인가? 나는 야망도 없이 게으르기만 한 사람은 없다고 생각한다. 만약 게을러 보이는 사람이 있다면 그들은 단지 목표와 의미를 찾지 못했을 뿐이다. 그들이 자신의 인생에서 큰 그림이 무엇인지 깨닫는다면 배우고자 하는 열정을 찾을 것이라 믿는다.

세상에는 자신이 무엇을 배워야 하는지 모르는 사람이 많다. 나는 그런 사람들에게 말하고 싶다. 그냥 전부 다 배워라! 모든 분야에서 계속 공부하라. 전문가적 능력을 키우면 당신은 더 많은 돈을 벌게 될 것이다. 하지만 인격이 개선되면 부자가 될 것이다. 예를 들어 전문적으로 활용할 수 있는 보디랭귀지, 효과적으로 프레젠테이션을 할 수 있는 수사법, 마케팅 기초 지식을 비롯해 판매를 촉진하는 법 등을 공부하라. 또한 학습에서 재미를 찾을수록 배움은 더 쉬워진다. 그러니 사회 우등생이 되기 위해 끊임없이 공부하라. 미래에 대한 투자는 자신의 미래를 보장하는 최고의 선택이다.

인생의 성공 비결은 간단하다. 기회가 오기 전에 미리 준비하면 된다. 앞으로 무엇이 당신을 기다리고 있을지는 결코 알 수 없다. 하지만 나는 그것이 무엇이든 환상적일 거라고 확신한다. 그러므로 최대한 준비하라! 세상에서 가장 큰 스펀지가 되어 자신이 속한 기업의 모든 것을 빨아들여라. 끊임없이 배우고 성장하라.

제6계명: 게임을 하듯 진지하지만 재밌게 일한다

자신의 일을 게임처럼 바라보는 사람은 쉽게 접근한다. 반면 너무 진지하게 접근하는 사람은 경직된 채 우아하지 않은 방식으로 활동하며 결국 자신의 행동에 스스로 제동을 건다.

진지하고 책임감 있게, 하지만 약간의 거리를 두고 게임에 참가하라. 승리를 바라되 절대로 경직되지는 마라. 또 한 가지, 결코 잊지 말아야 할 사항이 있다. 분명 일은 중요하다. 하지만 재미를 찾으려면 좋아하는 취미처럼 대해야 한다. 일은 당신에게 돈을 가져다준다. 진지하면서도 어느 정도 편안하게 접근할 수 있다면 당신은 일하면서 더 많은 돈을 벌 수 있을 것이다.

때로는 질 수도 있다는 깨달음 또한 게임의 일부다. 게임에서 졌을 때 당신이 취할 수 있는 행동은 다음 세 가지 중 하나일 것이다.

- 그 자리에 그냥 쓰러져 있는다
- 곧장 일어나기는 하지만 익명의 군중 뒤로 모습을 감춘다
- 패배를 통해 깨달은 장점을 배우고 발견함으로써 한 단계 더 올라

성공한 사람들은 실패할 때마다 긍정적인 무언가를 이끌어 낼 줄 안다. 그들은 자신이 다루는 모든 것을 커다란 게임처럼 생각하기 때문이다. 그러니 당신의 역량을 키워라. 배우고, 훈련하고, 목표를 더 높이 설정하라. 그러면 몰입을 경험할 수 있을 것이다. 몰입 경험을 위해 열린 마음으로 임하라. 인내심을 가지고 노력한다면 자신이 목표한 특정한 지점까지 도달할 수 있다. 아무리 집중하고 노력해도 더 이상 나아가지 못하는 그곳에 이를 때 당신은 최고의 업적을 실현하게 될 것이다.

제7계명: 장점을 강화한다

제3장에서 제7계명에 관한 내용을 이미 살펴봤다. 여기서는 당신의 장점을 상사에게 제대로 알려 줄 수 있는 방법에 대해 알아보고자 한다. 모든 계명을 실천하기란 그리 쉽지만은 않은 일이다. 많은 회사가 자신들만의 확고한 체계를 갖추고 있으며 혁신에 그리 개방적이지 않은 입장을 고수하고 있다. 하지만 당신은 생각보다 훨씬 더 많은 것을 관철시킬 수 있다. 물론 제대로 전력투구를 한다면 말이다. 무엇보다 당신이 달성한 성과가 회사에서 당신에게 재량권을 추가로 허용할 정도로 뛰어나야 한다. 당신의 성과가 인정받을 만하다면 회사는 당신이 더 효율적으로 일하기를 바랄 것이다.

단 자신을 너무 혹사시켜선 안 된다. 아무런 재미 요소도 발견할 수 없고, 자신의 능력에 부합하지도 않는 무언가를 오랫동안 해야만 한다면 차라리 다른 일을 할당받을 수 있는지 알아보는 것이 좋다. 당신의 소망이 이뤄지지 않는다면 최악의 경우 이직마저도 염두에 둘 필요가 있다.

제6장에서 살펴본 이후 이제 당신은 확실히 알게 됐을 것이다. 새로운 직장을 찾는 데는 적어도 100일이 필요하다. 하지만 자신이 얼마나 유능한지 입증됐다면 기업 입장에서는 당신을 놓칠 이유가 없다. 또 당신의 가치를 제대로 인정해 주지 않는다면 굳이 회사에 남아 있을 필요도 없다.

제8계명: 자신감을 키운다

개인의 성공은 자신감이 얼마나 되느냐에 좌우된다. 결과적으로 당신의 수입은 자신감과 직접 비례한다. 자신이 이룬 성과의 가치를 판단하는 것은 자신에게 달려 있다. 자신이 임금 인상을 받을 만한 자격이 있다고 생각한다면 임금을 올릴 수 있는 기회를 찾아야 한다. 이때 자신감이 있어야 한다.

다시 말하지만 수입은 당신의 가치가 아니라 자신이 스스로에게 부여하는 가치에 달려 있다. 세계적인 영화배우 톰 크루즈는 이런 지혜를 몸소 실천했다. 그는 사람들이 자신의 출연료가 너무 많지 않냐고 말하자 이렇게 대꾸했다. "내게 그럴 만한 가치가 없었더라면 애초에 그런 출연료를 지급하지 않았을 것입니다. 그리고 내가 그 정도의 가치를 갖지 않는 순간이 오면 어느 누구도 그런 액수를 제안하지 않을 것입니다."

누구에게나 기회는 충분히 있다. 하지만 자신감이 없다면 단 한 번도 자신에게 찾아온 기회를 제대로 인식하지 못한다. 남들에게 존경받는 인생을 살기도 힘들어진다. 행동연구가들은 자신감이 쇼핑객들의 행동에 영향을 미친다는 것을 발견했다. 예를 들어 수중에 돈이 없는 사람은 쇼윈도 앞에서 자신의 곁에 누군가 다가오는 것을 감지하는 순간 한 걸음 옆으로 비켜선다고 한다. 그들의 행동에는 잠재적인 고객의 시야를 막지 않으려는 의도가 깔려 있는 것이다.

마찬가지로 사람들은 임금 인상, 승진 같은 특별한 기회가 있을 때마다 쇼윈도 앞의 행인들처럼 옆으로 한 걸음 물러선다. 그들은 자신이 기회를 잡을 만한 자격이 없다고 생각하는 것이다. 안타까운 일이다. 그리고 무엇보다 전적으로 불필요한 행동이다.

권투 선수 슈거 레이 로빈슨Sugar Ray Robinson은 이렇게 말했다. "챔피언이 되고 싶다면 남이 그러지 못해도 자신만큼은 스스로를 믿어야 한다." 처음부터 자신감을 갖고 태어나는 사람은 없다. 당신도 자신감을 익힐 수 있다. 단지 방법을 모를 뿐이다.

자신감이란 자기 자신을 신뢰하는 능력이다. 자신감을 갖추려면 우선 자기 자신을 제대로 파악해야 한다. 당신을 모르는 누군가의 말을 믿지 마라. 제6장에서 살펴본 연습 과정이 필요할 것이다. 또한 부록에

수록돼 있는 훈련을 통해 당신은 자신에 대해 제대로 알게 될 것이다. 자기 자신을 신뢰할 계기를 찾는 과정은 과거의 경험에서 적당한 근거를 찾을 수 있는지 여부에 달려 있다.

누구나 성공을 경험한 적이 있다. 하지만 그것을 성공으로 인식하고 기억하고 있는지가 자신감을 갖추는 데 결정적인 역할을 한다. 성공에 대한 기억을 꾸준히 연장할 수 있는 최고의 형태는 바로 기록해 두는 것이다. 당신의 성공만을 선택적으로 기록해 두면 당신이 직접 경험했던 일 중에서 미래에 강화하고 다시 마주하고 싶은 부분만을 결정할 수 있다. 성공에 집중하면 새로운 성공이 태어난다.

성공 일기

당신에겐 자신감을 키워 줄 도구가 필요하다. 나는 누구나 시도해 볼 수 있는 성공일기를 제안한다. 성공일기는 모든 형태의 성공을 이루는 데 아주 중요한 도구다. 나는 무려 50페이지에 걸쳐 자신감의 중요성을 상세히 기록했다. 또 특별 훈련법을 적고, 날마다 일상을 기록할 수 있는 일기 공간도 마련돼 있다.

먼저 빈 공책에 매일 당신이 제대로 해낸 다섯 가지 일을 기록한다. 시간이 날 때마다 자신이 성공을 이루기 위해 어떤 능력을 활용했는지 고민해 본다. 성공일기를 처음 시작할 때 나는 이 훈련법을 과소평가했다. 날마다 이뤄 낸 다섯 가지 성공 사례를 적는 의미를 도무지 이해할 수 없었다. 게다가 당시 나는 절망의 심연에 빠져 있는 상태였다. 무엇을 적어야 할지 아무런 내용도 머릿속에서 떠오르지 않았다.

바로 내가 겪은 것과 같은 상태를 극복하기 위한 목적에서 성공일기를 쓰는 것이다. 무엇을 써야 할지 고민하는 과정에서 당신이 관심을 두는 초점에 느리지만 확실한 변화가 생긴다. 성공일기를 통해 당신은 자신을 성공하는 사람으로 느끼는 법을 배우게 될 것이다.

일기의 효과는 입증된 처방전과도 같다. 모든 시대를 막론하고 성공한 사람들은 일기를 썼다. 일기 안에는 그들의 목표와 성공에 관한 내용이 담겨 있었다. 그들처럼 자신에 대한 기록을 남길 정도로 스스로를 중요하게 생각하라! 살아 볼 가치 있는 삶은 기록될 만한 가치가 있다.

자신에 대해 가진 생각은 언제든 자신의 얼굴에 나타나기 마련이고 행동에도 반영된다. 그러니 성공할 만한 가치가 있다고 생각되는 사람들과 그들이 겪은 상황을 항상 당신의 삶으로 끌어들여라. 당신의 수입도 예외가 아니다. 당신은 자신이 높은 임금을 받을 만한 가치가 있다고 믿는 만큼 돈을 벌게 될 것이다. 이번 장의 내용들을 교훈 삼아 일을 한다면 불과 12개월 안에 수입이 확실히 20퍼센트 이상 늘어날 것이다.

이쯤에서 나는 당신에게 간곡히 부탁하고자 한다. 매일 당신이 잘 해 낸 다섯 가지 일을 기록하라. 전혀 도움이 되지 않을 것 같다는 생각이 들어도 무조건 그렇게 하라. 아마도 당신은 깜짝 놀라게 될 것이다. 내가 제안한 훈련이 쓸모없다는 것을 손수 증명하고자 꽤 많은 사람이 일기를 쓰기 시작했다. 하지만 언제나 성공일기는 효과를 발휘했다.

성공 일기로 지속적으로 자신감을 키워라

- 불확실성을 감수할지 여부는 당신의 자신감이 결정한다.
- 일기를 기록하는 동안 당신은 자신의 장점에 집중하는 법을 배울 수 있다.
- 인생의 모든 영역에서 경험한 성공을 기록한다.
- 소소한 성공도 기록한다. 작은 성공의 구조는 커다란 성공의 구조와 매우 유사하다.
- 일정 시간이 흐르면 성공으로 기록할 내용을 온종일 떠올릴 수 있다.
- 당신의 자신감이 소득을 결정한다.
- 사람들은 종종 다음 단계로 나아가지는 못하는 이유를 자신이 나태하거나 배가 불러서라고 생각한다. 나태함은 핑계일 뿐이다. 가장 큰 문제는 스스로 자신의 성공을 믿지 못한다는 것이다.
- 자신이 어떤 결과를 얻을지는 기대가 결정한다. 자신의 기대가 얼마나 클지 결정하는 것은 바로 자신감이다.

제9계명: 제대로 집중한다

제1계명처럼 만약 최선을 다하고 싶다면 항상 한 가지 일에 집중해야 한다. 동시에 여러 가지 일을 하면 훨씬 효율적이라는 생각은 아주 잘못된 생각이다. 지금 자신이 하고 있는 일에 녹아들 정도로 집중하면 재미를 찾을 수 있다. 인간은 지금 자신이 하고 있는 일에 완전히 전념하지 않는 한 많은 것을 해내지 못한다.

특정 운동선수들은 '터널 시야'(시야협착의 일종으로 터널 속에서 터널 입구를 바라보는 모양으로 시야가 제한되는 현상-옮긴이)를 겪는다고 한다. 그들은 좁은 시야로 주변의 다른 것들을 전혀 인식하지 못한다. 물론 모든 사람이 경험할 수 있는 현상은 아니다. 하지만 계속 노력하다 보면 그와 비슷한 경지에 가까워질 수 있다. 만약 제9계명을 제대로 지키지 않는다면 스트레스가 생길 수도 있다. 집중하면 할수록 그만큼 에너지가 소모되기 때문이다.

제대로 집중하기 위해서는 정기적인 휴식이 필요하다. 많은 사람이 좋은 방식을 두고서 다른 방식으로 자신의 에너지를 쏟아 버리곤 한다. 인간의 신체는 지속적인 성과를 이끌어 내기에는 비효율적이다. 마치 단시간에 폭발적인 속도를 내고서 정비를 해야 하는 포뮬러원F1 경주용 자동차와 같다. 경주용 자동차를 정비하지 않고 지속적으로 운전한다면 점점 부품들이 닳아 오작동을 일으킬 것이다.

나 역시 수년간 내 몸을 혹사시켰다. 휴식할 틈도 없이 쉬지 않고 일했고 경고를 보내는 모든 징후를 무시했다. 당시 나는 매우 건강했고 내 일을 무척 사랑한 나머지 현재 상태를 계속 유지할 수 있을 거라는 망상에 빠진 것이다. 그 결과 나는 처음으로 무언가에 집중하지 못했고 결국 병에 걸렸다. 번아웃이었다.

그 일을 계기로 나는 깨달음을 얻었다. 에른스트 로시와 데이비드 니먼스의 책《20분간의 휴식》20 Minuten Pause을 읽고서 일하는 방식을 바꾸기로 했다. 현재 나는 완전히 집중해 2시간을 일하고서 20분을 쉬기를 반복한다. 20분의 휴식 시간 동안 나는 컨디션을 완전히 회복한다. 이후 2시간으로 나눠 일하는 방식 덕분에 완전한 집중력을 발휘할 수 있었고 하루 일과를 마치면서 기진맥진하는 일도 사라졌다.

대부분의 사람은 휴식이 필요하다고 무의식적으로만 생각한다. 집중이 잘되지 않으면 음료를 마시러 가거나 다른 사람과 잠시 수다를 떨며 휴식을 취한다. 휴식 시간을 의식적으로 계획해 몸과 정신에 필요한 온전한 휴식을 주는 쪽이 훨씬 현명한 선택이다. 그리고 일과 휴식을 의식적으로 계획하면 쉼 없이 끝까지 일에 몰두하는 것보다 훨씬 더 많은 업무를 처리할 수 있음을 깨닫게 될 것이다. 단순히 양적으로 더 많은 일을 처리할 수 있다는 의미는 아니다. 업무의 질 또한 훨씬 더 향상되고 그 과정에서 더 많은 재미를 느끼게 될 것이다.

제10계명: 긴장감을 잃지 않고 일한다

모든 일을 최대한 신속하게 완수하라. 당신은 분명 자신에게 주어진 시간을 어떻게 쓰느냐에 따라 일이 고무줄처럼 늘어난다는 사실을 앞에서 확인했다. 나와 회사의 모든 직원이 업무에 활용하는 'sswim'이라는 약어를 소개하고자 한다. 이는 '가능한 한 최대한 빨리' so schnell wie irgend möglich의 줄임말이다. 일을 하다 보면 종종 시간제한을 두지 않는 편이 더 나을 때도 있다. 최고의 마감 일정은 'sswim'을 따르는 것이다.

모든 일을 빠르게 처리하라. 그리고 당신이 맡은 모든 업무를 'sswim' 방식으로 처리한다는 평판을 쌓아라. 많은 사람이 일처리를 서둘러야 하는 상황에서도 예외가 있다고 변명한다. 사실 그런 사람들은 그저 말뿐인 경우가 대다수다.

긴장감에는 제시간에 정확히 출근하는 것도 포함된다. 매일같이 늦는 사람은 나쁜 인상을 심어 줄 뿐이다. 지각하는 사람은 자신이 참담한 인생을 살고 있다는 것을 드러내는 것이나 다름없다. 그런 사람일수록 자신을 제대로 통제하지 못한다. 지각이 일상인 사람에게 일을 맡길 사람은 없을 것이다. 하물며 시간 엄수라는 기본적인 규칙조차 제대로 지키지 못하고 있는 사람은 자기 자신도 믿지 못할 수 있다. 정말 측은하고 슬픈 일이다.

내가 왜 이토록 심하게 몰아붙이는지 이해가 되는가? 지각은 사소해 보이지만 상대방에게 뜻하지 않은 피해를 줄 수도 있기 때문이다. 근무 시작 후 얼마 지나지 않은 몇 분이 그날의 결과를 결정할 수도 있다. 게다가 회사 입장에서는 시간을 지키지 않는 사람이라면 승진과 임금 인상의 대상으로 삼지 않기 때문이다. 심한 경우에는 아무리 유능한 직원이라도 해고당할 수 있다.

하지만 걱정하지 않아도 된다. 시간을 엄수할 수 있는 아주 간단한 비결이 있다. 항상 자신이 도착해야 하는 시간보다 20분 전에 도착할 수 있도록 일정을 짠다. 그러면 상대방은 20분을 빠르게 움직이는 당신을 보며 좋은 인상을 받을 것이다. 또 편안하고 느긋하게 직장에 도착한다면 차분한 마음으로 하루 일과를 시작할 수 있다.

무엇보다 급하게 서두르느라 업무의 질을 놓치는 실수를 피해야 한다. 간혹 업무 중에는 시간이 필요한 일들도 있다. 자신이 맡은 일들을 구분하는 법을 배우는 것도 중요하다. 항상 'sswim' 방식으로 일과를 시작하되 업무를 처리하는 동안은 급하게 서두르지 않도록 해야 한다.

제11계명: 공개적으로 반박하지 않는다

당신은 완전히 부당한 이유로 사장에게 질책을 당한 경험이 있는가? 그럴 때일수록 공정의 덫에 빠지지 않도록 주의해야 한다. 우선 스스로 이렇게 질문하라. "내가 원하는 것은 공정함인가? 아니면 성공인가?"

당신에게 모든 것을 감수하라는 조언을 하려는 것이 아니다. 오히려 정반대다. 하지만 현명하게 대처해야 한다. 사장이 부당한 질책을 쏟아낸다면 분명 다른 무언가에 화가 났을 가능성이 크다. 지금 눈앞에서 화를 내고 있는 상대방에게 따지려 든다면 분노만 키울 뿐이다. 차라리 그럴 때는 침묵을 선택하는 편이 현명하다. 어떤 경우에도 다른 사람들 앞에서 사장의 발언에 반박하지 말아야 한다. 그 대신 몇 시간 후 사장을 찾아가 당신이 잘못을 초래한 원인이 아님을 입증한다. 이때 최대한 사실에 근거해 설명하고 감정적으로 빠지지 않도록 주의한다.

그러면 당신은 두 가지를 얻을 수 있다. 첫째, 당신은 사장이 느끼는 감정의 희생양이 아니라는 점을 확인시킬 수 있다. 그럼으로써 다음번에 똑같은 상황이 벌어지면 사장은 더 조심해야 한다고 생각할 것이다.

둘째, 부적절한 대우에 분노하지 않고 사실에 입각해 차근차근 설명하는 태도를 보임으로써 당신은 더욱 굳건한 지위를 확보할 수 있다. 제11계명은 모든 인간관계에서 활용할 수 있는 원칙이다.

제12계명: 큰 사람이 되기 위해 노력한다

사소한 일에 흥분하지 마라. 당신이 목격하는 모든 일은 사실 큰 의미가 없다. 누군가가 흥분하는 일을 보면 정신의 크기를 파악할 수 있다. 당신이라면 아침에 인사를 제대로 받지 못했다고 하루 온종일 씩씩거리는 사람을 승진시키겠는가?

넓은 아량을 가진 사람은 감정적으로 쉽게 상처받지 않고 주변에 평화로운 분위기를 조성한다. 그런 사람은 사소한 문제는 무시하고 넘겨버린다. 스스로에게 물어보자. "지금 느끼는 화가 앞으로 5년 뒤에도 여전히 남아 있을까? 지금 나는 내 에너지를 목표를 달성하는 데 쓰고 있는가? 전혀 중요하지도 않고 아무것도 아닌 일에 에너지를 허비하고 있는 것은 아닌가?"

마음이 넓은 사람은 자기 자신을 지나칠 정도로 중요하게 생각하지 않는다. 지구는 나를 중심으로 돌지 않는다. 나라는 존재는 우주의 시간 속에서 그저 한 줄기 바람에 지나지 않는다. 잊지 마라. 사고의 크기가 당신이 버는 수입의 크기를 결정한다.

제13계명: 전적으로 책임을 감수한다

나는 일에 임하는 태도를 오리와 독수리 유형으로 구분한다. 독수리 유형의 사람은 책임을 온전히 감수하지만 오리 유형의 사람은 그렇지 않다. 독수리 유형에게 업무를 맡기면 그 일이 제대로 완수될 것이라고 간주해도 좋다. 하지만 오리 유형에게 일을 맡기면 그저 잘되기만을 기도해야 한다.

독수리 유형은 "내가 할 수 없는 일이라도 꼭 해야만 해!" 또는 "내 사전에 안 된다는 것은 없어!"라는 기본 원칙을 가지고 일을 한다. 항상 "내가 하겠어!"라고 말한다. 반면 오리 유형은 확언하는 것을 선호하지 않는다. 그들은 매사에 "노력은 해보겠지만"이라는 말을 덧붙이는 편이다. 언제라도 무슨 일이 생길지도 모른다고 예상하며 그저 시도만 하는 사람은 사실 성공이 아닌 실패를 고려하는 것이다. 독수리 같은 사람이라면 그냥 간단히 "내가 할게!"라고 말했을 것이다.

오리 유형은 삼삼오오 모여 주로 각자의 부정적 경험을 서로 공유하는 경향이 강하다. 타인의 횡포나 나쁜 상황 때문에 모든 일이 벌어졌다는 신념을 점점 더 키운다. 그에 반해 독수리 유형은 자신의 인생을 온전히 자기가 책임져야 한다는 것을 확실히 인식하고 있다. 여럿이 모여도 주로 성공한 경험을 공유한다.

오리 유형은 너무 쉽게 공정이란 덫에 빠진다. 끊임없이 상처받고 무언가가 잘못됐거나 부당한 대우를 받고 있다고 느낀다. 또한 세상에 불의가 존재하는 한 자신의 상황이 바뀔 가능성이 전혀 없다고 믿는다.

그들은 누구나 똑같은 대접을 받아야 한다는 믿음을 따른다. 하지만 모든 사람은 똑같지 않다. 각자 하는 일도 다르고, 회사에서 인정받는 능력도 다르다. 그처럼 다른 사람들을 똑같이 대접할 수는 없다. 심지어 오리 유형은 독수리 유형과 똑같은 수준의 임금을 원한다. 하지만 독수리 유형은 동일한 것을 얻으려면 오직 동일한 성과를 내야 한다는 진리를 너무나 잘 알고 있다.

오롯이 문제에만 집중하는 오리 유형은 시종일관 꽥꽥거리기만 한다. 반면 해결책에 집중하는 독수리 유형은 그 시간에 행동으로 옮긴다. 오리 유형은 1년 내내 실패와 자신이 당한 부조리를 떠올리느라 바쁘다. 부정적인 사고와 경험을 차곡차곡 쌓아 갈 뿐이다. 반면 독수리 유형은 자신들이 달성한 성공을 기록하며 자신감을 체계적으로 키워 나간다.

오리 유형은 항상 '회사가 날 위해 무엇을 해줄 수 있을까?'라고 생각한다. 독수리 유형은 스스로 '내가 회사를 위해 무엇을 할 수 있을까?'라고 질문을 던진다. 누군가 책임을 져야 하는 문제가 발생할 경우 오리 유형은 슬금슬금 미루느라 서로 눈치만 본다. 반면 독수리 유형은 자발적으로 문제 해결에 앞장선다.

오리 유형은 하루 종일 투덜거리며 모든 핑계와 사과를 대신한다. 결과와 성과로 말하기보다 불평하는 나쁜 습관을 키울 뿐이다. 훈련을 통해 보상을 받는 대신 핑계를 찾는 분야에서 엄청난 재능을 키운다.

절대로 자신을 속이지 마라. 핑계란 자기 자신과 자신의 실패로부터 시선을 돌린다는 뜻이다. 주변의 이목을 다른 대상이나 다른 누군가에게 향하게 만들려는 행위의 이면에는 책임을 회피하거나 타인이나 특정 상황에 책임을 전가하려는 계산이 숨어 있다. 이런 식으로 책임을 전가하면 결국 권한을 내주는 것이나 마찬가지다. 계속 타인에게 모든 권한을 떠넘긴다면 자신의 인생과 수입을 결정하는 권리까지도 그들의 몫이 될 것이다.

항상 책임과 힘을 원하는 독수리 유형은 이 사실을 잘 알고 있다. "내 실패가 타인의 잘못임을 증명해서 내가 얻을 수 있는 이득은 아무것도 없어. 차라리 나 자신을 개선할 기회로 삼는 편이 훨씬 유익해." 독수리 유형은 핑계를 대지 않는다. 불편함을 겪는다고 해도 마찬가지다. 차라리 "이렇게 껄끄러운 일을 겪었지만 내가 할 수 있는 일이 있을까?"라고 생각한다. 또한 그들은 이미 벌어진 모든 일이 전적으로 자신의 책임은 아니지만, 그래도 그것을 해석하고 반응하는 방식이 온전히 자신에게 달려 있음을 알고 있다.

오리 유형의 세계는 작은 연못이다. 반면 독수리 유형은 수입이라는 산의 가장 높은 봉우리까지 날아오를 수 있다. 그 목표를 위해 기꺼이 안락 지대를 벗어날 준비도 돼 있다. 그 과정에서 무언가를 배우고 기지개를 켜고 문제를 기회로 삼아 자신의 통제 구역을 확장한다.

내 사무실 한편에는 커다란 장난감 오리가 놓여 있다. 회사의 모든 직원이 오리가 상징하는 의미를 알고 있다. 누군가 핑계를 대기 시작하면 나는 그저 고개를 돌려 장난감 오리를 응시한다. 직원들은 내 눈빛을 보며 핑계를 댄 누군가가 오리의 함정에 빠지기 일보 직전임을 경고한다는 것을 알아차린다.

오리 유형은 언젠가 회사를 떠나기 마련이다. 반면 독수리 유형은 승진하지 않아도 자신이 맡은 업무보다 더 많은 것을 해내어 결국 승진한다. 그러니 당신도 자신이 맡은 업무를 전적으로 책임지는 자세를 가져라.

좋은 훈련법을 하나 소개하고자 한다. 간단히 말해 특별 연구를 하는 것이다. 앞으로 일주일 동안 당신이 근무하는 회사에서 전형적인 오리 유형과 독수리 유형을 의식적으로 관찰하라. 그런 다음 두 유형 중 누가 더 행복해 보이는지, 앞으로 둘 중 누구를 본받고 싶은지 정하라. 꼭 오리 유형을 멀리하라는 말이 아니다. 다만 독수리 유형이 높이 날아오르면 오리 유형의 입장에서 보조를 맞추기가 몹시 힘들 것이라는 내 생각을 전하고 싶다.

만약 당신이 경력을 쌓고 싶다면 모든 상황에 독수리처럼 반응하고 결정을 내려야 한다. 크게 성공한 사람을 떠올린 후 다음과 같은 질문을 스스로 던져 보라. "그러면 지금과 같은 상황에서 어떻게 행동했을까?"

직업의 품격은 회사가 당신에게 무엇을 주느냐가 아니라 당신이 회사에 무엇을 기여했느냐에 따라 달라진다. 당신은 직장의 희생양이 아니다. 자신이 처한 상황을 어떻게 전개시키느냐는 전적으로 자신에게 달렸다. 무슨 일이 있어도 절대 핑계를 대며 변명하지 마라. 항상 "그에게 한 번 맡기면 그 일은 다 처리됐다고 생각해!"라는 평판을 쌓을 수 있도록 준비해야 한다.

제14계명: 상대에게 약점이 아닌 강점을 보여 준다

기업의 대표인 사장은 그날의 일과 중 처리해야 할 문제를 산더미처럼 안고 있다. 만약 당신이 자신만의 강점을 유감없이 보여 준다면 경영진은 물론 모든 임직원의 마음이 한결 놓일 것이다. 누구나 믿고 맡길 수 있는 사람이라는 인식을 심기 위해 노력하라. 다른 임직원이 기댈 수 있는 회사의 의자 같은 존재가 돼야 한다. 절대로 기업, 제품, 경영진에 대한 불신을 표출해서도 안 된다. 아무리 은밀하게 표현한다고 해도 불신과 부정적인 평가는 어느새 계속 퍼져 나가기 마련이다. 결국 당신과 기업에 악영향을 미칠 수 있는 곳까지 당도하고 말 것이다.

불신의 말을 발설하는 것은 마치 잡초에 비료를 뿌리는 것과 다름없다. 당신은 어쩌다 한 번 자신이 입에 올렸던 불신의 말을 이미 오래전에 잊어버렸을 것이다. 하지만 당신의 말을 들은 사람들의 머릿속에서 당신의 말은 점점 살이 붙어 걷잡을 수 없을 정도에 이르기도 한다. 결국 당신은 괴물을 만들어 낸 것이다.

물론 때때로 불신하는 마음이 생길 수도 있다. 불신은 지극히 인간적인 일이다. 만약 당신의 회사에 문제가 생기면 적절한 조언을 구할 수 있는 사람들과 대화해야 한다. 그 과정에서도 절대로 문제 해결에 대한 불신을 표출하지 않도록 주의해야 한다. 불신의 마음에 올바르게 대처하면 얼마 지나지 않아 당신은 불신을 극복할 방법을 찾을 것이다. 그때까지는 어느 누구에게도 섣불리 발설하는 일이 없도록 해야 한다.

애초에 불신의 마음을 표현하지 않는 것이 중요하다. 또 적극적으로 자신의 능력을 보여 주려고 노력해야 한다. 무엇보다 회사에 전념하라. 회사가 제공한 서비스에 만족하는 고객과 대화를 나누라. 회사가 달성한 성과가 어느 정도인지도 직접 찾아보라. 자신이 근무하는 기업에 대한 자부심을 느낄 근거를 찾는 것이다.

회사를 긍정적으로 생각하게 됐다면 기회가 있을 때마다 다른 임직원의 확신을 사는 데 적극 활용하라. 당신의 태도에 몇몇 오리 유형들은 분개하며 등을 돌릴 수도 있다. 그들은 자신들과 함께 당신이 투덜거리는 것을 더 원하기 때문이다. 하지만 투덜거리기만 하는 오리에게 돈을 더 줄 사람은 없다는 사실을 잊지 마라.

당신을 보는 사람이 없더라도 항상 태도를 바르게 하고 정돈해야 한다. 당신이 생각하는 것보다 당신을 지켜보는 눈은 더 많을 수 있다. 꼭 다른 사람의 눈을 의식하지 않더라도 올바른 태도의 성과는 매우 좋을 것이다.

제15계명: 임금 인상을 요구한다

지금까지 설명한 계명을 모두 잘 지킨다고 해서 당신의 임금이 자동으로 인상되는 경우는 극히 드물 것이다. 하지만 실망하거나 언짢아하지 마라. 심지가 부족한 사람만이 정의의 덫에 쉽게 빠진다. 제15계명과 함께 알려주고 싶은 조언은 당신에게 돈을 안겨 주는 것은 사장의 임무가 아니라는 것이다. 임금 인상을 바란다면 당신이 먼저 적극적으로 다가가야 한다.

물론 월급을 더 받는 일은 결코 쉽지 않다. 인생에서 값진 모든 것이 마찬가지다. 하지만 당신은 임금 인상이라는 목적을 쟁취하기 위해 싸워야 한다. 만약 큰 성과를 달성하고 회사에 꼭 필요한 인재로 포지셔닝했다면 회사에서는 임금 인상 문제를 적극 검토해 당신의 희망사항을 진지하게 수용할 것이다.

다시 한번 강조하지만 임금 인상은 결코 쉬운 일이 아니다. 기업가는 회사에서 벌어지는 모든 일에 맞서 싸우는 사람이다. 사장의 입장에서 한번 생각해 보라. 자신에게 꼭 필요한 것 이상의 가치를 반대도 하지 않고 순순히 내줄 사람은 없을 것이다. 사장 또한 자신의 경력을 위해 모든 것에 맞서는 사람이기 때문이다. 극히 드문 예외의 경우도 있겠지만, 그것을 일반적인 경우로 보기는 어렵다.

그러니 성급한 판단을 경계하라. 마치 게임을 하는 것처럼 다음 스테이지가 무엇일지 관찰하라. 단, 당신이 결코 지지 않을 게임이라고 생각하라. 당신이 얼마나 많이 가져 오느냐가 관건이다. 결국 당신이 규칙을 제대로 알고 있는지, 게임을 얼마나 잘하고 있는지에 달렸다.

다음의 규칙을 지킨다면 당신은 사장도 임금 인상이라는 게임에 동참하고 있다는 것을 깨닫게 될 것이다. 그런 사실만 알고 있어도 당신은 자신에게 유리한 승점을 이미 따낸 것이다. 언제나 초미의 관심사인 임금 인상이라는 주제에서는 촉각을 예리하게 곤두세운다 해도 지나치지 않다.

인금 인상을 위한 가이드

당신은 지금 직장을 잃을까 봐 불안해할 수도 있다. 만약 당신이 정말 소중한 직원이라면 오히려 사장이 당신을 잃을까 봐 더 두려워하고 있을 것이라고 말해 주고 싶다. 오늘날 일자리는 점점 귀해지고 있다. 인적 자원과 지적 자원의 수준이 점점 높아지고 있기 때문이다. 그만큼 최고의 가치와 자질을 갖춘 직원은 나날이 더 많은 월급을 받는다.

농업 사회에서 인간은 종종 가축 이상의 평가를 받지 못했다. 산업 사회에서 인간은 기계의 일부로 취급되며 무슨 능력을 지녔느냐에 따라 가치가 결정됐다. 오늘날의 전문 인력은 그들이 가진 지식과 재능이 해당 분야에서 얼마나 값진지에 따라 가치가 결정된다.

즉 유리한 패는 모두 당신의 손에 들려 있다. 하지만 당신이 손에 쥔 패를 펼치며 게임을 시작하는 것은 당신 자신임을 잊지 말아야 한다. 파레토 법칙에 따르면 사실상 자신의 활동 중 수입을 창출하는 20퍼센트의 활동을 찾아내야 한다. 이제 한 걸음 더 나아가야 한다. 20퍼센트의 활동을 또다시 나눠 80대 20으로 구분해야 한다. 결국 당신이 달성할 성공을 결정하는 것은 핵심 중의 핵심 활동이다.

당신은 제1계명부터 제14계명까지의 내용을 잘 지키며 회사에 자신의 가치를 입증한 후 무엇을 해야 한다고 생각하는가? 실질적으로 당신이 벌어들이는 수입을 결정하는 활동은 무엇일까? 당연히 임금 인상을 놓고 벌이는 협상이다.

일본의 한 대기업에서 근무하던 직원이 회사를 위해 다마고치라는 동물 캐릭터를 키우는 게임을 개발했다고 한다. 다마고치는 전 세계에서 인기를 끌었고 회사에 수백만 달러를 벌어다 줬다. 하지만 정작 획기적인 상품을 발명한 직원은 단 한 푼도 더 받지 못했다고 한다. 부당한 처사라고 생각하는가? 결과에 대해 생각하기 나름이다. 해당 직원은 단 한 번도 회사에 임금 인상을 요청하지 않았다고 한다. 그는 자신이 맡은 책임을 다한 것뿐이라고 생각했기 때문이다. 꼭 기억하라. 임금 인상을 챙기는 것은 당신의 임무이지 회사의 임무가 아니다.

연봉을 올리려면 이렇게 1년을 보내라

자신의 가치를 회사에서 인정받고 정당한 대가를 받기 위해서는 임금 협상을 당당하게 요구할 수 있어야 한다. 임금 상승을 이끌어 내기 위한 1년의 계획을 아래와 같이 준비해 보자.

- 성공일기를 작성하라: 그날 하루 당신이 잘한 일을 다섯 가지 기록한다. 삶의 모든 영역에 해당되는 원칙이다. 한 달에 한 번 기록한 내용을 살펴보며 각각의 성과를 달성하는 데 쓰인 능력이 무엇이었는지 생각해 본다.
- 고소득을 위한 15계명을 상기하며 일한다: 매일 한 가지 계명을 선택해 그대로 생활한다. 직장의 어딘가에 해당 계명을 떠올릴 만한 짧은 메모를 붙여 놓는다. 다음 날에는 그다음 계명으로 바꾼다. 3주 내에 모든 계명을 훈련한다. 그런 다음 처음부터 다시 시작하면 모든 계명이

익숙해져 재미있게 활용할 수 있을 것이다. 또 항상 계명이 기억에 남아 거듭 반복할수록 더 실천하게 된다.

- 계획하라: 임금 인상이 실현되면 무엇을 하고 싶은지 상세히 기록한다. 나는 인상분의 최소 50퍼센트를 저축하라고 제안하고 싶다. 나머지 50퍼센트는 자신에게 보상하는 데 사용한다. 이때에도 눈앞에 목표를 세워 두는 것이 매우 중요하다.

- 당신이 요구하는 임금 인상의 근거를 제시한다: 이르면 3개월 그리고 늦어도 12개월 안에 관련 목록을 완성한다. 당신이 임금 인상을 받아야 하는 근거를 적어도 열다섯 가지 이상 작성해 둔다. 처음에는 목록을 작성하기가 제법 어려울 수 있다. 꾸준히 성공 일기를 기록하다 보면 충분히 해낼 수 있다.

- 두 번째 목록을 작성하라: 회사를 위해 당신이 한 일을 전부 작성한다. 어느 부문에서 회사의 예산을 절약했고, 또 경제적 이득을 가져왔는가? 회사의 의사결정권자들은 당신이 이뤄 낸 성과를 제대로 모르는 경우가 생각보다 많다. 그들에게 자신의 성과를 제대로 알리는 것도 당신의 임무다. 그에 앞서 당신 스스로 먼저 파악해야 한다.

- 세 번째 목록을 작성하라: 앞으로 당신은 회사를 위해 무엇을 할 수 있는가? 이성적인 경영자 또는 기업가라면 과거의 성과에 대한 감사의 표시로 임금 인상을 제안하지 않는다. 급여를 올려 준다는 것은 앞으로 당신이 회사에 필요한 인재가 되리라는 기대감이 있다는 의미다. 하지만 세 번째 목록은 과거에 당신이 회사를 위해 달성한 실적(두 번째 목록)을 기반으로 작성돼야만 신뢰성을 인정받을 수 있다.

- 당신의 시장 가치를 검토해 보라: 자신감을 얻었다면 이제 취업 시장을 둘러보자. 당장 당신이 일할 수 있는 곳은 어디인가? 그곳의 근무 조건은 어떠한가? 다른 고용주에게 당신의 성과는 어떤 가치가 있을까? 시장에서 평가받는 당신의 가치를 알고 있으면 현 고용주와의 면담에서 안정적인 태도를 취할 수 있다. 무엇보다 현 직장에 매달릴 필요가 없다는 것을 알고 있기 때문에 협상에서 유리한 고지에 설 수 있다.

- 회사의 의사결정권자와 면담 날짜를 정하라: "회사를 위해 항상 최선을 다하는 저의 가치에 대해 논의하고 싶습니다."라고 의사를 밝혀라. 면담에 앞서 지인이나 거울 앞에서 말할 내용을 연습해 보면 좋다.

연봉 협상을 할 때 기억해야 할 4가지

회사의 경영진과 임금 인상과 같은 문제로 면담을 신청했다면 반드시 다음의 네 가지 사항을 유의한다.

첫째, 해당 기업과 사장 밑에서 일하고 싶은 이유를 설명한다. 그리고 감사를 전한다.

둘째, 사장에게 당신의 업무를 어떻게 평가하는지에 대해 질문한다. 칭찬을 받는다면 감사의 표시를 한다.

셋째, 당신의 장점과 역량이 언급되지 않는다면 보충해 상기시킨다. 가급적 겸손한 자세를 취하되 자신감을 표출하라. 당신이 회사를 위해 이룬 가장 중요한 성과를 언급하는 것도 좋다. 이어서 앞으로도 회사를 위해 무엇을 하고 싶은지 명확히 밝힌다.

넷째, 더 많은 임금을 원하는 이유를 주제로 대화를 시도한다. 우선 사장에게 임금 인상을 요청하되 절대로 구체적인 액수를 먼저 언급해서는 안 된다. 그 이유는 두 가지다. 첫째, 임금 인상 액수를 통해 사장이 당신의 가치를 어떻게 평가하고 있는지 확인할 수 있다. 둘째, 먼저 구체적인 내용을 제안하는 사람이 지기 때문이다. 만약 임금 인상에 동의를 얻었다면 가급적 인상 폭이 20퍼센트 이하가 되지 않도록 주의하라.

절대 먼저 원하는 인상률을 말하지 마라

임금 협상 자리에서 사장이 먼저 당신이 만족할 만한 금액을 제안할 수도 있다. 굉장히 드문 경우다. 만약 사장이 당신의 임금을 20퍼센트 이상 인상해 줄 의향이 없다면 어떻게 해야 할까? 우선 다시 한번 협상해 볼 필요가 있다. 이때에도 반드시 타협안을 먼저 제시해선 안 된다. 먼저 타협안을 제안하는 사람이 진다는 원칙을 기억하라.

예를 들어 지금 당신이 월 2,500유로(약 330만 원)를 벌고 있다고 가정해 보자. 사장이 앞으로 임금의 10퍼센트를 인상한 2,750유로(약 367만 원)를 지급하겠다고 제안한다. 당신은 최소 20퍼센트의 인상을 원하고 있다. 당신이 원하는 목표를 달성하려면 협상 시 인상률을 더 높여서 요청해야 한다. 다시 말해 25퍼센트를 요청하는 것이다.

우선 당신의 협상안을 제시한 후 사장이 타협안을 제시할 때까지 차분히 기다린다. 상대방이 침묵으로 대응한다면 당신의 협상안을 수용해 달라고 강력히 요청해 보라. 만약 사장이 15퍼센트의 인상안을 제안한다면 어떻게 해야 할까? 그때는 이렇게 말하라. "좋습니다. 사장님은 15퍼센트를 제안하셨고, 저는 25퍼센트를 희망하고 있습니다. 하지만 제가 정말 회사에 열정과 성의를 다해 일하고 싶은 만큼 서로의 중간 지점인 20퍼센트로 정하면 어떻겠습니까?"

어쩌면 사장은 머릿속으로 15퍼센트까지는 인상해 주려고 생각하고 있었을 것이다. 15퍼센트에서 5퍼센트를 더한다면 큰 차이가 아닌 것처럼 느껴진다. 협상의 요령을 깨닫지 못하고 무턱대고 협상안을 제안한다면, 아마 매우 다른 결과를 낳을 것이다. 당신은 20퍼센트의 인상안을 제시하고 사장은 물러서지 않고 10퍼센트를 제안할 것이다. 당신은 중간 지점인 15퍼센트로 타협을 시도하겠지만 아마도 사장은 한 번더 타협을 시도하며 끝내 12~13퍼센트 수준을 제시할 것이다. 그러면 더 이상 상대를 설득할 만한 근거가 없어지므로 결국 울며 겨자 먹기로 사장이 제시한 인상안을 수용할 도리밖에 없다.

어떤 상황에서도 단 한 가지만큼은 꼭 피해야 한다. 절대로 특정 액수를 먼저 제시하는 것은 자제하라. 누구도 당신에게 무엇이 필요한지 관심이 없다. 회사의 입장에서 중요한 것은 당신의 가치뿐이다. 그러므로 항상 당신의 가치에 대해 말하고, 당신이 무엇을 필요로 하는지에 대해서는 절대로 언급해선 안 된다.

협상이 실패해도 거기서 끝이 아니다

아무리 최고의 계획을 세웠어도 상황에 따라 실패할 수 있다. 지금까지 익힌 임금 인상의 기술을 전부 시도해 봤지만 전혀 효과가 없다면 어떻게 해야 할까? 면담을 마친 후 사장에게 결과에 대해 재고할 시간을 하루만 달라고 요청하라. 우선 시간을 버는 것이다. 그때부터 당신이 실패한 이유를 분석하는 데 매진해야 한다. 무엇이 잘못됐던 걸까? 어쩌면 당신의 실수가 있었거나 시스템 혹은 직장이 당신에게 맞지 않는 것일 수도 있다.

만약 실수가 당신에게서 비롯된 것이라면 실수를 기록하고 교훈을 얻어야 한다. 그리고 3개월 뒤 다시 한번 사장에게 면담을 신청하라. 물론 실패의 원인이 당신에게 있는 것이 아닐 수도 있다. 그런 경우 당신이 할 수 있는 모든 것을 다 했음에도 당신의 가치를 제대로 인정받지 못한 것이다. 그렇다면 최대한 빨리 직장을 바꿔야 한다. 당신의 가치를 제대로 평가받지 못하는 곳에 자신을 내버려 두지 말라!

한 가지 유의할 점이 있다. 당신의 가치를 제대로 인정받았지만 회사의 입장에서 돈을 더 많이 주고 싶어도 당장 여력이 충분치 않는 경우도 있다. 회사를 운영하다 보면 때로는 여유 자금이 풍족하지 않은 시기가 찾아온다. 그때는 신중하게 검토해야 한다. 앞으로 이 회사에 남아 계속 일하는 것이 자신에게 왜 중요한가? 돈을 제외하고 이 회사에서 근무하는 것이 나에게 어떤 이득이 있는가? 회사를 통해 배울 점이 많이 있는가?

만약 자신이 속한 회사에서 계속 일하고 싶다면 당신의 가치를 제대로 평가받을 간단한 방법이 있다. 예를 들어 현재와 동일한 급여를 유지하되 하루 8시간에서 7시간으로 단축 근무를 하겠다도 제안하라. 회사가 당신의 제안을 받아들인다면 자유시간을 활용해 추가로 돈을 더 벌 수도 있을 것이다. 예를 들어 투자자가 되거나 전문가로 활동하며 자신을 포지셔닝하는 데 시간을 투여할 수도 있다. 어쩌면 회사에서 약간의 돈을 더 받는 것보다 훨씬 더 유리할 수도 있다.

　　앞으로 이어질 장에서는 투자자, 경영자, 전문가로서 포지셔닝하는 방법에 관한 실질적이고 다양한 조언들을 하나하나 살펴볼 것이다.

제8장

투자자,
스스로 황금알을 낳아라

돈이란 자손을 많이 낳고 번식할 수 있다는 사실을 생각하라. 돈은
돈을 낳고 그 후손은 더 많은 돈을 낳는다.

_원전 미상

투자자가 된다는 것은 단순히 중요도를 따질 문제가 아니다. 부자가 되기 위해 선택의 여지가 없는 일이다. 누구나 직장인이나 프리랜서가 되는 것을 결정할 수 있다. 또한 자신이 원하면 기업가나 전문가도 될 수 있다. 투자자는 전혀 다른 접근법이 필요하다. 투자자가 되면 당신은 부를 축적할 돈을 벌 수 있다. 나는 당신에게 투자자가 돼야 하는 대표적인 이유 두 가지를 알려주고자 한다.

첫째, 투자자가 되지 않는다면 임금 인상은 무용지물이다. 투자를 하면 심지어 수입을 두 배까지도 불릴 수 있다. 투자자가 되지 않고서는 그

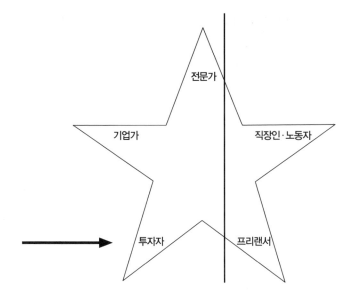

만큼의 수익을 올리는 것이 사실상 불가능하다. 투자자가 아닌 이상 소득이 아무리 늘어나도 생활비와 생활수준은 평행선을 이루며 올라간다. 마치 밑 빠진 독에 물을 붓는 것이나 다름없다. 재정이라는 양동이에 구멍이 뚫려 있는 한 당신은 다람쥐 쳇바퀴를 돌 뿐이다. 반드시 재정의 구멍부터 막아야 한다. 그러기 위해서는 시스템이 필요하다. 시스템을 구축하는 과정에서 이미 50퍼센트는 투자자가 된 셈이다.

둘째, 누구에게나 안전 욕구가 있다. 재정적 안전도 포함된다. 안전 욕구를 충족시키기 위한 첫 번째 단계가 바로 재정적 보호다. 당신은 당장 수입이 없어도 몇 개월 동안 생활할 수 있는 돈을 저축하고 있다. 하지만 확실한 안전은 자신이 보유한 돈의 이자만으로 생활할 수 있을 때 비로소 보장된다. 우선 저축을 해야 한다. 그리고 저축한 돈으로 뭔가를 해야만 한다. 한마디로 돈을 불려야 한다. 그것도 가능한 한 많이 불려야 한다.

절약+증식=투자자

이제부터 다룰 내용은 바로 절약과 증식이다. 두 가지 요소를 제대로 지배한다면 당신은 이미 성공적인 투자자나 다름없다. 돈이 있다고 해서 무조건 행복해지진 않지만 동일한 조건에서 돈이 없을 때보다 훨씬 더 행복을 누릴 수 있다.

어떻게 하면 절약할 수 있는지, 즉 구멍 난 양동이 안의 틈을 막는 법부터 다루려고 한다. 우선 투자와 빚의 차이점을 이해해야 한다. 많은 사람이 별것 아니라고 생각하지만 애석하게도 대다수는 잘못 알고 있다. 예를 들어 자가로 집을 소유하는 것을 투자라고 생각하는 사람이 많다. 진짜 투자자라면 자신이 거주하는 집을 사는 것 자체가 부채임을 잘 알고 있을 것이다.

항상 절약하고 투자와 빚의 차이를 제대로 파악한 후 그에 걸맞은 행동을 실천한다면 당신은 이미 절반은 투자자인 셈이다. 이제 당신에겐 올바른 투자처를 파악해 투자하는 일만 남았다. 대표적인 것이 주식, 채권, 지분과 같은 유가물이다.

내가 책을 집필하는 동안 증권 시장은 전혀 흥미를 끌지 못했다. 엄밀히 말해 이미 오래전부터 많은 사람이 증권 시장에 실망하고 등을 돌렸다. 증시에서 승리를 좌우하는 요소는 감정이다. 한동안 사람들의 탐욕이 들끓었던 자리에 이제는 그들의 불안과 좌절만 가득하다. 결국 그들은 불안한 미래 때문에 돌아서는 선택을 할 수밖에 없다. 당신도 자신을 투자자라고 생각한다면 이번 장을 특히 눈여겨보길 바란다. 투자자라면 반드시 대답할 수 있어야 하는 세 가지 핵심 질문의 답을 찾게 될 것이다.

- 어떤 투자 상품을 구매해야 할까?
- 언제 사야 할까?
- 언제 팔아야 할까?

만약 세 가지 질문의 답을 알고 있다면 성공적인 투자자로 향하는 과정이 한결 수월해진다. 물론 투자를 하려면 돈이 필요하므로 종잣돈을 마련하기 위한 절약 방법부터 시작해 보자.

공짜로 얻는 투자 수익은 없다

지금 당장 자신이 가진 돈의 액수와 상관없이 당신은 앞으로 7년 동안 계속 돈을 벌 것이다. 수입이 생기는 만큼 특정 비율로 지출도 발생한다. 7년 후에 다시 결산을 해보면 다음의 세 가지 결과 중 하나에 이르게 될 것이다.

- 벌어들인 수입보다 더 많이 지출했다
- 벌어들인 수입만큼 지출했다
- 벌어들인 수입보다 덜 지출했다

많은 사람이 유용하게 활용하도록 이 결과를 그림으로 나타내면 다음과 같다.

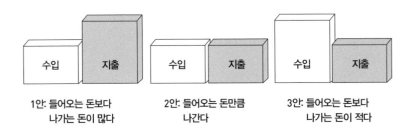

1안: 들어오는 돈보다   2안: 들어오는 돈만큼   3안: 들어오는 돈보다
나가는 돈이 많다   나간다   나가는 돈이 적다

분명히 세 결과 중 하나가 당신의 수입 상태를 설명할 것이다. 변명이나 해명이 들어설 자리는 없다. 지금 당신이 보고 있는 결과가 전부다. 당신이 얼마를 버는지는 전혀 중요하지 않다. 세 가지 결과 중 당신이 어떤 결과를 얻을지는 전적으로 돈이 줄줄 새는 독의 구멍을 메웠는지 여부에 달렸다.

수입이 늘어나면 사람들은 무엇을 할까? 대부분 커다란 자동차나 고급 가구를 사들이고, 더 큰 집으로 이사를 가거나 아예 집을 사 버린다. 다시 한번 독을 예로 들어 설명하면 새로운 물(수입)이 독 안으로 유입되자마자 구멍이 또다시 뚫려서 오히려 예전보다 훨씬 더 많은 물이 새나가는 양상인 것이다. 정말 어리석은 짓이 아닐 수 없다. 한편으로는 지극히 인간적이기도 하다. 바로 그러한 인간적인 행동을 개선하기 위해 사람들을 절약하게 만들고 재미를 느끼게 해줄 시스템이 필요하다. 무엇보다 재정 목표가 뚜렷해야 한다. 인생의 모든 영역을 한층 높은 수준으로 끌어올려 줄 목표가 필요하다. 나는 첫 번째 책 《보도 섀퍼의 돈》에서 노력할 가치가 있는 목표를 설명하기 위해 이솝 우화를 예로 들은 바 있다.

한 가난한 농부가 농장에 있는 거위 둥지에서 황금알을 발견했다. 그는 깜짝 놀라 금 세공사를 불러 황금알의 진위를 확인했다. 황금알은 정말 순금이었다. 놀랍게도 매일 아침마다 거위는 둥지에 황금알을 한 개씩 낳아 줬다. 결국 농부는 부자가 됐다. 처음에는 갑자기 생긴 행운을 믿을 수 없었지만 시간이 흐르면서 농부는 하루에 황금알 한 개로는 만족하지 못했다. 어느 날 충동적으로 헛간으로 달려간 그는 황금알을 낳는 거위의 배를 갈랐다. 농부의 기대와는 다르게 거위는 그 자리에서 죽어 버렸다. 이 우화는 황금알을 낳는 거위를 죽이면 안 된다는 교훈을 전하고 있다.

쉽게 말해 거위는 자본금이고 황금알은 이자와 투자 수익을 의미한다. 자본이 없으면 투자 수익도 있을 수 없다. 대부분의 사람은 돈이 생기면 다 써 버린다. 자본을 탕진하면 절대로 황금알을 낳는 거위를 키울 수 없다. 어린 거위가 자라 황금알을 낳기도 전에 잡아 버리는 것이나 마찬가지다. 만약 당신에게 황금알을 낳는 거위나 금전 제조기가 없다면 바로 당신 자신이 금전 제조기가 돼야 한다.

거위가 낳아 주는 황금알과도 같은 투자 수익은 정말 아름다운 형태의 수입이다. 투자 수익이 당신의 자본을 지속적으로 늘려 줌으로써 수입도 늘어난다. 여기에도 다른 모든 수입의 형태와 똑같은 원칙이 적용된다. 당신은 투자 수익을 얻기 위해 직접 행동에 나서야 한다.

누구라도 투자 초기에는 무엇이든 절약하고 저축할 마음가짐을 갖춰야 한다. 그런 다음에는 자본금을 어떻게 불릴 수 있을지 알아야 한다. 학교에서는 두 가지 중 어느 것도 배울 수 없다. 하지만 많은 사람이 막연하게 어느 순간이 되면 자신이 뛰어난 투자자가 될 거라고 착각한다. 정당한 대가를 치를 생각도 없으면서 수익만을 기대하는 것이다. 재정 지식을 키우지도 않으면서 무작정 높은 투자 수익만을 바라기도 한다. 재정 지식도 없이 돈을 관리하면 어느새 돈이 사라져 버리기 마련이다. 투자자도 마찬가지다. 인생을 살아가는 데 필요한 가장 큰 보배는 지식이다. 그리고 가장 큰 위험은 무지할 때 생긴다.

당신이 바이올린 연주를 배우고 싶어 한다고 가정해 보자. 바이올린을 제대로 연주하려면 수년간 연습을 해야 한다. 어느 누구도 바이올린을 손에 쥐자마자 곧바로 훌륭한 연주를 할 수 있을 거라고 기대하지 않는다. 투자도 마찬가지다. 투자에 성공하려면 충분한 시간을 투자할 각오를 해야 한다. 때에 따라서는 실수도 할 것이고, 실수에서 무언가를 배우기도 할 것이다. 즉 투자에서도 학습이 핵심이다. 가장 먼저 투자와 빚을 구분하는 깨달음부터 얻어야 한다.

빚도 투자라는 착각을 당장 멈춰라

모든 투자자가 그러하듯 나 또한 투자와 빚의 차이점을 배우는 데 힘든 과정을 겪어야만 했다. 스물여섯 살이 되던 해, 앞서 말한 것처럼 나는 파산을 했고 그때 코치를 만났다. 나는 그에게 말했다. "커다랗고 시커먼 심연에서 빠진 것만 같습니다." 내 말을 들은 코치는 이렇게 대답했다. "그 구멍에서 벗어나려면 구멍을 더 깊이 파는 일부터 멈춰야 합니다. 즉, 계획을 제대로 세우고 그 계획을 따라야 하겠지요."

나는 그의 말에 이의를 제기했다. "아직 제게는 아무런 계획도 없습니다." 코치가 맞받아쳤다. "아니요, 당신에게는 계획이 있습니다. 당장 깨닫지 못하고 있다고 하겠지만 지금 당신이 쫓아가고 있는 계획은 '가난에 빠지는 계획'이죠." 듣기 좋은 말은 아니었지만 나는 코치의 말이 옳다는 것은 인정했다. 항상 나는 똑같은 실수를 반복했다. 마치 불행으로 향하는 계획을 좇기라도 한 것처럼 말이다. 내가 재정적 곤경에 처하게 된 배경에는 실제로 세 가지 이유가 있었다.

첫째, 나는 돈만 더 많이 벌면 만사가 자동으로 더 나아질 것이라고 믿었다. 하지만 내 생각이 잘못된 것이었다. 나는 오늘 쓸 돈이 생기면 다른 무엇보다 돈을 제대로 관리하는 법부터 배워야 했다. 돈 관리법을 알지 못한 나머지 수입이 늘어났을 때 더 큰 문제만 야기한 것이었다.

둘째, 나는 '필요하다'와 '원하다'의 뜻을 혼동했다. 당신이 구매하는 물건 중 대부분이 실제로 필요하지 않은 것들이다. 모두 당신이 원하는 것일 뿐이다. 또한 당신은 자신의 소비를 자신과 타인 앞에서 정당화하기 위해 반드시 필요한 물건이라고 주장한다. 하지만 자기 자신에게 솔직해져야 한다.

셋째, 나는 빚을 투자로 착각했다. 그런 관점에서 나는 자동차와 고급 가구가 꼭 필요한 투자라고 생각했다. 코치는 빚과 투자의 차이를 정확히 짚어 줬다. "투자는 돈이 당신의 주머니 안으로 흐르게 해주지만, 빚은 돈이 주머니 밖으로 흐르게 만듭니다."

다람쥐 쳇바퀴에서 돌고 있는 사람들이 왜 그렇게 많은 걸까? 그들이 돈을 충분히 벌지 않아서가 아니다. 지나치게 많이 지출하고 너무 적게 투자하기 때문이다. 여기서 결정적인 질문 하나를 던지겠다. "당신의 현금 흐름은 어느 쪽을 향하고 있는가?"

스물여섯 살 당시 나는 무조건 대형 승용차를 타고 싶었다. 내 사업 활동에 아주 중요하다고 생각했기 때문이다. 그러자 코치는 내게 재정 지식에 대해 알려 주고자 했다. 이해를 돕기 위해 그는 투자의 상징을 오리로, 빚의 상징을 커다란 자동차로 설정했다.

먼저 빚을 그림으로 나타내면 다음과 같다.

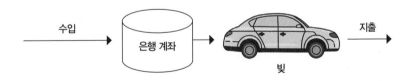

그림으로 보다시피 화살표로 표시된 현금이 흐르는 길cashflow이 모든 것을 설명해 준다. 반면 투자를 나타내는 그림은 완전히 다른 방향의 돈의 흐름을 보여 준다.

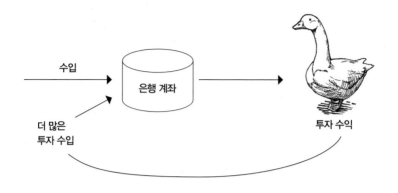

수입

은행 계좌

투자 수익

더 많은
투자 수입

투자 자산을 집에 묶어 두지 마라

코치가 제시한 그림을 본 순간 나는 이해할 수 있었다. 이후 더 이상 추가로 빚을 만들지 않았고, 오래전에 받은 대출도 차츰차츰 갚아 나갔다. 동시에 돈을 저축하며 투자하는 방법을 배워 나갔다.

최악의 상황에서 벗어나자 나는 코치의 가르침을 잊고 또다시 집을 한 채 마련하고 싶었다. 당시만 해도 대부분의 사람이 집을 일종의 투자라고 생각했다. 내 야심 찬 포부에 코치는 시큰둥한 반응을 보이며 말했다. "또 다른 빚을 내기 전에 더 많이 투자해야 합니다."

코치는 방금 소개한 그림을 가리키며 내게 질문했다. "만약 집을 산다면 돈이 어디로 흐를까요? 그 돈이 당신의 주머니로 흐릅니까? 아니면 다른 사람의 주머니인가요? 우리가 지출하는 돈은 타인의 수입이 됩니다. 우리가 빚을 내면 그것은 다른 누군가의 투자가 되는 것이죠."

나는 그의 말에 반박했다. "하지만 언젠가는 그 집이 제 것이 될 텐데요!"코치는 내가 뭘 모른다는 듯 대답했다. "그 언젠가라는 시점은 대부분 25~30년이 흐른 뒤겠죠. 그리고 그때가 돼도 집을 팔지 않는 한 돈은 주머니 안으로 흐르지는 않는답니다."

코치의 말이 옳았다. 집을 사는 데 들어간 대출을 전부 상환해도 집은 투자 자산이라 할 수 없다. 집은 사치 자산일 뿐이다. 사치 자산에는 돈이 들지만 투자 자산은 더 많은 돈을 가져다준다. 한마디로 지금 당신이 살고 있는 집은 부채라 할 수 있다.

반면 은행의 입장에서 본다면 집은 투자 자산이다. 은행은 당신에게 돈을 대출해 주고 짭짤한 대출이자를 받으며 집을 담보로 설정해 놓기까지 한다. 따라서 "당신의 집은 투자 자산입니다."라고 말하는 은행가들의 말은 결코 틀리지 않았다. 다만 그들은 누구를 위한 투자 자산인지 제대로 말하지 않았을 뿐이다.

코치는 내가 집을 사는 것에 끝까지 반대하지는 않았다. 단지 집은 채무를 늘리는 것일 뿐, 절대로 투자가 아니라는 사실을 내가 인식하길 원했다. 또한 그는 내가 투자부터 시작하길 원했다. 그는 내게 하나의 원칙을 제안했다. "우선 일정 수준의 금액을 저축해 놓은 다음에 집을 사세요. 단, 집값이 연수입의 네 배 이상이면 안 됩니다. 또한 매월 상환하는 불입금이 수입의 25퍼센트를 넘어서도 안 되고요."

이어서 그는 무리하게 집을 사느라 매우 힘든 생활을 하는 가정들의 사례를 들려줬다. 그는 그들을 하우스푸어 house poor 라고 불렀다. 하우스푸어들은 힘들게 돈을 벌어 결국 은행에 갖다 바친 꼴이나 마찬가지였다.

나는 코치가 설명한 규칙을 상기하며 부동산 시장을 살펴봤다. 당시

내 연수입의 네 배만 가지고 살 수 있는 집을 발견하긴 했지만 내가 살고 싶어 하는 곳은 아니었다. 나는 마땅한 집이 나올 때까지 기다리는 동안 계속 투자를 했다. 그렇게 내 거위는 점점 자라 통통해지고 있었다.

대부분의 사람은 막상 기회가 찾아와도 제대로 활용하지 못한다. 자신의 안전을 담보로 하는 모험을 원하지 않기 때문이다. 또한 재정 기반이 구축되지 않은 상태이므로 현실적으로 직장에 매달릴 수밖에 없다. 가진 돈이 적은 사람일수록 위험이 따르는 투자는 엄두도 내지 못한다. 그들은 투자 자체를 아예 고려조차 하지 않기 때문에 진짜 위험을 판단하는 법을 배울 기회조차 없다.

제4장의 마지막 부분에 있던 표를 떠올려 보라(130~131쪽 참조). 가난한 사람들은 부채를 갖고 있다. 부유층은 유가물을 사서 돈을 증식한다. 중산층은 대출을 받으면서 투자라고 생각한다. 당신이 돌고 있는 쳇바퀴에서 벗어나는 길은 돈이 생기면 우선 투자부터 시작하고, 앞으로 상환할 여력이 있을 때 빚을 지는 것이다.

절약한 돈이 곧바로 투자되는 시스템

겨울 코트가 필요해서 쇼핑을 하기로 했다고 가정해 보자. 300유로를 예산으로 잡았는데 가격도 너무 마음에 드는 200유로짜리 코트를 발견했다. 당신은 예산에서 남은 100유로를 저축한 셈일까? 당연히 아니다. 당신은 100유로를 절약한 것이다. 아마도 당신은 남은 돈으로 신

발을 살지도 모른다. 그러면 코트를 살 돈에서 100유로를 절약하긴 했어도 저축된 돈은 전혀 없는 것이다. 철저하게 예산을 짜고 동전 하나까지 전부 계산해도 단순히 그것만으로는 당신이 저축을 하고 돈을 낳아 주는 거위를 키운다고 할 수 없다.

돈을 제대로 절약할 줄 아는 사람은 아주 많다. 그들은 할인된 제품을 발견하고 저렴하게 쇼핑할 수 있는 기회를 놓치지 않는다. 또 그들은 상품 하나에 많은 돈을 지출해야 하는 상황을 싫어한다. 하지만 이들은 훌륭한 저축가도 아닐뿐더러 끔찍한 투자자에 불과하다.

부유한 사람들은 처음부터 두 가지를 배운다. 돈을 절약하면서 동시에 절약한 돈으로 투자도 한다. 한 가지 요령을 소개하자면 당신이 뭔가를 절약할 때마다 절약한 돈을 별도의 봉투에 넣어 두라. 봉투에 담긴 금액이 100유로가 될 때마다 곧바로 은행에 가서 입금하라.

당신은 저축하는 법부터 배워야 한다. 저축은 일종의 타협이다. 오늘 써야 할 것에서 조금 덜어 낸 후 더 나은 내일을 만드는 데 투여하는 타협이다. 타협은 모든 진보에 빠질 수 없는 필수 조건이다. 저축에 성공하는 것을 우연이나 인내에만 의지하지 않도록 하라. 저축의 일부분은 절약을 통해서 이뤄질 수 있고 반드시 그래야 한다. 저축의 또 다른 일부분이자 큰 부분은 시스템을 통해 형성돼야 한다. 당신을 위해 자동으로 저축해 주는 시스템을 구비해야 한다.

수입의 10퍼센트를 활용하는 계좌 관리법

낡고 쓸모없는 모델을 따라 저축하려고 시도해 본 적이 있는가? 월말에 남은 돈을 계속 저축해 왔는가? 월말에 돈이 남을 때도 있지만 종종 그렇지 않을 때도 있을 것이다. 그런 비효율적인 시스템에 대해서는 언급할 필요도 없다.

돈이란 이해 갈등을 불러일으키는 대표적인 대상이다. 돈을 지출하고 나면 더 나은 미래를 위해 저축할 돈이 사라진다. 반대로 돈을 절약하면 쓸 돈이 줄어들고 재미도 사라진다. 당신에게는 돈 때문에 벌어지는 고행을 덜어 줄 시스템이 필요하다. 한 번 마련하고 나면 자동으로 돌아가는 시스템 말이다.

어쩌면 당신은 내가 고안한 예금계좌 모델에 대해 들어 본 적이 있을 것이다. 실제로 실천해 본 경험도 있는가? 만약 아직 시도해 보지 않았다면 당장 주거래 은행에서 계좌부터 검색하길 바란다. 내가 고안한 예금계좌 모델은 다음과 같다. 우선 당좌 계좌 외에 별도의 계좌나 저축예금 통장을 개설한다. 매월 초가 되면 해당 계좌에 저축액의 10퍼센트가 예치되도록 자동이체를 설정해 놓는다. 저축통장에 입금되면 그 돈으로 투자를 한다. 수입에서 10퍼센트가 부족해져도 크게 문제 되지는 않을 것이다. 이제 남은 90퍼센트로 한 달을 버티는 것은 무리가 없을 것이다. 이렇게 저축한 10퍼센트를 제외하고 일정 부분은 자기 자신을 위해 지출한다.

당연히 인생에서 돈을 저축하는 것이 전부가 아니다. 그러니 삶의 재미를 위한 또 다른 소비용 계좌를 개설해도 된다. 이 통장에도 매월 벌어들이는 수입의 5~10퍼센트를 자동이체로 적립한다. 자신이나 타인을 위해 뭔가 좋은 일을 하고 싶을 때마다 소비용 계좌의 잔고를 확인하라. 당신이 바라는 소망을 이루는 데 충분한 돈이 모여 있다면 그 돈을 쓰면 된다. 만약 돈이 부족하다면 모일 때까지 기다려라.

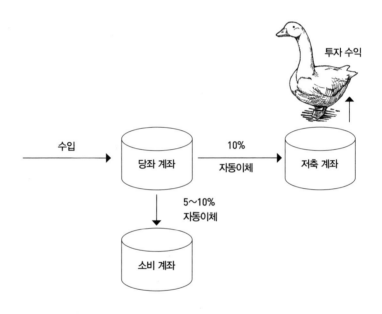

매월 저축 비율을 결정하라

당신에게 미리 언급해 둘 사항이 두 가지가 있다. 첫째, 앞서 언급한 저축률 10퍼센트는 예시일 뿐이다. 당연히 그보다 더 많이 저축할 수 있다. 하지만 어떤 경우에도 10퍼센트보다 적어서는 안 된다. 합리적인 균형을 찾고자 노력하라. 너무 지나칠 정도로 미래를 희생하진 마라. 현재를 희생하면서까지 너무 과도한 금액을 저축하지 않도록 주의하라. 당신이 돈의 최소 10퍼센트도 정기적으로 저축할 수 없다면 매우 심각한 일이다. 따라서 당신은 지금 당장 은행 계좌를 개설하고 시스템을 구축해야 한다.

둘째, 절대 소비성 대출을 하지 마라. 갚을 여력도 없이 외상을 늘리면 근심만 부를 뿐이다. 단, 재미를 위해 소비용 계좌에 모아 둔 돈은 원하는 대로 써도 좋다. 하지만 절대로 빚을 내서 소비재를 사면 안 된다. 그런 일은 절대로 없어야 한다. 빚을 진 사람은 채무만큼이나 자신의 가치가 줄어들기 때문이다. 빚을 지고 소비재를 사는 사람들은 어느새 자신이 허상 속에서 살고 있음을 느끼게 될 뿐이다. 간혹 그들은 세상의 모든 것이 자신의 소유인 것처럼 과시한다. 그리고 자신의 껍데기만으로 사람들에게 인정을 얻으려 한다. 그들은 결코 자신의 것이 아닌 외부의 속성 뒤로 숨으려 한다.

스물여섯 살 당시 나는 신용 대출을 받아 할부로 자동차를 구매했다. 그러자 코치가 이렇게 말했다. "지금 당신이 나아가는 방식 때문에 재정적 상황이 더 이상 개선되지 않는 일이 없도록 주의하세요." 그는 부실한 목표가 사라진 공간을 소비성 대출이 차지한다고 설명했다. 돌이켜 생각해 보니 그의 말은 미래가 없다고 느끼는 사람은 지금 당장 누리는 약간의 사치를 위해 미래를 자발적으로 희생한다는 의미였다.

이런 이유에서 제5장과 제6장의 내용은 매우 중요하다. 특히 뚜렷한 목표는 책임감을 가지고 돈을 관리하도록 도와준다. 소비성 채무는 재정적 목표를 달성하는 데 가장 큰 걸림돌이 되기 때문이다. 단순히 소비만을 위한 부채는 당신을 과거에 옭아매지만 투자는 더 나은 미래를 위해 문을 활짝 열어 줄 것이다.

임금 인상 후, 50:25:25 법칙을 기억하라

직장생활을 시작했을 때 지금보다 더 적은 돈으로 살아 본 적이 있는가? 신기하게도 돈을 더 많이 벌수록 지출도 늘어나지 않았는가? 대다수 사람이 경험하는 것이다. 고대 바빌론 사람들도 이와 같은 사실을 잘 알고 있었는지 다음과 같은 말을 남겼다. "당신의 지출은 항상 수입만큼 늘어나리라."

수입이 늘어난다고 해서 반드시 삶의 질도 향상되는 것이 아님을 상기하라. 오히려 문제만 더 커지는 경우도 종종 있다. 나는 임금이 인상될 때마다 인상분을 세 부분으로 분배하라고 제안한다.

- 인상된 임금의 50퍼센트를 저축한다. 저축 통장으로 매월 자동이체 되는 금액도 인상한다
- 인상된 임금의 25퍼센트를 소비용 계좌로 이체한다. 이 돈으로 훨씬 더 많은 여유자금을 확보할 수 있다
- 인상된 임금의 25퍼센트를 일상의 지출을 위해 사용한다. 이런 식으로 생활수준을 최소한으로 높여 나간다

이 책을 읽으며 일을 한다면 당신에겐 앞으로 좀 더 자주 임금 인상의 기회가 찾아올 것이다. 또한 당신은 지금보다 훨씬 더 높은 위치에 서게 될 것이다. 시스템을 만들어 놓을 경우 당신에게 유리하다는 것도 깨닫게 될 것이다. 방금 소개한 임금의 분할 방식을 따르면 다음과 같은 이점이 있다.

첫째, '고통 없이' 더 많은 돈을 저축한다. 아직 더 높은 생활수준에 익숙해진 것이 아니기 때문이다. 불필요한 과소비의 소용돌이에 빠져들지 않게 된다.

둘째, 자신과 타인을 기쁘게 하는 데 쓸 돈을 더 많이 모을 수 있다.

셋째, 자기 자신에게 자부심을 느끼게 된다. 당신이 스스로 돈을 잘 관리할 수 있다는 사실을 자신에게 증명할 수 있다.

넷째, 임금이 인상될 때마다 재정 목표에 조금씩 가까워진다.

다섯째, 쓸 돈이 더 많아지면서 더 많은 불확실성을 감수할 수 있다. 재정 목표를 위태롭게 하지 않는 범위 내에서 위험성이 높은 투자처에 투자해 볼 수 있다.

언제 팔고, 언제 살 것인가

시스템을 구축해 돈을 저축한다면 이제 다음 단계로 나아갈 준비가 된 것이다. 다음 단계는 시스템을 활용해 투자할 수 있는 방법을 찾는 것이다. 당신은 이미 돈을 불리는 데 가장 중요한 규칙을 읽은 바 있다.

즉, 당신에게는 시스템이 필요하다.

세상에 완벽한 시스템은 없다. 몇 년 안에 당신은 자신의 시스템을 개선해야 할 필요를 느낄 것이다. 단, 시스템이 없다면 기회도 찾을 수 없다는 점을 명심하라. 단순히 감정만 앞서는 사람은 언젠가 돈을 잃을 수밖에 없는 노름꾼에 불과하다. 따라서 투자 결정을 내릴 때는 감정을 분리해야 한다. 그렇지 않으면 당신의 감정이 당신을 돈으로부터 멀어지게 만들 것이다. 이제 당신에게는 각각의 상황을 고려하는 맞춤 시스템이 필요하다.

- 목표
- 투자 성향(불확실성 감수성)
- 재산 수준
- 투자 시야

이와 같은 주제를 정확히 결정하고 평가하는 방법을 베르트 하링트 겐과 공저로 집필한 《스트레스 없는 성공》에 적어 놓았다. 내 의견을 말하자면 연수입의 두 배에 달하는 돈을 저축해 뒀거나 적어도 5만 유로 이상을 보유한 다음에 책을 다시 읽고 그대로 실천하기를 권유한다. 자신이 벌어들일 수입에 따라 최대한 건전한 소비 비율을 유지해야 하기 때문이다. 내가 당신의 재산 상태를 제대로 모르기 때문에 스스로 결정하기를 제안한다. 앞서 언급한 조건에 충족하거나 이미 그 이상인 수준이라면 가능한 한 빨리《스트레스 없는 성공》을 읽어 보라. 만약 그보다 보유한 금액이 적다면 이제부터 설명하는 단계들을 차근차근 밟아 나가면 된다. 우선 내 세미나의 참가자들이 자신의 경험을 토대로 던졌던 질문을 중심으로 설명하고자 한다.

질문 1. 위험 등급을 어떻게 선택해야 하는가

금융 상품은 총 여섯 개의 위험 등급으로 나뉜다. 1등급은 위험도가 전혀 없다. 2등급은 단기적 영역에서 매우 미미한 불확실성이 존재한다. 이후 불확실성이 높은 단계별로 6등급까지 이어진다. 특별히 좋거나 나쁜 등급은 없다는 사실을 염두에 두자. 축구팀과 같다고 생각하면 된다. 축구팀은 골키퍼, 수비수, 미드필더, 공격수처럼 서로 다른 위치의 선수들이 전부 필요하다.

대부분의 사람은 주로 주식 상황에 따라 자신의 투자팀을 선별하는 경향을 나타낸다. 주식 시장이 잘 굴러가면 최대한 많은 공격수들, 즉 고수익을 달성할 수 있는 투자처를 원한다. 주가가 떨어지면 주식 시장의 소식을 전혀 듣고 싶어 하지 않으며 자신이 보유한 돈을 예금 통장 같은 곳에 그대로 넣어 두고자 한다.

장기적인 측면으로 봤을 때 결코 승리할 수 없는 방식이다. 마치 공격수만으로 구성된 축구팀과 같다. 처음에 공격수들이 몇 골을 넣을지 몰라도 결과적으로 패배할 수밖에 없는 게임이다. 수비수만 세운다고 해서 승리할 수 없기는 매한가지다. 수비수들이 많으면 패배를 막을지는 몰라도 승리는 아예 불가능하다. 안전만을 추구하다가는 절대 '거위'(돈)를 키울 수 없다. 기껏해야 작은 참새 정도에서 그칠 것이다.

당신에게는 주식 시장의 상승세와 하락세와 관계없이 평균 12퍼센트 이상의 투자 수익률을 달성할 투자 시스템이 필요하다. 이제 당신이 알아야 할 기술은 이상적으로 돈을 분할하는 방법이다.

질문 2. 돈을 어떻게 분할해야 하는가

어쩌면 당신은 "어떤 투자 형태가 최상인가?"를 묻고 싶을 것이다. 그것은 좋은 질문이 아니다. 정확히 "내 돈을 어떻게 분할해야 하는가?"를 물어야 한다. 당신이 마땅한 재산을 저축해 두지 못한 이상 자신이 선호하는 위험성 등급에 따라 보유한 돈의 40~50퍼센트를 금융 상품에 투자해야 한다. 금융 상품으로는 적금, 펀드, 정기예금, 국공채 등이 있다. 부동산을 포함시킬 수도 있다. 유가물이 주를 이루지만 투자 수익도 금융 상품의 하위 그룹에 포함돼 있다. 거듭 말하지만 당신이 거주 중인 집은 투자 자산이 아니라 사치 자산이다. 또한 투자 자산이 수익을 일으키는 동안 당신의 집은 관리 비용이 발생한다.

그 밖에 나머지 40~50퍼센트는 대규모 해외 주식 펀드나 비슷한 수준의 수익률을 보장하지만 영국 생명보험처럼 훨씬 안전성 투자를 지향하는 금융 상품에 투자해야 한다. 그리고 마지막 10~20퍼센트로 고위험군에 투자를 시도해 본다. 지금까지 언급한 분산 투자를 요약해 보면 다음과 같다.

- 금융 상품(안전): 40~50퍼센트
- 중간 위험(장기적 투자): 40~50퍼센트

- 고위험군 투자(많은 전문 지식 필요): 10~20퍼센트

질문 3. 어떤 금융 상품이 최고인가?

이 질문에 정답은 없다. 내가 당신에게 알려 줄 수 있는 것은 최고의 상품 종류를 언급하는 정도다. 개인 투자자들에게 딱 맞는 상품을 소개하자면 MMF Money Market Fund(머니마켓펀드) 또는 MMF 파생 펀드, 국제 채권 펀드, 생명보험 등이다. 이런 금융 상품을 토대로 당신의 방어 수단이 돼줄 안전 자산을 구축하라. 그 밖에도 다양한 금융사에서 상품을 제공하고 있다. 또한 인터넷상에서 수많은 투자자들이 지식과 노하우를 공유하고 있다. 이제 유가물 투자에서 가장 중요한 세 가지 질문에 대한 답을 알려 주겠다.

- 어떤 주식 및 주식 펀드를 사야 하는가
- 언제 투자 상품을 매수해야 하는가
- 언제 팔아야 하는가

질문 4. 어떤 주식 또는 주식 펀드를 사야 하는가

주식 펀드는 절대 그냥 지나치지 말아야 한다는 점은 여기서도 마찬가지다. 부자는 자신이 소유한 돈으로 '부유한 돈'을 벌어들인다. 부자가 소유한 돈은 다시 유형 자산으로 전환된다. 그들은 유가물, 이를테면 부동산이나 기업의 지분, 즉 주식이나 주식 펀드를 산다. 중산층은 주로 자신이 소유한 돈을 '가난한 돈', 다시 말해 금융 상품에 예치해 보관한

다. 빈곤층은 종종 자신이 소유한 돈을 재정적 측면에서 볼 때 '쓰레기'로 만들어 버린다. 미국에서는 "현금을 쓰레기로 만들어 버린다."They turn cash into trash라고 표현한다. 당신에게는 금융 상품과 유가물이 모두 필요하다. 주식 펀드는 바람직한 유형 자산이다. 따라서 당신은 "혹시 해야 할까?"가 아니라 "어떤 상품을 골라야 할까?"를 고민해야 한다.

고대의 마법사나 예언자들은 미래를 예언하기 위해 땅바닥에 뼈를 던져 나온 형태로 비전을 읽었다. 어떤 이는 새가 나는 모양을 보고 의미를 찾았고 또 어떤 이는 동물의 내장에서 미래를 읽어 냈다. 현재의 관점으로 보면 지극히 괴상하고 기괴한 방식이 아닐 수 없다.

지금으로부터 수백 년이 지난 미래에는 과거의 '마법사' 역할을 하던 오늘날의 차트 전문가나 애널리스트를 어떻게 평가할까? 솔직히 말해 마법사나 예언자들과 크게 다르지 않을 것이다. 아마도 미래에는 이렇게 말할지 모른다. "그 시절 미래를 예측하고 싶은 사람들이 이미 지나가 버린 주식 시세 추이부터 살폈다면서?" 제아무리 슈퍼컴퓨터를 갖고 있어도 주식 시장의 미래는 아무도 모른다.

애널리스트는 단 두 부류뿐이다. 아무것도 모르는 애널리스트와 자신이 아무것도 모른다는 사실을 모르는 애널리스트. 세상의 기술적 이론을 모두 다 알고 있어도 충분하지 않다. 어쩌다 우연히 맞아떨어진 요행일 뿐이다. 고장 난 시계도 하루에 한두 번 정도 제시간을 가리키는 것처럼 말이다.

물론 과거를 항상 잘 살펴야 한다. 당신에게 주어진 정보는 그런 것뿐이기 때문이다. 또한 미래에 대한 예측도 계속 이어가야 한다. 그러다 예측이 적중하면 당신은 기쁜 마음으로 월계관에 손을 뻗을 것이다. 만약 적중하지 못하더라도 미래를 계산할 수 있는 사람은 없다는 진리를 되새길 것이다.

　장기적으로 주가, 즉 인덱스에 능통한 사람은 없다. 누구도 미래를 예언할 수 없기 때문이다. 미래를 정확히 예측한 사람을 제대로 연구해 본다면 재미있는 사실을 발견할 수 있다. 그들은 특정한 미래를 희망하기보다 적극적으로 미래를 만들어 갔고 기업의 발전에 대해 논했다.

　세계에서 가장 성공한 투자자 워런 버핏이 큰 성공을 거둘 수 있었던 비결은 미래를 알고 있었기 때문이 아니다. 그는 자신의 보험 회사를 활용해 누구보다 민첩하게 주식을 사들였다. 즉, 자신이 가진 돈을 담보로 설정해 자기 자본 1달러마다 5~6달러를 빌려 전액을 투자했다. 사실 그와 같은 투자 방식은 아주 위험하다. 시세가 강하게 하락하기라도 하면 자신의 돈뿐만 아니라 빌려서 투자한 돈까지 전부 날리기 때문이다. 하지만 반대의 경우가 되면 수익은 몇 배로 높아진다. 또한 버핏은 항상 기회를 자신의 편으로 만들기 위해 주식을 사들인 기업의 경영에 발 벗고 나서기도 했다. 다시 말해 그는 미래를 예견했다기보다 자신의 손으로 만들어 나간 셈이다.

　개인 투자자에겐 좀처럼 어려운 이야기다. 그렇다면 당신은 무엇을 할 수 있을까? 정답은 놀랄 정도로 간단하다. 앞으로 어떤 주식 종목이나 펀드가 수익을 창출할지 전혀 가늠이 되지 않는다면 그냥 시장 전체를 사들여라. 최대한 폭넓게 분산 투자를 하고 최대한 소비를 최소화하면 된다. 그럼 어떻게 해야 '시장 전체'를 살 수 있을까? 나는 네 가지 가능성과 한 가지 추가 가능성을 제시한다.

- 가능성 1. 인덱스 투자 주식을 매수한다: 세계 시장의 큰 부분을 아우르는 방법이다. 하지만 투자에 매우 적극적으로 전념해야 한다는 단점이 있다. 또한 이런 증권은 운용 기간이 한정돼 있으므로 틈틈이 갈아타야 한다.

- 가능성 2. 대형 국제 주식 펀드를 매수할 수 있다: 이 방식은 정기적으로 자신의 투자를 관리하고 펀드에 관한 기본 지식을 다져야 한다는 전제가 충족돼야 한다. 성장 펀드와 가치 펀드를 선별할 수 있어야 한다. 무엇보다 펀드들의 세부적인 내용을 제대로 이해하고 있어야 한다. 펀드 투자에 관한 책을 읽어 보기를 권장한다.

- 가능성 3. 훌륭한 자문가를 찾아보라: 장밋빛 약속만을 믿지 말고 부유한 지인들의 추천을 따른다. 그들과 처음 대화를 나눌 때에는 비판적인 질문을 던져라. 이를테면 "당신은 투자로 수입의 몇 퍼센트를 얻었습니까?"라고 묻는다. 투자는 마치 에베레스트산을 등반하는 것과 닮았다. 등산 이론만 배운 전문가보다 경험이 많은 등산가를 선택해야 한다.

- 가능성 4. 종합 펀드에 투자한다: 종합 펀드란 여러 개의 단일 펀드를 하나로 합친 것을 말한다. 종합 펀드에 가입하면 펀드매니저가 당신의 자산 컨설턴트 역할을 수행할 것이다. 그는 여러 펀드 중에서 최고의 상품을 선정해 모아 놓는다. 종합 펀드는 비용을 절감하면서 펀드를 갈아탈 수 있어 시간도 아껴준다. 1년 이상 펀드를 보유할 경우 종합

펀드 내에서 펀드를 갈아타는 것은 투자 시한에 영향을 미치지 않으므로 매번 투자 수익에 부과되는 세금을 내지 않아도 된다. 이런 방식으로 스무 개 이상의 각기 다른 고위험군 펀드에 가입할 수 있다. 만약 펀드를 개별적으로 가입한다면 일반적으로 수백만 유로를 투자해야 한다. 다시 말해 종합 펀드는 비용을 최소화시키면서 최적의 분산 투자를 할 수 있는 최고의 선택지다.

• 추가 가능성: 펀드 투자는 위험과 가능성은 물론, 투자 수익과 안정성을 황금 비율로 섞어 놓았기 때문에 반드시 투자해야 할 금융 상품이다. 물론 비슷한 수익성과 가능성이 있으면서도 안정성까지 높은 투자 상품도 있다. 어떤 펀드 상품이 있는지 신중히 살펴보도록 하자.

장기적으로 볼 때 사람보다 시장을 따르는 것이 현명한 선택이다. 미래에 누가 시장을 지배할지 모를 때는 시장을 통째로 구매해야 한다. 개인투자자에게는 가능성 3과 가능성 4, 추가 가능성이 가장 실용적인 방안이라고 생각한다. 그리고 당신에게 좋은 국제 주식 펀드를 추천할 투자 컨설턴트를 찾아보라. 또 종합 펀드를 선별하고, 안정성이 높으면서도 수익 가능성이 높은 금융 상품을 그려 보라.

질문 5. 언제 투자 상품을 매수해야 하는가

이 질문에 대한 답 역시 질문 4의 대답과 동일하다. **미래를 들여다볼 수 없으므로 가능한 한 빨리 올라타라.** 합류하는 시점이 이르면 이를수록 돈이 당신을 위해 더 오랫동안 일할 것이다. 투자는 미루면 미룰수록 불행한 결과를 나을 뿐이다.

예를 들어 현재 마흔 살인 당신이 나중에 예순 살이 됐을 때 목돈이 생기기를 바란다고 가정해 보자. 당신은 매달 200유로를 투자하고 있으며 투자의 연 수익률이 20퍼센트라고 가정한다. 그러면 예순 살이 됐을 때 약 63만 2,000유로(복리, 세전금액)를 손에 쥐게 된다. 물론 나쁘지 않은 수익률이다.

그럼 지금 투자를 시작하지 않고 내년부터 시작한다고 가정해 보자. 이제 당신의 돈은 20년이 아닌 19년 동안 불어나게 될 것이다. 현재 시점부터 20년 뒤를 생각하면 51만 6,000유로를 손에 쥐게 된다. 지금 당장 투자하는 것과 비교하면 11만 6,000유로가 줄어든 것이다. 고작 1년을 기다렸을 뿐인데 무려 11만 6,000유로가 사라진 것이다. 결과적으로 당신은 365일을 기다리며 매일 약 310유로(116,000유로/365일=317.81유로)를 손해 봤다. 이것을 시간으로 환산하면 시간당 13유로가 된다.

만약 투자 기간을 30년으로 적용한다면 그 결과는 더 명확하게 보일 것이다. 당신이 망설인 1년은 84만 2,800유로를 손해 보게 할 것이고 당신이 무턱대고 기다리기만 하던 하루에 손실이 무려 2,000유로 혹은 시간당 거의 100유로에 달한다. 당신이 투자하지 않은 모든 날마다 당신이 미래에 얻을 수 있었던 수익이 사라져 버리는 셈이다.

언제가 투자의 적기일지 고민하지 마라. 누구도 미래를 내다볼 수 없다. 항상 지금이 투자를 해야 할 최고의 순간이다. 코스트 애버리지cost average 시스템을 도입한다면 투자의 당위성은 더더욱 명확해진다. 당신은 매월 동일한 금액을 저축하면 된다. 이제 다음 두 차트를 살펴보자.

당신은 두 펀드 가운데 어떤 펀드를 선호하는가?

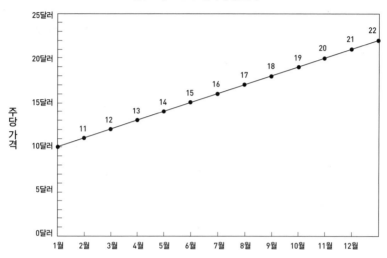

펀드1의 코스트 애버리지 효과

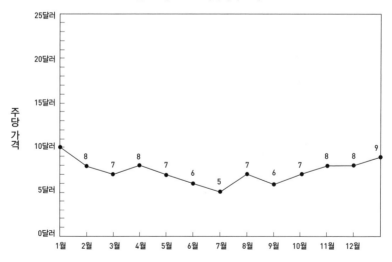

펀드2의 코스트 애버리지 효과

펀드2는 매월 저축하는 투자자보다 훨씬 나은 결과를 낳는다. 즉 펀드2는 연초보다 연말에 가격이 하락한 상태로 형성돼 있지만 결과물은 훨씬 더 좋은 편이다.

펀드1의 연 수익률은 18.83퍼센트에 그쳤지만 펀드2는 26.81퍼센트를 달성했다. 펀드의 주가가 떨어지더라도 투자자는 매월 투자하던 동일한 금액으로 더 많은 주식을 구매할 수 있었기 때문이다. 투자자는 펀드1의 경우 71.3주를, 펀드2의 경우 160.9주를 매수했다. 하지만 주의할 점이 있다. 코스트 애버리지 효과는 정기적으로 투자하는 경우에만 효과를 발휘한다. 특히 주식 시장이 하락하는 시기에 더더욱 그러하다. 주식 시장이 불황이라고 투자하지 않는 사람은 최고의 수익을 달성할 기회를 놓치는 셈이다.

매월 투자를 하는 방식에는 특별한 이점이 있다. 적절한 투자 타이밍을 고민할 필요가 없다는 것이다. 대규모 국제 펀드나 종합 펀드 섹터에 투자하고 있는 한 시세가 하락한들 우울해할 필요가 전혀 없다는 말이다. 물론 이때에도 투자자를 위한 핵심 원칙을 잘 지켜야 한다. 즉 분산 투자를 잊지 마라. 예컨대 매월 300유로를 저축한다면 그 금액을 3분의 1로 분할한다. 100유로는 종합 펀드에, 100유로는 영국 또는 아일랜드 생명보험에, 마지막 100유로는 리스 회사의 지분 또는 독일 생명보험처럼 높은 안정성을 보장하는 곳에 투자하는 식이다.

일회성 투자도 마찬가지다. 최대한 빨리 적합한 상품을 찾아 투자하라. 중간 정도의 위험성을 갖춘 상품에 돈을 예치해 놓고 대박을 칠 투자 시점을 찾겠다면서 심각한 경제 위기만을 기다리다가는 절대 돈을 많이 벌 수 없다. 결국 당신의 돈이 불어날 때까지 더 오랫동안 기다려야 하는 수밖에 없을 것이다. "언제 투자 상품을 매수하면 좋을까?"라는 질문의 대답은 한마디로 말해 **가능한 한 빨리 매월 투자를 시작하라**는 것이다.

질문 6. 언제 팔아야 하는가

우선 과거를 살펴봐야 한다. 가급적 허무맹랑한 마법사가 되지 않는 선에서 몇 가지 허용된 해답을 도출해 보자. 1950년에서 2000년 사이 미국의 스탠다드앤푸어스S&P 500 지수는 단 12년 동안만 하락했고 나머지 38년 동안 주가가 상승했다. 같은 비율이 계속 유지된다고 가정하면 투자했을 때 세 번 이득을 보고 딱 한 번 손해를 보는 것이다. 충분히 투자할 만한 가치가 있는 확률이다. 하지만 나는 다르게 생각한다. 전부 다 하기 나름이다. 1~3년 정도의 단기 투자라면 불확실성이 너무 크다. 단기적으로 볼 때 위험성은 1등급에서 3등급에 이를 수 있다.

만약 기회와 위험성의 비율이 이 정도 수준으로 유지된다면 절대로 수입의 40퍼센트를 투자해서는 안 된다. 나는 수입의 40~50퍼센트까지 안전한 금융 상품에 투자하면 당신을 보호해 줄 방어벽이 돼줄 것이라고 조언한 바 있다. 또한 나머지 40~50퍼센트를 비교적 안정적인 주식 펀드, 즉 당신의 미드필더가 돼줄 상품에 투자하라고 조언했다.

당신은 이런 의문을 제기할 수 있을 것이다. "손실 위험이 그처럼 높은데 어떻게 해외 주식 펀드를 추천할 수 있는가?" 이 질문으로 당신은 마침내 "언제 팔아야 하는가?"라는 질문의 핵심에 이른 것이다. 그 이유는 당신에게 적용될 위험성이 매번 똑같지 않다는 것이다. 투자 기간이 늘어날수록 불확실성은 줄어든다. 10년 동안 투자를 지속했다면 위험도는 100에서 20으로 줄어든다. 그리고 25년 혹은 그 이상이 되면 위험은 제로에 가까워진다.

그러므로 "언제 팔아야 하는가?"라는 질문에 대한 해답은 다음과 같다. **절대로 팔지 않는 것이 최고의 선택이다. 투자를 오래 유지할수록 위험은 점점 줄어든다.** 당장 필요한 돈만 인출하라. 그 밖의 나머지 돈은 계속해서 당신을 위해 일하게 하라.

질문 7. 내 돈의 10~20퍼센트를 고위험군에 꼭 투자해야 할까

당신이 가진 돈 중 적더라도 일정 부분은 위험을 감수해 보라. 어떻게든 불확실성을 피하려고만 하면 당신이 벌어들일 수 있는 더 큰돈마저 벌지 못할 위험이 있다. 나는 살면서 지금까지 단 한 번도 돈을 잃어 본 적이 없는 부자를 못 만나 봤다. 반대로 투자를 하면서 단 한 번도 돈을 잃은 적이 없는 가난한 사람은 많이 알고 있다.

심장이 무너지는 고통을 겪어 본 적이 없는 사람은 제대로 된 사랑을 하지 못한다. 실제로 부자가 된 사람들 중에서 단 한 번도 돈을 잃어 본 적이 없는 사람 또한 없다. 많은 사람이 투자라는 게임에서 이기지 못하는 것은 손실에 대한 두려움이 부자가 됐을 때 느끼는 기쁨보다 더 크기 때문이다. 코치는 내게 이렇게 말했다. "누구나 천국에 가고 싶어 하지만 정작 죽고 싶어 하는 사람은 없기 때문이죠."

대부분의 사람은 투자와 아예 담을 쌓고 산다. 주로 저축을 하며 은

행에서 제공한 이자 수익에 만족한다. 별의 왼쪽에 속한 부자들은 계속 별의 오른쪽에 머물러 있는 사람들과 두 가지 면에서 차이가 있다. 투자자는 위험을 감수하는 태도와 사회 우등생이 되기 위해 평생 배우려는 의지를 갖고 있다.

위험을 감수하려는 자세와 도박은 아무런 상관이 없다. 이때 필요한 것은 지식이다. 과거에는 천연두, 페스트, 콜레라와 같은 전염병의 책임을 지울 희생양을 찾아야만 했다. 대표적인 수단이 마녀사냥이다. 그렇게 붙잡은 사람들을 화형시켰다. 오늘날에는 애널리스트, 은행가, 기업가가 그와 비슷한 방식으로 사냥을 당하고 있다. 사람들은 개인 투자자가 입은 손실의 책임을 그들에게 씌우려고 한다. 물론 부당한 처사다. 모든 투자에 전적으로 책임을 져야 하는 주체는 투자자 자신이다. 투자의 모든 결과는 투자자가 위험에 관한 기본 지식도 갖추지 않은 채 탐욕만 가지고 무작정 뛰어들었다가 결국 벌을 받은 셈이기 때문이다.

누구나 재정에 관련된 지성을 키워야 한다. 신문의 경제 뉴스, 금융 서적, 경제 매거진을 빠짐없이 읽고, 당신보다 돈이 열 배 이상 많은 사람과 대화를 나누라. 당신을 이끌어 줄 코치를 찾아라. 전문가는 늘 코치를 찾아다니지만, 아마추어는 결코 도움을 청하는 법이 없다. 그리고 신흥 국가와 중소기업, 소규모 산업 분야에도 투자하라. 하지만 먼저 투자에 필요한 원칙을 알아 둬야 한다.

- 자신이 어느 정도 알고 있는 시장에만 투자한다
- 현지 시장을 잘 평가할 수 있는 펀드매니저의 도움을 받아 펀드를

선택한다

- 최소 50퍼센트는 하락한 시장에 투자한다
- 처음에는 투자하려고 마음먹은 금액의 최대 50퍼센트만 투자한다. 나머지는 매수 시세가 유리해졌을 때 투자한다
- 목표 수익률을 적어 놓고 계획대로 행동한다

왜 중소기업에 투자해야 할까? 때때로 주식 시장은 1년 내내 횡보하며 상승도 하락도 하지 않는 경우가 빈번하다. 그런 기간에는 1년 내내 시세가 전혀 상승하지도 않고 언제 하락할지도 모른다. 하지만 경험상 그런 시기일수록 중소기업에 많은 투자가 이뤄진다. 독일에서는 주가가 횡보하던 1932~1946년, 1958~1982년 시기에 중소기업의 주가가 대기업을 6대 1 비율로 앞질렀다.

그럼 당신은 정확히 무엇을 해야 좋을까? 고위험군에 투자하면서도 전문가들이 추천하는 수익 전망이 좋은 펀드가 좋을 것이다. 또 다른 선택권도 있다. 고위험군 펀드만 선별해 놓은 종합 펀드를 선택하는 것이다. 종합 펀드에 가입하면 지금 가장 뜨고 있는 여러 시장과 산업에 참여하는 동시에 전문가가 당신의 일을 도맡아 관리해 줄 것이다.

투자의 성공과 실패는 자신에게 달려 있다

여전히 많은 사람이 투자자의 길은 자신과 무관한 영역이라고 생각

한다. 더 이상 국가의 복지 혜택에만 의존할 수 없다. 어쩌면 당장 투자해야 한다는 조언이 위험한 도박처럼 느껴질 수도 있다. 하지만 몇 년 안으로 당신은 노련한 투자자가 되거나 훌륭한 컨설턴트를 찾을 수 있을 것이다.

결코 자신을 과소평가하지 마라. 누구나 자신이 알고 있는 것보다 더 많은 재능을 갖고 있다. 당장이라도 포기하고 싶은 마음이 들거나 "나는 절대 못 해!"라고 생각하고 있을지도 모를 당신에게 마지막으로 한 가지 조언을 건네고자 한다. 기업에 직접 참여할 기회를 찾아라. 새로 창업한 회사의 경우 종종 소액 투자가 필요할 때가 있다. 그러니 우선 돈부터 저축하라. 그리고 두 눈을 크게 뜨고 기업에 직접 투자할 기회를 찾아보라.

물론 직접 투자 방식은 큰 위험을 감수해야 하지만 그만큼 기회가 많아진다. 만약 당신이 투자한 기업이 성공만 한다면 어디에서도 벌어 보지 못한 돈을 쉽게 벌 수 있다. 그리고 현명하게 대처한다면 절세 혜택도 누릴 수 있다. 이제 곧바로 다음 장을 읽어 보라. 좋은 기회를 포착해야 하는 당신의 시선을 예리하게 만들어 줄 것이다. 만약 영리하게 포지셔닝하는 기업가가 있다면 그것은 환상적인 수익을 얻을 수 있는 조짐이다.

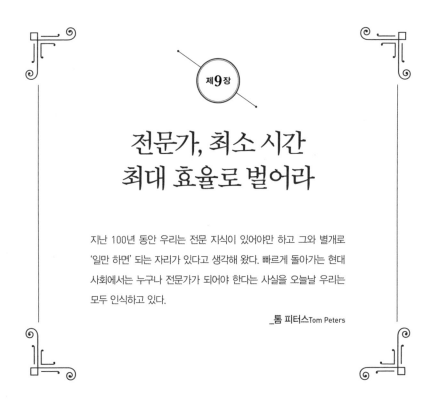

제9장

전문가, 최소 시간 최대 효율로 벌어라

지난 100년 동안 우리는 전문 지식이 있어야만 하고 그와 별개로 '일만 하면' 되는 자리가 있다고 생각해 왔다. 빠르게 돌아가는 현대 사회에서는 누구나 전문가가 되어야 한다는 사실을 오늘날 우리는 모두 인식하고 있다.

_톰 피터스Tom Peters

누군가 당신의 눈앞에서 500유로짜리 지폐 두 장과 5유로짜리 지폐 스무 장을 바닥에 뿌렸다고 상상해 보자. 당신이 취할 수 있는 가장 효과적인 행동은 무엇일까? 당연히 고액권 두 장을 가장 먼저 집어 드는 것이다. 무엇보다 그 자리에 한몫을 챙기려는 다른 사람들이 있다면 빠른 행동이 중요하다.

이번 장에서는 이처럼 공개적으로 뿌려진 지폐에 대해서 살펴볼 것이다. 직장인이라면 제7장에서 설명한 15계명을 따라 일을 했을 때 분명 1년 안에 20퍼센트 이상을 더 벌게 될 것이다. 그 이상 벌 수도 있다.

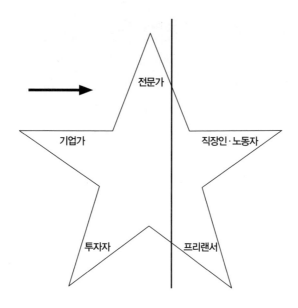

하지만 임금이 대폭 인상되는 것은 아니다. 만약 수입을 두 배 이상으로 늘리고 싶다면 완전히 새로운 전제 조건을 만들어 내야만 한다.

방금 설명했던 예시를 다시 살펴보자. 만약 당신이 바닥에 떨어진 스무 장의 소액권부터 모았다면 바닥에 떨어진 전체 금액의 10퍼센트를 취한 것에 불과하다. 게다가 500유로짜리 지폐 두 장을 집었을 때보다 훨씬 더 힘들게 움직인 것이다. 이번 장에서 말하려는 주제는 힘들게 열심히 일하자는 것이 아니다. 정말 돈을 많이 벌고 싶다면 망설이지 말고 땅에 떨어진 500유로짜리 지폐를 집는 전문가가 돼야 한다.

고소득으로 향하는 가장 빠른 길

고소득으로 향하는 길은 자신을 전문가로 포지셔닝하는 데서부터 시작된다. 전문가라는 개념이 누구에게나 같지는 않다. 가장 먼저 전문가에 대한 정의부터 정립해야 한다. 앞에서 설명한 지폐의 예를 떠올려본다면 경계가 명확한 작은 영역(500유로 지폐)에서 전문성을 갖춰야 한다. 눈앞에 잔뜩 널린 5유로짜리 지폐를 모두 끌어모으려는 유혹을 과감히 물리쳐라. 무조건 500유로짜리 지폐를 모으는 데 집중해야 돈을 더 많이 벌 수 있다.

무엇보다 매사에 첫 번째가 돼야만 한다. 첫 번째가 되면 자신이 원하는 것을 선택할 수 있다. 첫 번째가 되지 못한 사람들은 남은 것을 얻을 수밖에 없다. 또한 전문가의 입장에서 경제적 성공을 이룰 방법을 배워라. 많은 것을 알지만 정작 벌이는 시원치 않은 전문가들이 있다. 그들은 실물 경제에 어두운 것이다. 내가 말하는 전문가는 전문 지식과 경제적 영리함이 적절히 조합된 사람을 의미한다. 이번 장의 기본 원칙을 따르는 전문가라면 평범한 전공자에 비해 몇 배는 더 많은 돈을 벌어들일 것이다.

이번 장의 내용을 익히면 당신의 인생이 바뀔 수도 있다. 당신의 수입을 믿을 수 없을 만큼 비현실적인 수준으로 끌어올릴 수도 있다. 3년 안에 지금 버는 수입의 두 배를 벌 수도 있다. 어쩌면 그 이상까지도 가능할지 모른다.

물론 그 많은 수입이 저절로 생기는 것은 아니다. 누구나 그에 상응하는 대가를 치러야 한다. 두 가지 전제 조건이 있다. 첫째, 우선 생각을 전환하고 많은 것을 완전히 바꿔야 한다. 하지만 마땅한 준비가 돼 있지 않은 사람이 많다. 그들은 변화 자체를 너무 위험하게 바라보기 때문이다. 둘째, 하루에 한 시간 정도는 자신의 포지셔닝을 위해 투자해야 한다. 이 책은 당신이 가야 할 길을 알려 줄 수 있지만 그 길을 걷는 것은 당신 자신이어야 한다.

두 가지 전제 조건을 갖출 준비가 됐다면 이제 당신을 흥미진진한 여행으로 초대하려 한다. 이제 당신을 전문가로 포지셔닝해 줄 여행을 떠나 보자.

자신의 일이 재능과 재미를 만족시키는가

포지셔닝이라는 개념은 이미 오래전부터 각 분야에서 자리를 잡아 왔다. 모든 세기를 통틀어 가장 성공적인 전략인 포지셔닝이라는 개념은 잭 트라우트Jack Trout와 알 리스Al Ries가 대중적으로 알렸다. 독일에서는 포지셔닝과 비슷한 병목 집중 현상Engpass konzentrierte Strategie, EKS(이하 EKS)이라는 개념이 널리 알려져 있다. 두 가지 모델 모두 독창적이고 모든 기업가가 실행해야 하는 전략이다. 단 이 책에서는 두 가지 핵심 조건을 추가로 설명하고자 한다.

첫째, 포지셔닝과 EKS는 기업가를 위해 개발됐다. 특히 포지셔닝 이론은 대기업을 대상으로 창안된 개념이지만 개인에게도 적용할 수 있다. 즉, 당신은 포지셔닝을 통해 전문가가 되는 방법을 찾아야 한다.

둘째, 포지셔닝과 EKS는 전적으로 이윤 추구를 중심으로 설계됐다. 물론 나는 돈이 나쁘다고 생각하지 않는다. 오히려 정반대다. 다만 항상 수익이라는 관점에서 직업에 대해 접근하는 것은 옳지 않다. 사람보다 돈을 우선시해서는 안 된다. 따라서 자신의 열정과 맞지 않는 특정 분야에 자신을 전문가로 포지셔닝한다는 것은 잘못된 목표에 더욱 빠르게 도착한다는 뜻이다.

정확히 말해 만약 당신이 돈을 더 많이 벌더라도 행복이나 성취감을 느끼지 못한다면 나 또한 만족하지 못할 것이다. 나는 그럴 목적으로 이 책을 쓰지 않았다.

앞서 제5장과 제6장에서 전문가로서 포지셔닝하기 위해 전제 조건을 다뤘던 것도 그 때문이다. 가장 먼저 당신의 업무가 본인의 재능에 부합해야 일에서 재미를 느낄 수 있다. 나아가 다른 사람의 문제까지 해결할 수 있다. 그런 다음 최대한 똑똑하게 행동하면서 돈도 많이 벌어야 한다.

실제로 자신이 어떤 사람인지 확신하지 못하는 사람이 많다. 그들은 자신이 지닌 지식이나 달성한 성과로 자신을 정의한다. 그들에게 전문 지식과 성과라는 값진 결과물을 포기하라고 요청하면 정말 마지못해 따를 것이다. 그들은 마치 자신의 정체성과 작별하라는 요구를 받은 것처럼 행동한다.

핵심 사업보다 핵심 능력이 우선이다

지금부터는 순서가 관건이다. 우선 "나의 핵심 사업이 무엇인가?"라는 질문은 잘못됐다. 마치 첫걸음이 땅에 닿기도 전에 두 번째 걸음을 내디디는 것과 같다. 그보다 "나의 핵심 능력은 무엇인가?"라는 질문이 선행돼야 한다.

많은 사람이 핵심 사업을 결정할 때 경제적 측면을 가장 많이 고려한다. 대부분 "이 일이라면 돈을 많이 벌 수 있어. 그러니까 이 일이 내 핵심 사업이야."라고 생각하기 쉽다. 나는 그들의 접근법이 완전히 잘못됐다고 생각한다. 그런 접근법은 자신의 잠재력을 사슬로 꽁꽁 묶어 둘 뿐이다.

자신의 핵심 능력부터 물을 때 자유롭게 능력을 발휘할 수 있다. 만약 버진그룹의 창립자 리처드 브랜슨이 자신의 핵심 사업이 무엇일지 질문했다면 결코 오늘날의 성과를 얻지 못했을 것이다. 브랜슨은 자신의 핵심 능력을 정확하게 인식했다. 그는 시장의 선두 주자들이 고객이 지불하는 돈에 비해 제대로 된 서비스를 제공하지 못할 만큼 나태해진 상황을 파악하고 자신의 성장 기회를 찾았다.

그 결과 브랜슨은 220개 이상의 자회사를 소유하고 기업 네트워크를 광범위하게 펼쳐 보일 수 있었다. 브랜슨의 성공 사례를 보면 포지셔닝의 기본 원칙을 더욱 신뢰할 수 있을 것이다. 전문가로 포지셔닝하는 것과 기업가로 포지셔닝하는 것의 차이에 대해서는 다음 장에서 자세히 살펴볼 것이다.

당신도 항상 자신의 재능이 무엇인지, 무엇을 할 때 재미를 느끼는지부터 찾아라. 자신의 핵심 능력에 대한 인식이 제대로 이뤄질 때 포지셔닝은 더 많은 돈을 벌기 위한 과정으로서 의미가 있다. 또한 핵심 능력을 성공적으로 파악했다면 이제 바닥에 떨어진 고액권을 줍지 않을 이유가 없다.

이번 장에서는 돈을 더 많이 벌 수 있는 방법을 배우게 될 것이다. 하지만 그 전에 당신이 무엇을 하고 싶은지부터 확실히 파악해야 한다.

나의 전문 분야는 무엇인가

당신이 알고 있는 유명 인사를 두세 명 정도를 떠올려 보라. 그들을 떠올릴 때 함께 연상되는 것은 무엇인가? 당신은 그들이 대표하는 분야를 떠올렸을 것이다. 빌 게이츠는 소프트웨어를 빼놓고 논할 수 없다. 스티븐 스필버그는 SF 영화가 가장 먼저 떠오른다.

그럼 당신은 무엇을 대표하는가? 당신이 점유한 영역이 있는가? 당신이 1등인 분야는 무엇인가? 세상에는 자신이 모든 것이 되고자, 또 모든 것을 하고자 하는 사람이 너무 많다. 하지만 스스로 모든 것이 되고자 하는 사람은 결국 아무것도 되지 못한다는 말은 예나 지금이나 유효하다. 그보다 오늘날에는 최대한 좁은 분야에서 가장 잘 알려진 전문가로 거듭나는 것이 효과적이다. 깊은 바닷속을 탐험하는 동시에 산 정상도 점령하려는 팔방미인 유형의 탐험가를 진심으로 인정하려는 사람은 없다.

예를 들어 당신이 스키를 타다 사고를 당해 복합 골절상을 입었다고 생각해 보자. 동네 의원을 찾아가니 의사가 "이와 유사한 치료를 17년 전에 한 적이 있습니다. 당시에 어떤 처치를 했는지 진료 기록을 빠르게 살펴보고 오겠습니다."라고 말한다면 치료를 받겠는가? 아니면 당신처럼 골절상을 입은 환자를 하루에도 7~12명 치료하며 현재 독일에서 가장 유명한 골절 전문의를 찾아가겠는가?

당신은 질문 자체가 어리석다고 말할 것이다. 그 말이 맞는다. 질문의 답은 그보다 더 명백할 수 없다. 그럼 이제 마지막으로 당신을 자극할 만한 질문을 하나만 더 던져 보겠다. 해당 분야의 전문가를 찾아가려는 당신의 선택을 감안할 때 각 분야의 전문가들이 평범한 사람보다 훨씬 더 많이 번다는 것을 인지하고 있었는가?

- 자신의 직업에 대해 스스로 논리적인 결론을 내렸는가?
- 당신은 명확히 전문화돼 있는가?

전문가라는 이름의 무게감과 오해

내가 세미나에서 "자신의 위치를 짧은 몇 문장으로 간략히 설명할 수 있는 사람은 손을 들어 주십시오."라고 질문하면 고요한 적막만 흐르는 경우가 대부분이다. 개인 면담에서도 명쾌한 해답을 내놓는 사람은 거의 없었다. 나는 그 이유가 무엇일지 탐구해 봤다. 대표적으로 다섯 가지 이유를 발견했다.

첫째, 포지셔닝의 원칙이 잘 알려지지 않았다. 지금으로부터 100년 전만 해도 만능 재주꾼이 높은 평가를 받았다. 오늘날까지도 많은 사람이

다방면에서 교양을 지닌 사람을 보면 감탄하면서도 전문 지식만 갖춘 멍청이들을 업신여긴다. 하지만 언제나 그렇듯 이런 평가는 틀렸다. 전문 지식을 갖춘 멍청이의 지갑 속을 살짝 엿본다면 그 안에 500유로짜리 지폐가 수두룩한 것을 발견할 것이다.

둘째, 특정 영역에 전문화돼 있고 항상 동일한 일만 하는 것이 자칫 지루해 보일 수도 있다. 주로 비전문가들은 이런 말을 자주 한다. 전문가들은 실상이 그와 정반대임을 알고 있다. 전문가가 되지 않으면 지금의 자리에 머물러 있을 수밖에 없다. 더 이상 나아가지도 못하고 일상의 루틴도 변하지 않는다. 결국 흥미진진한 일은 항상 전문가들의 몫이 된다. 전문가들이 일하는 업무 영역은 매우 좁은 편이다. 하지만 많은 분야의 지식이 3년마다 두 배로 늘어난다. 전문가는 그와 동일한 속도로 평생 학습을 한다. 물론 해당 전문 영역이 비교적 작고 일목요연하기 때문에 가능한 일이다. 그 덕분에 일상에서 반복되는 루틴도 계속 변한다. 무엇보다 한 차원 높은 수준으로 올라간다.

셋째, 많은 사람이 전문가는 재미없는 사람이며 지루한 대화 상대라고 생각한다. 이런 가정 역시 틀렸다. 특정 분야에 전문화돼 있을수록 권위 있는 사람들이 자문을 구하는 일이 더 많아진다. 당신은 각 나라의 정부에서 부처의 자문위원을 임명할 때 많은 분야를 조금씩 알 뿐 정확히 모르는 사람을 임명할 것이라고 생각하는가? 당연히 자문위원의 자리는 각 분야에서 최고 전문가의 몫이다. 따라서 특정 분야에 대해 더 많이 알고 있을수록 재미있고 흥미진진한 사람들을 만나는 기회가 늘어난다.

넷째, 전문가로 포지셔닝하는 사람들이 적은 이유는 오롯이 두려움 때문이다. 고객이나 일을 충분히 확보하지 못할 거라는 두려움이나 고객을 잃어버릴지 모른다는 두려움을 말한다. 많은 전문가가 고객에게 최대한 많은 편의를 제공하려는 이유는 고객이 자신에게 머물도록 해 최대한 사업을 번성시키려는 것이다. 50년 전만 해도 이런 두려움을 느끼는 것이 당연했다. 하지만 오늘날에는 다양한 미디어를 통해 정보를 전달할 수 있는 기회가 무한대로 열려 있다. 또한 교통수단의 발달로 더 이상 거리는 아무 문제가 되지 않는다. 특정 문제를 해결하기 위해서 수백 킬로미터의 거리도 가뿐히 이동할 수 있다. 따라서 오늘날에는 한 분야에서 전문 지식을 갖춘 전문가일수록 더 많은 고객을 상대할 수 있다. 당신의 주변만 살펴봐도 알 수 있을 것이다. 당신은 일반적인 전문가와 유명한 전문가 중 누구와 예약을 잡기가 더 어려운가? 오늘날 두려움을 느껴야 하는 사람은 전문성을 갖추지 못한 평범한 사람들이다.

다섯째, 많은 사람이 '아니요'라는 말을 쉽게 하지 못한다. 그들은 자신이 가야 하는 길 주변에 있는 다양한 것들의 유혹에 저항하려는 의지나 능력 자체가 없는 것이다. 마치 동화 속 빨간모자 아이처럼 점점 숲속으로 깊이 이끌려 들어갈 뿐이다. 쉽게 말해 일시적인 눈앞의 이득에 홀려 원래의 목표를 잃어버린 것이다. 전문가라면 자신이 원하는 것뿐만 아니라 원하지 않은 것까지 정확히 인식해야 한다. 일관성을 유지하는 능력만이 밀알에서 왕겨를 골라낼 수 있다.

성공적인 포지셔닝의 10가지 기본 원칙

한 젊은 여성이 숲에서 길을 잃었다. 우연히 숲에서 한 노인을 만난 그녀는 안도의 한숨을 내쉬며 길을 물었다. 노인은 잠시 생각하더니 그녀에게 말했다. "오솔길을 따라 똑바로 가게나. 약 500미터쯤 지나면 번개를 맞은 참나무 한 그루에 이를 것이라네. 그곳에서 다시 왼쪽으로 꺾은 후 다시, 아니, 아니네. 차라리 왔던 길을 되돌아가서 시냇가가 나오면 오른쪽을 따라 가게나. 그러면 방앗간이 나오는데 거기서 다시 왼쪽으로, 아, 이것도 안 되겠는데." 노인은 한동안 생각에 잠겼다가 입을 뗐다. "그거 아나? 여기서 거기까지는 갈 수 있는 길이 아예 없다네!"

혹시 당신이 현재 직장에서 처했던 상황과 유사하지 않은가? 당신은 막다른 골목에 처했을지도 모른다. 아니면 완전히 새로운 길 위에 서 있을 수도 있다. 어떤 상황이든 당신에게 용기를 내라고 격려하고자 한다. 성공적인 포지셔닝의 기본 원칙을 따르는 데 필요한 모든 변화를 수용하는 용기 말이다. 만약 필요하다면 현재 당신의 직업에 대해서도 진지하게 고민해 보길 바란다.

이러한 변화를 적극적으로 수용할 준비가 된 사람은 그리 많지 않다. 보통 사람들은 크나큰 성공은 자신의 몫이 아니라고 변명만 한다. 또는 전통으로서의 가치나 지혜마저 퇴색한 과거의 규칙만 고수한다.

당신은 "지붕 위의 비둘기보다 손 안의 참새가 낫다."라는 속담을 알고 있는가? 이런 속담은 빨리 머릿속에서 지워야 한다. 앞서 살펴본 지폐 예시를 여기에 적용한다면 "500유로짜리 지폐를 집어 들려고 손을 뺏기보다 차라리 손에 5유로짜리 지폐 한 장을 쥐고 있는 편이 훨씬 낫다." 정도가 될 것이다. 정말 잘못된 발상이 아닐 수 없다.

이제 성공적인 포지셔닝을 위한 여섯 가지 기본 원칙을 살펴보자. 모두 이해하기 쉬운 원칙들이다. 다만 기본 원칙을 모두 실천하려면 용기가 필요하고 많은 것을 바꿔야만 할 것이다. 우선 기본 원칙은 자영업자를 기준으로 설명하고 있다. 각 직업의 특성에 맞게 적용할 방식을 스스로 찾아야 한다.

원칙 1. 더 잘하기보다 남과는 달라야 한다

세미나 참석자들에게 "왜 내가 당신에게서 무언가를 사거나 당신에게 가야 합니까?"라고 질문하면 주로 "제가 최고이기 때문이죠."라는 대답을 듣곤 했다. 나는 그들의 대답이 직장생활에서 저지를 수 있는 최악의 실수라고 생각한다.

오해를 방지하기 위해 부연 설명을 하자면, 물론 나는 개인의 자질을 높이 평가하는 사람이다. 일을 깔끔하게 처리하지 못하는 사람은 금세 사람들의 눈 밖에 나기 마련이다. 단순히 최고라는 자질만으로는 자신을 알리는 역부족이다. 두 가지 이유가 있다.

첫째, 오늘날 거의 모든 기업이 자신이 최고라고 자부하기 때문이다. 물론 그들의 주장은 대부분 거짓이다. 신규 고객의 경우는 그들이 진실을 말하는지 아닌지 제대로 판단하기 힘들다. 그렇다 보니 기본 원칙을 잘 지킨다고 주장하는 기업 혹은 전문가를 선호한다. 신규 고객들은 더 뛰어나다고 말하기보다 다르다고 주장하는 대상을 선택한다.

둘째, 단순히 최고라는 주장만으로는 이제 주목받기 힘들다. 최고라는 말로 사람들의 이목을 끄는 시대는 끝났다. 자질이란 모든 것의 기본 전제일 뿐이다. 고객은 각각의 기업 혹은 전문가가 제시하는 차별화 요소가 무엇인지 알고 싶어 한다. 따라서 "고객이 다른 기업 혹은 전문가에게서 얻지 못하는 당신만의 강점은 무엇인가?"가 올바른 질문이다. 최고의 요리를 낸다고 자부하며 광고하는 레스토랑은 어떻게 생각하는가? 어쩌면 당신이 알고 싶은 정보는 다른 것일 수 있다. "○○ 레스토랑에 가면 인도 요리가 나오는데 그중 엄청 매운 요리가 특징이다." 만약 매운 요리를 즐기는 고객이라면 분명 그 레스토랑을 방문할 것이다.

모든 직군에 적용되는 기본 원칙은 동일하다. 남들과 차별화할 방법을 찾아라. 남들도 다 하는 일을 한다면 당신의 가치는 사막에 널린 무수한 모래알이나 다를 바 없다. 제아무리 최고의 모래알을 가졌다 한들 결국 전혀 다를 것 없는 모래알일 뿐이다.

앞서 살펴본 교집합 이론을 떠올려 보자. 당신이 굉장히 재미를 느끼는 일과 당신이 지닌 가장 중요한 능력의 교집합이 바로 남들과 다른 당신이 되는 길을 알려 주는 이정표다. 당신만의 이정표를 기준으로 삼으면 동종 업계에서 일하는 다른 사람들과 차이가 많이 나는 방식으로 일할 가능성이 매우 높아진다.

당신에게 특별한 능력이 있고 당신이 다양한 재미를 느끼는 데는 전부 이유가 있다고 생각한다. 마치 부모를 향한 아이의 믿음에 비견할 정도다. 당신에게 주어진 퍼즐 조각을 하나하나 맞춰 가다 보면 다른 누구의 것과도 비교되지 않을 그림을 완성할 수 있다. 즉, 첫 번째 포지셔닝의 기본 원칙의 열쇠는 바로 자신의 독창성을 인식하는 것이다.

원칙 2. 뛰어난 것만으로는 부족하다. 남들보다 특별해야 한다

만약 당신이 학창 시절에 어느 정도 좋은 성적을 유지했다면 꽤 괜찮은 시간을 보냈을 것이다. 대중을 이루는 많은 사람이 그리 유익하지 않은 대상을 우상으로 삼는다. 대체로 청소년들은 저 혼자만 눈에 띄는 것을 원하지 않는다. 그 시절에는 서로 비슷한 옷을 입고 심지어 관심사마저 비슷해지기 일쑤다. 심지어 성인이 돼서도 계속 그런 성향을 따르기도 한다. 정말 불행한 일이다. 만약 대중이 따르는 대로 따라 하는 사람은 결국 모든 사람이 얻는 정도만 얻을 뿐이다.

스포츠에서 하나의 사례를 들어 보자. 가장 최근에 열린 올림픽에서 100미터 달리기로 금메달을 딴 남자 선수를 기억하는가? 아마도 많은 사람이 1등은 기억할 것이다. 그럼 2등, 3등, 4등, 5등을 한 선수도 기억하는가? 대다수 사람이 1등 이외의 선수는 기억하지 못한다. 왜 기억하지 못할까? 올림픽에 출전해 세계에서 가장 빨리 달리는 남자 선수 5위 안에 드는 것만 해도 정말 대단한 능력일 텐데 말이다. 이처럼 단순히 뛰어난 것만으로는 사람들의 눈길을 끄는 데 충분하지 않다. 사람들은 특별한 것에만 관심을 보인다. 진정한 우승자라면 "그 자리에 선 것만으로 충분하다."라는 기본 원칙을 믿지 않는다.

세상에는 너무나 많은 정보가 흘러넘치기 때문이다. 한 가정에서 날마다 텔레비전 방송을 통해 접하는 장면은 평균적으로 무려 약 75만 장면에 이른다고 한다. 날마다 접하는 광고의 개수만 따져도 평균 547개, 연간으로 따지면 무려 20만 개가 넘는다. 슈퍼마켓에서 당신이 선택할 수 있는 상품도 평균 1만 2천 개가 넘는다.

앞으로 1년 동안 펼쳐질 여러 스포츠 행사들을 떠올려 보라. 올림픽, 월드컵, 챔피언스리그, 포뮬러원, 유럽선수권대회 예선, 테니스, 골프 등 수를 헤아리기가 벅찰 정도다. 가뜩이나 정보가 넘쳐 힘들어하는 당신의 뇌는 평범하고 중요하지 않은 정보들부터 가장 먼저 지워버리는 방식으로 작동한다. 당신이 크게 감동하지 않은 것들도 기억에서 지워버린다. 그렇지 않으면 당신은 과도한 정보의 홍수에 빠져 미쳐 버리고 말 것이다. 쉽게 말해 인간은 특별한 사건만 기억에 저장한다.

단순히 평범함과 좋은 성과만으로는 특별함을 대체할 수 없다. 특별함을 갖춘 승자만이 모든 것을 독식한다. 아마도 공정의 덫에 빠진 사람이라면 "승자가 모든 것을 독식해도 괜찮을까?"라고 의문을 제기할 것이다. 애석하게도 나의 답변은 "그렇다!"이다. 평범하기만 한 사람은 포지셔닝에 성공한 승자를 대체하지 못한다.

조지 클루니나 루치아노 파바로티가 가진 재능의 절반 정도만 가진 사람을 원할 사람은 없다. 실력이 다소 모자란 사람이 무료로 일한다고 해도 고액의 몸값을 받는 유명 인사에 비해 수익성이 좋지는 못할 것이다. 톱스타 한 사람에게 지불하는 출연료만 본다면 정말 막대한 금액일 수 있지만 소비자 한 사람당 비용으로 나누면 미미한 액수에 지나지 않는다. 당신도 자신을 돋보이고 싶고 주변의 시선을 원한다면 남들보다 특별하고 남달라야 한다. 꼭 금메달을 따야 한다는 의미는 아니다. 그

대신 모든 경쟁자 사이에서 월등히 주목받을 수 있는 방법을 찾아야만 한다. 어쩌면 당신의 생각보다 훨씬 쉬울 수도 있다. 다음의 기본 원칙만 실천하면 된다.

원칙 3. 무조건 첫 번째가 되라

어쩌면 당신은 이미 스타일지도 모른다. 다른 사람들보다 훨씬 성공했고 또 뛰어날 수도 있다. 스타가 아닌 사람도 충분히 유능할 수 있다. 꼭 남들보다 탁월할 필요는 없다. 당신이 속한 분야에서 첫 번째가 된다면 말이다.

최초로 비행기를 타고 대서양을 횡단한 사람은 찰스 린드버그Charles Lindbergh다. 두 번째는 누구였을까? 바로 버트 힌클러 Bert Hinkler였다. 린드버그의 대서양 횡단 이후 고작 몇 주 뒤에 비행에 나선 힌클러는 린드버그보다 비행 시간을 3시간이나 단축했다. 린드버그보다 힌클러가 훨씬 더 뛰어난 조종사였던 것이다. 하지만 힌클러가 태어난 호주의 소도시 주민을 제외하면 아무도 그 사실에 관심이 없다.

에베레스트산 정상을 처음으로 등반한 사람은 누구일까? 에드먼드 힐러리 경 Sir Edmund Hillary이다. 그러면 두 번째는 누구일까? 아마도 아는 사람이 거의 없을 것이다. 그럼 인류 역사상 처음으로 달에 발을 내디딘 사람은 누구일까? 닐 암스트롱Neil Armstrong이다. 마찬가지로 두 번째 우주인을 기억하는 사람은 극히 드물다. 심지어 그가 아폴로 11호의 선장이었음에도 말이다. 누가 더 탁월하고, 누가 명령을 내리는 선장이었는지는 별로 중요하지 않다. 게다가 세 번째 우주인은 우주선에 머문 탓에 정작 달에 발을 딛지도 못했다. 아무도 그를 기억하지 못한다. 한 코미디언은 이렇게 말했다. "차라리 그럴 거면 그 사람은 그냥 집에 있는 게 나을 뻔했네요."

당신도 자신이 일하는 분야에서 첫 번째가 될 수 있는 틈새를 찾아라. 그 틈새가 작을수록 첫 번째가 되기가 한결 쉬워진다. 율리우스 카이사르는 누구보다 첫 번째의 중요성을 잘 알고 있었다. "작은 마을에서 일인자가 되는 것이 커다란 도시에서 이인자가 되는 것보다 훨씬 낫다." 그의 말을 자유롭게 해석하자면 작은 틈새에서 첫 번째가 되는 것이 업계 전체에서 두 번째가 되는 것보다 낫다는 의미일 것이다. 앤드루 카네기도 비슷한 말을 했다. "첫 번째는 진주를 얻고, 두 번째는 조개껍데기만 얻는다." 그런데 만약 당신이 일하는 분야의 모든 자리가 이미 다 채워진 상태라면 무엇을 할 수 있을까? 그런 상황에서는 어떻게 1등이 될 수 있을까? 바로 이어지는 네 번째 기본 원칙을 활용하면 된다.

원칙 4. 첫 번째가 될 수 없으면 차라리 새롭게 포지셔닝하라

방금 전 질문에서 비행기를 타고 최초로 대서양 횡단에 성공한 사람을 대부분 떠올렸을 것이다. 두 번째로 횡단한 사람은 거의 대부분 기억하지 못했을 것이다. 흥미롭게도 세 번째로 횡단한 사람은 많은 사람이 기억하고 있다. 바로 아멜리아 에어하트Amelia Earhart다. 그녀는 대서양 횡단에 성공한 최초의 여성 비행사다. 에어하트는 자신이 속한 분야에서만큼은 첫 번째였던 셈이다.

라인홀트 메스너Reinhold Messner도 마찬가지다. 그는 에베레스트산 정상에 오른 첫 번째 사람은 아니다. 사실 상위 열 명 안에도 들지 못했다. 대신 자신만의 새로운 범주를 만들어 갔다. 그는 산소 장비 없이 에베레스트산을 등반한 최초의 산악가다. 또한 산악 등반을 통해 경영자들이 배울 수 있는 교훈을 언급한 첫 번째 유럽인이다. "우선 자신의 내면을 깊숙이 들여다보면 보일 것이다."

세 번째나 네 번째 기본 원칙에 비하면 첫 번째 기본 원칙이 실천하기에 한결 수월한 편이다. 당신이 첫 번째로 인정받는 분야를 찾으려면 오랜 시간이 걸릴지 모른다. 그 대신 한번 발견하면 연간 엄청난 돈을 더 벌게 될 것이다. 나는 우선 당신이 자신의 특성과 능력이 무엇인지, 당신이 무엇에 재미를 느끼는지 심사숙고한 다음 남들이 하지 않는 차별화된 방식으로 실행하길 제안한다.

하지만 절대 그것으로 만족하지 말고 계속 고민을 이어가야 한다. 당신이라면 어떤 새로운 범주를 개설할 수 있는가? 대부분의 사람은 몇 시간 정도 고민하다가 결국 포기해 버린다. 수년간 이 문제로 골머리를 앓을 준비가 된 사람이 거의 없다 보니 남들이 발견하지 못한 틈새를 차지한 사람의 수도 그리 많지 않다.

매일 하루에 15분씩 투자해 당신이 첫 번째가 될 수 있는 분야를 곰곰이 고민해 보는 습관을 기른다고 가정해 보자. 매번 떠오르는 내용을 기록해 두다 보면 그 안에서 실마리를 찾게 될 것이다. 나의 경우 아직 독일에서 누구도 두각을 나타내지 않은 범주만 십수 개 이상 떠오른다. 전부 다 틀림없이 매우 큰 기회로 보인다.

원칙 5. 폭넓은 것보다는 날카로운 것이 낫다

언젠가 뒤셀도르프 공항에 화재가 발생한 적이 있다. 당시 수십 명의 사람이 1층에 있는 커다란 방에 갇혀 버리고 말았다. 그들은 밖으로 탈출하기 위해 커다란 창문을 깨트리려고 시도했다. 힘이 세 보이는 남성 몇몇이 커다란 탁자를 들고 유리창을 향해 돌진했다. 탁자의 상판이 유리에 부딪치며 천둥 같은 소리를 냈지만 유리창은 전혀 끄떡도 하지 않았다. 사람들은 공포에 떨기 시작했다.

때마침 한 남자가 차를 몰고 공항 주변을 지나가고 있었다. 그는 공항 유리창 너머의 상황을 알아차리고는 차를 멈춰 세운 후 트렁크에서 십자드라이버를 꺼내 들고 유리창으로 달려갔다. 이윽고 그는 날카로운 십자드라이버의 끝을 유리창으로 향한 뒤 온 힘을 다해 내리쳤다. 뾰족한 십자드라이버의 끝이 유리창에 닿는 순간, 유리는 수천 조각으로 금이 가며 깨지고 말았다.

만약 시장에 진입하고자 한다면 힘으로 유리창을 깨려고 덤벼든 남자들처럼 폭넓은 방식으로 시도해선 안 된다. 당신이 알리고자 하는 제안의 범위가 클수록 사람들의 주목을 받기가 그만큼 힘들어진다. 시장에는 시시콜콜한 정보를 알리려는 기업이 정말 많기 때문이다. 그들의 제안은 너무 광범위해 고객들을 쓸데없이 힘들게 한다.

당신이 다이빙대에서 물속으로 뛰어든다고 상상해 보라. 공중 동작이 어설퍼 배면으로 입수하는 것은 분명 우아한 방식이 아닐 것이다. 뾰족하게, 다시 말해 몸을 꼿꼿하게 세워 물속으로 뛰어들수록 좋다. 마찬가지로 당신의 사업 분야가 좁을수록 시장 점유율을 빠르게 키워 나

278

갈 수 있다. 폭넓은 제안을 하면 할수록 얻는 것도 줄어든다. 일차원적으로 거친 힘을 쏟아부어 봐야 큰 도움이 되지 않는다. 나무판자에 두꺼운 돌을 아무리 박아 보려 해도 날카로운 못만큼 박히지 않는다.

한 가지 상품이나 단 하나의 능력에만 주목하라. 처음으로 고객을 확보했다면 이제 더 많은 것을 제공해야 한다. 마케팅의 개념으로 설명하면 다음과 같다. 차가운 시장(사람들이 당신을 알지 못하는 시장)에 송곳처럼 뾰족하게 광고하라. 당신의 따뜻한 시장(당신이 보유한 고객층)에는 당신의 포지셔닝에 적합한 모든 것을 제공하라.

나는 전문가들에게 다음과 같이 질문했다. "초창기부터 다양한 범주의 상품을 제안해 빠르게 성장한 기업을 알고 계십니까?" 지금까지 누구도 마땅한 사례를 들지 못했다. 빠른 성공을 거둔 기업은 언제나 한 가지 품목의 상품, 최고의 경우에는 한 가지 상품의 범주로 고객을 공략했다. 기업은 우선적으로 성장을 이룬 다음 다양성을 갖춘다. 이러한 방법이 영리한 선택인지 여부는 상황에 따라 달라진다. 때로는 성장의 과정 사이사이에 제동이 걸리기 때문이다. 만약 아직까지 '평범하고 작은' 당신이 빠르게 성장하고 싶다면 당신에게 우호적인 따뜻한 시장이라도 송곳처럼 뾰족하게 뚫고 진입해야 한다. 그렇지 않고서는 아예 시장 안으로 진입하기 힘들다. 또한 계속 뾰족하고 날카로운 전략을 유지하는 편이 낫다. 고객에게도 기본 원칙이 적용되기 때문이다. 그들은 누구도 다양한 분야의 전문가가 될 수 없다고 생각한다. 당신이 좀 더 전략을 뾰족하게 갈고 예리함을 갖출수록 고객의 신뢰를 받을 것이다. 그리고 고객들로부터 더 많은 신뢰를 얻을수록 그만큼 더 성공할 수 있다.

처음부터 너무 많은 것을 하려고 하지 마라. 단 하나의 능력, 즉 단 한 가지 재능에만 주의를 기울이라는 말이다. 그런다고 해서 당신이 손해 볼 일은 전혀 없다. 오히려 더 많은 것을 얻게 될 것이다. 어느 누구도 당신이 다양한 분야에서 뛰어난 성과를 보일 거라고 생각하지 않는다. 정말 당신이 그런 능력을 갖고 있다 해도 말이다.

당신에게 여러 가지 재능이 있다고 해도 자신을 위한 단 하나만의 재능을 선택해야 한다. 포뮬러원 선수 미하엘 슈마허를 생각해 보라. 그는 탁구에도 뛰어난 재능을 갖고 있었고 축구와 다른 스포츠 종목에서도 두각을 나타냈다. 하지만 딱 한 분야를 골라 특화하지 않았더라면 오늘날 그가 어디에 서 있었을까? 아마도 여러 분야에서 탁월한 성과를 이뤘을지 모르지만, 세계 최고의 포뮬러원 챔피언이자 시대를 통틀어 돈을 가장 많이 번 스포츠 선수의 자리까지는 오르지 못했을 것이다.

당신이 잘하는 분야가 너무나 많다고 가정해 보자. 노래, 춤, 미술, 다이빙, 암벽 타기, 컴퓨터 프로그래밍, 장부 작성, 철자법에 어긋나지 않게 글쓰기, 한번 들은 이름을 절대로 잊어버리지 않기 등은 물론 동물의 언어도 이해할 수 있다면 아마 당신의 재능을 듣고 감탄하는 사람이 늘어날 것이다. 하지만 당신의 수많은 재능을 전부 펼쳐 보이려면 한 가지 재능을 골라 뾰족하게 갈고 닦아야 한다. 당신을 제대로 알지 못하는 사람은 다양한 재능을 가진 당신을 보며 허풍선이로 취급할지 모른다.

한 가지 더 기억하라. 당신에게는 포기할 용기가 필요하다. 적을수록 더 많아진다는 것을 명심하라. 진심으로 경력을 쌓고 싶다면 특정 영역을 선택하라. 분산하는 것보다 집중하는 편이 더 좋다.

원칙 6. 특별한 방법이 아닌 한 기본욕구를 선택하라

모든 산업 분야는 시간이 흐를수록 구식이 되어 버린다. 대표적인 사례가 독일의 하이테크 증권거래소인 노이에 마르크트Neue Markt다. 노이에 마르크트의 전문가들은 시장이 붕괴되던 순간 넋을 놓고 말았을 것이다. 반면 돈을 벌고자 한 목표를 기본 원칙으로 세웠던 사람은 아직까지도 그 시장에서 나오지 못하고 있다.

대량 해고로 인해 많은 사람이 일자리를 잃기도 한다. 실직의 여파는 많이 배우지 못한 노동자뿐만 아니라 전문가에게도 동일하게 작용한다. 그렇다면 당신은 무조건 전문성을 갖춘 전문가가 돼야 한다. 특별한 방법이 아니라 기본 욕구를 충족시켜 주는 전문가가 돼야 한다. 우선 자신이 전문가가 되고 싶은 영역을 정한 후 가능한 한 모든 기술적 방법을 동원하라. 그러면 고객들은 당신이 지원할 수 있는 모든 수단을 활용해 자신들의 제품 구매 욕구를 비롯해 기타 욕구를 만족시켜 준다는 느낌을 받을 것이다. 이처럼 기본 욕구에 특화돼 있는 전문가들은 주도적이고 독립적인 영향력을 발휘한다.

이것이 바로 전문가로서 얻는 큰 장점이다. 전문가는 자신이 고객의 관심을 대변해 준다는 감정을 전달한다. 그들은 독립적으로 활동하며 고객을 위해 적합한 상품이나 적합한 행동 양식을 찾는다. 전문가의 활동에 감동을 받은 고객들은 또다시 전문가를 찾는다. 기업 입장에서는 더 많은 고객을 확보하는 것이 최우선 과제다. 따라서 특화된 전문가가 많이 모인 기업일수록 더 많은 고객이 찾아오기 마련이다.

원칙 7. 나만의 타깃 집단을 선정하라

각 시대를 막론하고 가장 성공한 담배 브랜드는 말보로Marlboro다. 물론 말보로가 성공한 일차적인 요인은 제조사인 필립모리스Philip Morris의 광고 전략에서 찾을 수 있다. 내가 기억하는 한 말보로 광고의 주제는 아직까지 한 번도 바뀌지 않았다. 당신도 한 번쯤 말보로의 광고를 본 적이 있을 것이다. 그럼 과연 말보로 광고의 타깃은 누구일까?

정답은 바로 카우보이다. 여기서 당신은 고개를 갸웃할 것이다. 카우보이는 극도로 작은 타깃 집단에 불과하니 말이다. 게다가 요즘에 카우보이가 얼마나 될까? 하지만 필립모리스는 카우보이를 타깃 집단으로 내세움으로써 대중 전체를 겨냥했다. 다시 말해 모든 흡연자의 내면에 숨어 있는 자유와 모험의 욕구에 호소한 것이다.

기업이나 전문가는 모두가 원하는 모든 것을 충족시키고 싶어 한다. 하지만 모든 사람을 만족시키려고 노력하는 사람은 결국 누구도 만족시키지 못한다. 오히려 "당신의 고객을 잡아라!"가 이제는 트렌트가 되고 있다. 기업은 고객의 만족을 위해 많은 노력을 쏟아야만 한다. 그에 앞서 우선 중요한 질문에 답을 찾아볼 필요가 있다. "당신이 생각하는 고객은 당신이 진정으로 원하는 고객층인가?" 누구든 고객을 존중하고 진심으로 좋아해야만 고객에게 좋은 서비스를 제공할 수 있다.

"나만의 타깃 집단을 선정하라."라는 기본 원칙의 핵심은 다음과 같다. 지금 당신이 확보한 고객이 아니라 정말로 공략하고 싶은 고객을 끌어들일 수 있도록 사업을 해야 한다.

오늘날에는 고객이 제품이나 서비스를 비교하고 선택할 수 있는 환경이 정말 잘 조성돼 있다. 기업도 마찬가지다. 오늘날에는 기업 또한 희망하는 고객층을 선택할 수 있다. 내가 기업가에게 "당신이 목표로 삼은 고객층은 어떻게 됩니까?"라고 질문하면 종종 "결제할 수 있다면 누구든 저희의 고객입니다."라는 대답을 들을 때가 있다. 그들은 불분명한 타깃 집단을 불분명하게 정의하는 실수를 범하고 있다.

타깃 집단 선정을 개인의 문제로 받아들이는 사람은 없을 것이다. 고객을 소라고 여기며 어떻게든 젖을 더 많이 짜낼수록 좋다고 생각하는 기업가라면 고객의 니즈를 제대로 충족시켜 주지 못할 것이다. 당신은 모든 사람을 위해 모든 것을 제공하고자 기업을 설립하지는 않았을 것이다. 몇몇 사람을 위한 몇몇 제품이나 서비스를 훌륭히 제공하는 것이 올바른 방법이다.

타깃 집단을 작은 범위로 설정하고 최대한 정확히 정의해야 하는 데는 두 가지 이유가 있다.

첫째, 고객은 자신의 특성이나 특별한 욕구, 소망이 진지하게 수용되기를 희망한다. 일괄 해결 방식은 점차 진정성이 떨어지는 방식으로 취급되고 있다. 고객이 바라는 특성을 제대로 파악해야만 독창적이고 타의 추종을 불허하는 상품을 개발할 수 있다.

둘째, 타깃 집단에 대해 제대로 파악하지 못하면 고객 맞춤형 광고도 기획할 수 없다. 결국 돈을 헛되이 낭비하는 것밖에 되지 않는다. 단순히 고객의 몇 가지 정보만 대략적으로 알아서는 충분하지 않다. 연령, 직업,

가정 형편, 취미, 즐겨 보는 방송, 즐겨 읽는 잡지, 주요 소비처, 롤모델, 학교 교육, 관심사 등처럼 가능한 한 많은 정보를 알아야 한다.

원칙 8. 다른 사람의 문제를 해결해 줘라

스스로 물어보라. 내가 목표로 삼은 타깃 집단이 가장 절박하게 느끼는 문제는 무엇인가? 그 문제를 파악하는 최고의 방법은 무엇인가? 어떻게 하면 그 문제를 잘 해결할 수 있을까? 모든 질문의 답은 고객과의 접촉을 통해 얻을 수 있다. 중요한 고객들과 항상 대화를 나누며 소통해야 한다. 그들이 하고 있는 일을 파악하고 필요하다면 해결책을 제안하라.

당신이 심장 수술을 받아야 한다고 가정해 보자. 일반 주치의를 찾아가야 할까? 아마도 누구라도 당연히 최고의 심장 전문의를 선택할 것이다. 문제가 심각할수록 해당 분야의 진짜 전문가를 찾아가려는 소망도 강력해진다. 그만큼 더 많은 돈을 지불할 마음의 준비도 하게 된다. 그렇듯이 특정 분야의 전문가로 거듭나 문제를 해결하는 것은 충분한 가치가 있다.

당신이 타인을 위해 어떤 일을 하듯이 다른 누군가가 당신을 위해 어떤 일을 하는 것을 수용하라. 다시 말해 다른 사람이 당신의 문제를 해결하는 것을 허용하라. 만약 필요하다면 당신과 협력할 파트너를 찾아야 한다. 때로는 당신이 직접 하는 것보다 타인의 도움을 받으면 훨씬 더 쉽고 더 낮은 비용으로 문제를 해결할 수 있다. 그 사람도 당신만큼 해당 분야에 특화된 전문가이기 때문이다.

정기적으로 자신에게 질문하라. 나에게 부족한 것은 무엇인가? 나의 결핍을 누가 해결해 줄 수 있을까? 만약 매사를 혼자 해내려고 든다면 그에 상응하는 포지셔닝을 하기 위해 노력해야 한다. 당신이 노력하는 만큼 여러 분야에 걸쳐 문제를 해결하는 능력을 쌓을 수도 있겠지만, 어느 한 분야에서도 두각을 나타내지 못할 것이다. 필요에 따라서는 특정 업무를 다른 기업에 위탁하고 파트너를 찾는 것이 포지셔닝 전략에 맞는 논리적 결론이다.

단 당신에게 협력할 파트너를 구할 때 당신과 동일한 능력을 지닌 상대를 선정하지 않도록 유의한다. 시너지 효과를 기대할 수 없기 때문이다. 당신의 능력을 보완해 줄 파트너를 찾아라. 또한 상대방과의 관계를 지속적으로 이어가기 전에 일정 기간 동안 서로를 탐색하는 점검 기간을 갖도록 협의하라.

원칙 9. 계속 말하고 퍼트려라

당신은 오리알을 먹어 본 적이 있는가? 아마도 대부분의 사람이 경험하지 못했을 것이다. 오리알은 달걀보다 더 크고 맛도 좋고 영양분도 훨씬 더 풍부하다고 한다. 그런데 왜 오리알보다 작은 달걀을 즐겨 먹는 것일까? 달걀이 시장화하기 훨씬 간단하기 때문이다. 암탉은 알을 낳자마자 꼬꼬댁 하고 울어 시장에 내놓을 상품이 완성됐다고 알려준다.

앞서 말한 포지셔닝의 기본 원칙 여덟 가지를 제대로 실천하는 것만으로는 충분하지 않다. 다른 사람들이 당신을 주목하도록 만들어야 한다. 제아무리 화성에 발을 내디딘 첫 번째 사람이라고 한들 아무도 그 사실을 모른다면 아무 소용이 없다.

따라서 세 번째와 네 번째 기본 원칙은 다음과 같이 보완돼야 할 것이다. 당신이 속한 분야에서 첫 번째가 될 뿐만 아니라 대중에게 인정을 받는 1등이 돼야 한다. 바이킹족은 콜럼버스보다 먼저 아메리카 대륙을 발견했다. 하지만 정작 신대륙의 발견으로 세간의 모든 인정과 축하를 받은 것은 콜럼버스였다.

당신도 대중에게 공식적인 전문가로 인정을 받아야 한다. 선택의 여지가 없다. 특별한 일을 하거나 책을 집필하는 것도 좋은 방법이다. 전공 논문을 쓰거나 방송에 출연할 수도 있다. 강연을 하거나 상을 받는 방법도 있다. 대중에게 당신을 알릴 수 있는 방법이라면 무엇이든 활용하라.

평범한 사람이 아닌 전문가 사이에서 인정받으면 된다는 사고의 함정에 빠지지 않도록 유의하라. 두 가지 이유가 있다. 첫째, 그것은 아주 멀고 험난한 여정이다. 원래 전문가는 다른 전문가의 성공을 쉽게 빌어주지 않는 법이다. 둘째, 다른 전문가가 당신을 인정해 준다고 해서 사람들이 당신을 판단하는 가치의 척도가 될 수 없다. 모든 것은 대중에게 달려 있다. 당신의 포지셔닝이 부여하는 경제적 가치는 오롯이 대중이 인정할 때 결정된다. 소위 전문 인력들이 하는 말들은 전혀 중요하지 않다. 당신이 특정 전문가를 험담하거나 비판하는 글을 쓴다고 해도 그의 인지도만 더해 줄 뿐이다. 오히려 당신의 글 덕분에 그는 더 많은 돈을 벌게 될 것이다.

또한 당신의 전문성에 대해 말하는 것을 정신적 과시주의와 동일시하지 말아야 한다. 대중의 관심을 끌 수 있는 방법은 다양하다. 단 어릿광대가 되거나 사생활을 노출하는 방식은 피해야 한다. 독일에서 제일가는 한 컨설턴트는 자신의 전문 분야에서 고작 1년에 몇 주만 모습을 드러내지만 독일 내에서 그를 모르는 사람은 거의 없다.

원칙 10. 가격을 결정하라

당신의 회사가 차별화되고 유일무이한 이득을 고객에게 제공한다면 제품이나 서비스의 가격을 당신이 정할 수 있다. 만약 당신의 회사가 제공하는 이득에 특별한 요소가 없다면 가격을 정하는 것은 경쟁자의 몫이 된다. 직장인도 마찬가지다. 다른 누군가가 할 수 없는 무언가를 할 수 있다면 당신의 임금을 바로 당신이 결정할 수 있다. 하지만 당신의 일을 할 수 있는 사람이 많다면 회사가 임금을 결정한다.

달리 말해 남들과 다른 요소로 당신을 차별화하거나 파격적인 가격 경쟁에 뛰어들어야 한다. 경쟁자들이 고객을 두고 싸우면서 서로 가격을 낮추기만 한다면 서로 충분한 수익을 달성할 수 없을 것이다. 결국 당신의 제품이나 서비스를 제값도 받지 못하고 헐값에 팔아야만 한다. 반면 전문가는 정반대다. 고객들은 전문가에게는 아무리 높은 가격일지라도 지불할 준비가 돼 있다.

자신의 재능을 믿지 않는 사람들에게

포지셔닝의 기본 원칙 열 가지를 살펴보고 어떤 생각을 했는가? 어쩌면 당신이 이렇게 말할지도 모르겠다. "당장은 내 상황에 적용할 수는 없다." 그렇다면 매우 유감이다. 이 세상에서 당신과 비슷한 상황, 비슷한 능력을 지닌 누군가가 포지셔닝 기본 원칙을 활용해 분명 부자 전문가가 됐을 것이기 때문이다.

부자 전문가가 될 수 있는지 여부는 각자가 처한 상황에 따라 좌우되지 않는다. 당신이 처한 상황에 어떻게 대처하느냐에 따라 결정된다. 세상에 존재하는 모든 것을 당신이 바꿀 수는 없다. 하지만 적어도 자신의 인생만큼은 언제든 바꿀 수 있다. 당신도, 나도 가능하다. 포지셔닝의 기본 원칙이 바로 그 여정에 아주 탁월한 이정표가 돼줄 것이다.

무작정 호수가 마르기를 기다리기보다 구멍 난 배를 수리하는 편이 현명하다. 당신은 온전히 당신의 권한 내에 있는 일에 집중해야 한다. 무엇보다 주변 상황에 불평하지 않도록 해야 한다. 당신이 의사라면 진료 규정이 바뀔 때까지 기다리지 말고 직접 발 벗고 나서서 자신을 전문가로서 포지셔닝하라.

시장의 근본적인 질서를 뒤집어 놓을 수 있는 사람은 극소수에 불과하다. 나는 당신에게 이렇게 조언하고 싶다. 애초에 다른 사람을 설득하거나 바꾸려고 애쓰지 마라. 당신의 에너지와 시간만 낭비할 뿐이다. 풍차와 맞서 싸우는 돈키호테가 되지는 말자. 차라리 당신이 할 수 있는 일에 집중하는 것이 낫다. 당신이 제공하는 것을 찾아다니는 사람들에게 모든 초점을 맞춰라. 수많은 사람과 세상을 바꾸려고 힘들이지 말고 당신의 위치와 마케팅 방법에 변화를 꾀하라.

모두 같은 방식으로 1등이 되지 않는다

포지셔닝 기본 원칙은 누구나 실행할 수 있다. 다시 말하지만 누구나 가능하다. 처음에는 실천하는 데 다소 시간이 걸리는 원칙도 있을 것이다. 더 많이 노력해야 하는 경우도 있을 것이다. 아마도 모든 원칙에서 동일한 결과를 달성할 수는 없을 것이다. 그래도 모두 시도해 볼 만한 가치가 있는 원칙들이다. 마땅한 대책 없이 더 좋은 조건을 기다리지 말고 당장 시작부터 해야 한다. 인생이 당신에게 선물한 물감으로 그림을 그려라. 하지만 최대한 잘 그려야 한다.

사람은 모두 다른 조건을 갖추고 있다. 다만 시간과 인내심을 가지고 실행하다 보면 다른 누군가가 성취한 것들 중 일부라도 달성할 수 있을 것이다. 예를 들어 학교에서 모두 1등이 될 수는 없다. 하지만 수년간의 실험 결과 시험에 떨어진 학생에게 3년 뒤 재시험을 보게 하자 시험에 통과할 확률이 거의 100퍼센트였다. 우수한 학생들만 통과했던 아주 어려운 시험에서도 실험 결과는 동일했다.

즉 누군가는 단지 남들보다 시간이 조금 더 걸렸을 뿐이라는 의미다. 또한 다른 누군가는 여러 요인 덕분에 남들보다 조금 더 빨리 해내는 것일 뿐이다. 조금 늦으면 어떤가? 긴 인생에서 고작 3년이 뒤처졌다고 크게 달라질 것이 있을까? 그보다 심각한 문제는 용기를 잃어버리고 절대로 성공하지 못할 거라고 낙담하는 마음가짐이다. 누구에게나 기회는 열려 있다. 누가 내일의 전문가가 될지는 아직 누구도 알지 못한다.

당신에겐 인내심과 용기가 필요하다. 재능은 누구에게나 있다. 하지만 사방이 어두컴컴한 곳에서 자신의 재능이 인도하는 대로 따라갈 용기를 지닌 사람은 드물다. 때로는 위험을 무릅쓰고 힘든 결정을 내리고 재능을 키우기보다 "난 아무 재능이 없어."라고 자포자기하는 편이 훨씬 쉽기 때문이다. 그래서 최고의 운동선수들도 재능을 믿기보다 날마다 4~6시간씩 훈련을 하는 것이다. 인내심과 용기를 가지고 훈련함으로써 그들은 재능을 더욱 향상시키고 더 많은 돈을 버는 것이다. 그것은 전혀 부당한 일이 아니다. 새로운 규칙에 따른 결과일 뿐이다. 스스로 질문해 보자. 당신은 훈련하는 데 하루에 몇 시간을 사용하는가? 하지만 주의하라. 얼마나 오래 일했는지가 아니라 그 일을 위해 얼마나 훈련을 했는지를 물어야 한다.

직장인을 위한 포지셔닝 전략

당신은 이제 무엇부터 시작해야 할까? 전문가로 포지셔닝할 좋은 아이디어가 좀처럼 떠오르지 않는다면 무엇을 어떻게 해야 할까? 우선 두 가지 방향 중 하나를 선택해야 한다. 계속 직장인으로 남을 것인가, 독립할 것인가?

우선 직장인으로 남는 결정을 선택했다고 가정해 보자. 여전히 당신은 전문가로 포지셔닝할 수 있고 또 반드시 해야만 한다. 하지만 남보다 더 뛰어날 수 있는 방법을 찾는 대신 어떻게 하면 남들과 다를 수 있을지를 고민하라.

당신은 전문성을 한층 더 갖추는 과정에서 자신의 능력과 재능을 함께 향상시킬 수 있다. 결과적으로 당신은 남들보다 돋보일 수 있다. 또 당신의 기본 원칙을 충족시키도록 능력과 재능을 안배할 수 있다. 따라서 자신을 현명하게 포지셔닝할 수 있는 회사에 입사해야 한다. 작은 타깃 집단의 절박한 문제를 해결하고 특정 부문에서 1등으로 인정받는 기업이 좋을 것이다. 또한 많은 일을 제대로 해내는 기업이라면 당신은 한결 수월하게 성장하고 많은 것을 배울 수 있을 것이다.

나아가 회사 내부에서 특정 문제를 해결하는 전문가로 자신의 입지를 굳혀라. 오만하거나 잘난 척하는 인상을 주지 않고 사람들의 관심을 모으는 법을 배워라. 예를 들어 사보에 정기적으로 글을 기고하는 방법도 있을 것이다.

자영업자라면 전략과 기술이 필요하다

자영업에 종사하고 있거나 자영업자가 되고 싶다면 기발한 아이디어가 필요하다. 당신은 전략과 기술의 차이를 알고 있는가? 기술은 특정한 행동 양식이고 전략은 큰 그림 뒤에 숨겨진 계획을 말한다. 기술은 누구나 빠르게 실행할 수 있는 반면 전략은 발견하는 것 자체가 어렵다.

당신은 무엇이 더 중요하다고 생각하는가? 좋은 전략인가, 좋은 기술인가? 많은 사람이 전략이 더 중요하다고 대답할 것이다. 물론 틀린 말은 아니지만 처음부터 승리 전략을 세운 사람은 극소수에 불과하다.

한 가지 전략에 절대적인 믿음을 가진 사람은 성공적인 실행을 위해 여러 가지 기법을 시도해 볼 것이다. 훌륭한 전략을 갖췄지만 어떤 기술도 먹히지 않을 때는 시간만 허비한 것에 불과하다. 결국 처음부터 다시 시작해야 한다. 하지만 똑같은 전략만을 고수할 것이 아니라면 훨씬 더 유연하게 사고를 전환하는 기회가 될 수 있다.

성공적이지 못한 전략을 바꿀 준비가 돼 있거나 필승 전략을 찾을 때까지 활용할 수 있는 모든 기술을 적용해 보는 사람만이 최고의 전략을 완성한다. 이와 관련해 두 가지 교훈을 담고 있는 사례들을 살펴보자.

- 수많은 사람이 캘리포니아로 황금을 캐러 몰려든다는 소식을 들은 청년이 있었다. 그는 사람들에게 튼튼하고 질 좋은 텐트가 필요할 것이라고 판단했다. 그길로 자신의 전 재산을 털어 천막포를 사들여 수백 킬로미터나 떨어진 캘리포니아로 향했다. 청년은 캘리포니아에 도착하자 자신과 똑같은 생각을 한 사람들이 먼저 와 있는 것을 발견했다. 이미 질 좋은 텐트가 충분히 보급된 상태였다. 이후 그는 어떻게 했을까? 새로운 전략이 없을지 고민하던 청년은 금을 찾아 나선 사람들을 유심히 살폈다. 얼마 후 사람들이

시종일관 바닥에 무릎을 꿇고 일하는 탓에 바지가 금세 닳아 버린 다는 사실을 발견했다. 작업자들이 입고 있는 바지의 원단이 너무 얇았던 것이다. 그 순간 청년은 아이디어가 떠올랐다. 천막포로 광부들이 입을 바지를 만들면 되겠다고 생각했다. 리바이스 청바 지는 그렇게 탄생했다.

• 한 남자가 "위대한 세계 고전 문학을 책 한 권에 담아 보자."라고 생각했다. 그는 책에 《콤팩트 고전주의》라고 이름을 붙였다. 매우 멋진 아이디어였지만 책을 사려는 사람이 아무도 없었다. 결국 남 자는 손실을 봐야 했다. 얼마 후 또 다른 한 남자가 똑같은 내용에 이름만 다르게 붙여 소개해야겠다는 아이디어를 떠올렸다. 그는 《미국 화장실에서 읽는 위대한 책》이라는 제목을 붙여 보기로 했 다. 그는 처음에 책을 출간했던 남자에게 적은 금액을 지불하고 다이제스트판을 사들인 후 그 책으로 수백만 달러를 벌어들였다.

• 월트 디즈니는 〈오즈월드 래빗〉의 토끼 캐릭터를 두고 소송을 벌 였지만 판권은 다른 경쟁자에게 돌아갔다. 디즈니는 소송에 패배 해 실망한 채 집으로 돌아오던 기차 안에서 우연히 쥐를 발견했 다. 그 순간 똑같은 내용을 다른 동물로 시도해 보자는 발상을 떠 올렸다. 그렇게 미키 마우스가 탄생했다. 만약 디즈니가 그날의 불행에 파묻혀 오랫동안 슬퍼하면서 운명을 원망하기만 했다면 지금쯤 어떻게 됐을까?

- 한 여성이《남자들이 여자에 대해 아는 모든 것》이라는 책으로 수백만 달러를 벌어들였다. 하지만 그 책을 수십 권씩 사들인 것은 여자들이었다. 불과 96페이지밖에 되지 않는 책에는 사실 아무것도 쓰여 있지 않았다. 정말 독창적인 발상이었다.

- 한 제약 회사에서 감기에 효과가 있는 종합 감기약을 개발하고 있었다. 감기에 걸린 사람들이 평소처럼 계속 일할 수 있도록 도와주는 약이었다. 오랜 연구 끝에 마침내 복합 감기약을 출시했다. 약을 먹은 사람들은 열이 내려가고 기침도 사라졌으며 꽉 막혔던 코도 뚫렸다. 두통이나 근육통도 사라졌다. 하지만 작은 부작용이 있었다. 약을 복용한 사람들은 깨어 있는 상태를 유지하기 힘들었고 자꾸 깊은 잠에 빠져들었다. 부작용을 해결할 새로운 전략이 필요했다. 제약 회사는 부작용이 있는 약을 응용해 밤에 복용하는 약을 개발했다. 결국 위크메디나이트Wick Medi Night라는 수면제가 탄생했다. 이와 비슷하게 개발된 약이 또 있다. 바로 비아그라다. 심혈관약을 개발하는 과정에서 흥미로운 부작용을 관찰한 연구자들이 발기부전 치료제를 만든 것이다.

- 3M 연구실에서 만능 접착 물질을 개발할 때의 일이다. 의도와 다르게 연구진은 마르지 않는 접착제를 만들어 냈다. 애당초 목표로 삼은 것과는 다른 결과였다. 이를 본 한 직원이 발 빠르게 전략을 수정했다. 그는 새로 개발한 접착제를 작은 메모지에 발라 봤다.

그렇게 포스트잇이라는 메모지가 탄생했다.

당신은 이 사례들을 읽고 무엇을 배울 수 있다는 것인지 의문을 제기할지도 모른다. 그에 대한 나의 대답은 이렇다. "아이디어를 발전시키는 법을 배워라. 전문가로서 포지셔닝하기 전에 아이디어를 찾는 전문가가 되는 법부터 배워야 한다."

아이디어는 어떻게 만들어지는가

많은 사람이 자신은 좋은 아이디어를 떠올리지 못한다고 생각한다. 그렇지 않다. 단지 훈련이 부족할 뿐이다. 태어날 때부터 천재적인 아이디어가 끊임없이 샘솟는 재능을 타고난 사람은 오히려 신화 속 주인공이나 마찬가지다. 실제로 아이디어를 찾는 과정에는 고된 노력이 필요하다. "어떻게 해도 기발한 아이디어가 떠오르지 않아."라고 말하는 편이 훨씬 자연스러운 반응이다. 그럼 힘들게 머리를 쥐어짜며 노력하거나 변명하지 않아도 되기 때문이다.

아이디어를 개발하고자 한다면 네 단계를 거쳐야 한다. 이 과정을 빠르게 진행할 수 있는 지름길은 없다. 오히려 아주 오래 걸리는 경우가 더 많다. 천재적인 발명가라 해도 수년이 걸리는 경우가 적지 않다. 그들은 발명품을 완성하기까지 수백 번 시도하고 도전한다. 번득이는 영감보다 집요한 씨름에 가깝다고 할 수 있다. 아이디어 개발에 필요한 네 단계는 다음과 같다.

1. 준비

당신이 해결하려는 문제에 이름을 붙여 보라. 문제와 관련된 정보를 최대한 많이 수집하라. 데이터를 기록하고 다른 사람에게 문의하라. 그러면 당신의 두뇌가 문제를 해결하는 방안을 찾는 데 점점 더 집중할 수 있을 것이다.

2. 비교

다른 사람의 아이디어를 자신에게 적용할 방법이 있는지 생각해 보라. 폴 사이먼Paul Simon은 사이먼 앤 가펑클의 히트송인 〈험한 세상의 다리가 되어〉Bridge over Troubled Water를 만든 영감을 어떻게 얻었는지 밝힌 적이 있다. "머릿속에 두 가지 멜로디가 맴돌았다. 하나는 바흐의 합창곡이고 다른 하나는 더 스완 실버스톤 싱어즈의 가스펠이었다. 그래서 두 곡을 하나로 합쳐 봤다." 데일 카네기는 《인간관계론》을 완성하기까지 이야기를 이렇게 설명했다. "이 책의 아이디어는 오롯이 나만의 것이 아니다. 소크라테스, 체스터필드, 예수의 아이디어를 슬쩍 차용했다. 그리고 그것을 책 한 권에 모아 놓은 것이다." 이 책은 전 세계에서 약 4천만 부 이상 판매됐다.

3. 부화

당신의 두뇌는 밤낮으로 문제를 해결하는 데 가동된다. 해결책을 찾아 다른 것과 비교하고 분석한다. 그리고 해결책을 부분적으로 완성해 가며 그 내용을 기록해 나간다. 이후 해결책을 하나로 모아 서서히 하나의 그림을 완성해 나간다.

4. 깨달음

한 순간 아이디어가 갑자기 허공에 솟구친 것처럼 떠오른다. 산책을 하거나 잠깐 낮잠에 들었을 때 갑자기 생길 수도 있다. 아이디어를 찾는 전문가가 됐다면 항상 메모지를 들고 다니면서 그때그때 떠오르는 아이디어를 곧바로 메모해 둔다.

위대한 혁신은 사소한 아이디어에서 시작된다

종종 이미 존재하는 것에 무언가를 덧붙여야 하는 경우도 있다. 때때로 소소한 변화만으로 커다란 효과가 생기기도 한다. 라이트 형제는 비행기의 핵심적인 부분을 다른 발명가들로부터 '넘겨받았다'. 물론 단순히 구조물만 갖췄다고 해서 하늘을 날 수 없었다. 그들은 날개에 문제점이 있다는 사실을 발견하고 날개 끝에 특수한 형태의 덮개를 덧붙였다. 이후 그들은 비행기로 하늘을 나는 데 성공했고 불멸의 존재가 됐다. 그리고 엄청난 부자가 됐다.

아이디어를 찾는 과정은 라이트 형제가 날개를 개발하는 과정과 닮았다. 일반적으로 잘 알려진 사항을 우선 잘 찾아보고 그다음 단계에 집중한다. 이미 세상에 존재하는 것을 새롭게 고안하는 데 시간을 허비할 필요가 없다. 이미 누군가 발견한 길을 또 찾아다닐 필요는 없지 않은가? 윌리엄 브로드William J. Broad의 연구 조사에 따르면 특허의 73퍼센트는 이미 보편화된 지식을 토대로 완성됐다고 한다.

알렉산더 그레이엄 벨이 전화기를 발명하기 전에 요한 필리프 라이스Johann Philipp Reis는 전기 회로를 통해 음악을 수신기로 전송할 수 있다는 사실을 발견했다. 단 언어를 전송하지는 못했다. 하지만 벨은 라이스의 발견을 응용해 나사를 4분의 1만 더 조이면 교류에서 직류를 만들어내어 언어를 전송할 수 있다는 것을 발견했다. 이러한 작은 발견으로 자신의 발명품을 완성한 벨은 유명해졌고 아주 큰 부자가 됐다.

라이스는 자신의 발명품이 도용당했다고 느꼈다. 그는 고작 나사를 조금 더 조인 것일 뿐 자신이 발명한 제품을 벨이 훔친 것이라며 제소했다. 하지만 법원은 라이스의 소송을 기각했다. 판결문에서 매우 흥미로운 구절을 볼 수 있다.

"두 시스템의 차이는 성공과 실패를 가른 차이와 같다. 원고인이 포기하지 않았다면 아마 성공으로 향하는 길을 발견했을 수도 있다. 하지만 원고인은 포기했고 결국 실패했다. 피고인은 원고인이 포기한 일을 넘겨받아 성공적으로 완수했다."

나폴레온 힐은 전 세계 최고의 갑부들을 인터뷰하고 그들의 성공 원칙을 《생각하라 그리고 부자가 되어라》에 요약해 놓았다. "무일푼인 사람들은 아이디어가 온전히 자신에게서 나와야만 도움이 된다고 믿는다." 미국에서 최고로 돈이 많은 부자 중 한 명인 샘 월튼Samuel Moore Walton

도 비슷한 맥락의 말을 했다. "내 아이디어는 전부 경쟁자에게서 슬쩍 가져와 내 시스템에 맞게 응용한 것이다." 미켈란젤로는 한 걸음 더 나아가 이렇게 말했다. "내가 걸작들을 만들기 위해 얼마나 오랫동안 일했는지 아는 사람들은 더 이상 그 작품을 그렇게 경이로운 시선으로 바라보지 않을 것이다."

전문가들의 아이디어 발전 방법을 익혀라

- 당신이 해결책을 찾고 싶은 문제를 기록한다.
- 다른 사람이 성공적으로 활용한 아이디어 중 새롭고 흥미로운 아이디어에 주목한다.
- 문제를 해결하는 가장 간단한 방법은 다른 누군가의 아이디어를 자신에게 맞게 변형시켜 수용하는 것이다.
- 아이디어 수집가가 되어 아이디어 일기를 작성하라.
- 당신이 일하는 분야에서 최고로 인정받는 대상을 찾아가 아이디어들을 살펴보라. 주식 중개업자라면 월스트리트, 서퍼라면 하와이, 시계 전문가라면 스위스로 가야 한다. 그곳에서 당신이 할 수 있는 일을 찾은 뒤 그들 가까이에서 지켜보며 배운다.
- 다음의 방식 중 기존 아이디어를 활용할 수 있는 방법을 고민해 본다.
  - 어떤 아이디어의 일부를 바꾸거나 대체할 수 있는가?
  - 무언가를 더할 수 있는가?(예를 들면 두 가지 아이디어를 접목한다)
  - 당신은 변화하고 수용할 자세를 갖추고 있는가?

- 어떤 아이디어를 다른 영역으로 전이시킬 수 있는가?

- 무언가를 뒤집어 볼 수 있는가?

• 잠들기 전에 고민 중인 문제에 대해 생각하는 습관을 들인다. 잠자는 동안에
  도 무의식적으로 해결책을 찾을 수 있도록 문제에 몰입하라.

• 항상 메모지를 가지고 다닌다.

기발한 포지셔닝 전략으로 전문가가 된 사람들

이번 장의 마지막 부분에서는 다양한 분야의 네 가지 사례를 소개하
고자 한다.

사례 1. 원스톱 인테리어 전문가 이사벨레

마요르카 섬에서 부동산을 구매한 후 나는 한 가지 문제에 직면했다.
집에 가구를 사서 채울 생각에 고민이 생긴 것이다. 집 전체를 살 만한
곳으로 만들려면 족히 몇 달은 걸릴 것 같았다. 생각만 해도 끔찍했다.
다행히 나의 문제를 해결해 줄 전문가가 있었다. 바로 이사벨레였다.

그녀는 아무것도 아니라는 듯 내게 말했다. "시간이 많이 없으시죠?
집 인테리어까지 신경 쓰려니 싫으실 거예요. 가구를 배치하는 데 익숙
하지도 않으시고. 제가 다 해드리겠습니다. 딱 하루만 제게 투자하시면
됩니다. 함께 카탈로그를 보며 어떤 스타일로 꾸미고 싶으신지 상담만

해도 충분하거든요. 의자 하나에서 커튼은 물론 수건까지 전부 고르시기만 하면 됩니다. 더욱이 매장에서 구매하실 때보다 훨씬 더 저렴하죠. 무엇보다 제 컨설팅 서비스 비용은 무료랍니다."

그녀의 호언장담에 나는 호기심이 생겼다. 마케팅 기술 면에서도 그녀는 전적으로 탁월했다. 자신이 제공하는 서비스를 최고로 평가한 고객 목록도 가져왔던 것이다. 나는 그녀가 인테리어 서비스를 제공한 집의 사진을 살펴봤다. 굉장히 멋졌다.

이사벨레는 자신의 약속을 지켰다. 나는 단 하루만을 투자했고, 전체 예산의 약 10퍼센트를 절감할 수 있었다. 무엇보다 그녀는 집의 상당 부분을 내 입맛에 맞게 바꿔 놓았다. 단 10주 안에 말이다. 그리고 그녀의 약속대로 나는 컨설팅 서비스에 단 1유로도 지불하지 않았다.

이사벨레는 만족했을까? 물론 그녀에게도 나와의 거래는 아주 좋았다. 이사벨레는 임신 이후 기존의 가구 사업을 접어야만 했다고 한다. 그러다 한 가지 아이디어를 떠올렸다. 고객의 집을 고객이 원하는 대로 꾸며 주는 종합 서비스였다. 고객은 가구의 소비자 가격만큼만 돈을 지불하면 된다. 그녀는 가구 사업을 운영했던 경력을 살려 제조사로부터 소비자 가격보다 10퍼센트 저렴한 가격에 가구를 공급받고 그 차액을 자신의 몫으로 남긴 것이다. 수익은 제법 짭짤했다.

그녀는 자신이 사랑하는 집 꾸미기와 쇼핑을 직업으로 삼았다. 무엇보다 시간을 쪼개서 아이들을 직접 돌보는 것도 가능했다. 정말 멋진 해결책이었다. 성공적인 포지셔닝을 위한 열 가지 기본 원칙을 그녀의 사업 아이디어와 비교해 보면 모든 원칙이 충분히 적용됐음을 알 수 있다.

이제 이사벨레는 별도의 고정 지출도, 인건비도 없이 한 달에 수만 유로를 벌고 있다. 어린 자녀를 둘이나 둔 젊은 가정주부로서 큰 성공인 셈이다. 일반적으로 가정집 인테리어 공사를 시작하면 수십만 유로, 또는 그 이상을 지출하는 것은 정말 금방이다. 그리고 수익의 거의 절반에 해당하는 몫이 그녀의 몫이다.

사례 2. 세계적인 뮤지션 바우 와우

당신은 릴 바우 와우Lil Bow Wow를 아는가? 그에게 대해 들어 본 적이 없다면 당신이 그의 타깃 집단에 속하지 않기 때문이다. 바우 와우는 첫 번째 솔로 앨범을 200만 장 판매하며 수백만 달러를 벌어들였다. 그는 자신이 좋아하는 일을 하고 자신의 분야에서 최고의 전문가들에게 훈련을 받은 만큼 굉장한 자신감을 가진 인물이다. 무엇보다 엄청난 재능을 발휘하는 포지셔닝의 전문가다. 그는 한 인터뷰에서 자신이 성공하기까지의 과정을 소개했다.

"무엇보다 중요한 것은 자신감이다. 자기 자신을 믿어야 한다. 그런 뒤 자신을 표현할 수 있는 무언가를 찾아야 한다. 나의 경우는 랩이었고, 난 여섯 살부터 랩을 하기 시작했다. 나는 스눕 독Snoop Dogg이 우리 고향을 찾았을 때 무작정 무대 위로 뛰어올라 그와 함께 공연을 했다. 그 이후에도 그와 함께 몇 차례 공연했다. 나는 내 나이 또래의 마음을 움직일 만한 내용을 담아 랩을 했다. 게임, 학교, 부모와의 불화 등에 대해 노래했다. 스눕 독은 나의 랩을 무척이나 마음에 들어 했다. 그는 내게 '네 이름을 바꿔야겠어. 그러니까 지금부터 너는 바우 와우야. 이름이 쿨cool해야 스스로 자부심이 생기는 법이니까'라고 조언했다. 쇼 비지니스에서는 입심이 좋으면 도움이 된다. 내가 제대로 뻔뻔하게 행동하지 못했던 적은 딱 한 번 있었다. 나의 영웅, 마이클 조던을 직접 만났을 때였다. 하지만 지난 몇 년간 슈퍼스타들과 어울리다 보니 그의 앞에서 서도 괜찮아졌다. 심지어 지금은 함께 영화를 찍고 싶어 하는 사이가 될 정도로."

바우 와우의 이야기를 들여다보면 동일한 시스템이 눈에 띌 것이다.

- 좋아하는 일을 찾는다
- 자신감을 차곡차곡 쌓아 나간다
- 롤모델을 정한 뒤 그 곁에서 보고 배운다
- 자신을 포지셔닝한다

의식적이든 무의적이든 이렇게 하는 사람이 성공과 더불어 많은 돈을 얻게 된다.

사례 3. 유전 화재 전문 소방관

세 번째 사례를 시작하기 전에 한 가지 질문을 던져 보겠다. 당신은 소방관도 포지셔닝할 수 있다고 생각하는가, 힘들 거라고 생각하는가? 그럼 이렇게 상상해 보라. 당신이 소유한 땅에 유전이 있는데 그곳에서 화재가 발생했다. 불을 끄기 위해 누구를 부를 것인가? 내가 강연에서 이렇게 질문할 때마다 많은 사람이 곧장 "레드 어데어!"Red Adair(미국의 유전 화재 소방 전문가—옮긴이)라고 외치곤 했다. 이라크 전쟁 당시 사담 후세인의 군대는 쿠웨이트에서 철수하기 직전 무수히 많은 유전에 불을 질렀다. 그리고 당시 세계에서 가장 유명한 유전 화재 전문가인 어데어가 소환됐다. 그의 수입은 전혀 나쁘지 않았다. 사실 아주 많이 번다고 할 수 있다. 그 이유는 다음과 같다.

- 레드 어데어는 다른 소방관들과 다르다
- 그는 매우 비범했고, 독보적이다. 독립적으로 활동하며 자신만의 관심사를 추구했다
- 그는 비록 1등 소방관은 아니었지만 유전 화재라는 새로운 범주를 개척해 일인자로 거듭났다
- 그의 분야는 매우 좁고 뾰쪽하다. "내 담당은 일반 화재가 아니다. 나는 유전 화재만 담당한다."라고 말하려면 많은 용기가 필요하다. 하지만 불확실성이 클수록 수익성도 그만큼 크다
- 기술은 계속 발전하고 있다. 하지만 그는 기본 원칙을 충족시키면서 매번 상황에 맞는 최고의 방법을 선택하므로 항상 효과적인 방법을 투입할 수 있다
- 화재를 겪고 있는 유전 소유주는 매우 좁은 타깃 집단이다. 하지만 그들은 지불 능력이 매우 뛰어나다
- 유전에 화재가 발생하는 것만큼 긴박한 일은 없다. 그는 유전 소유주가 겪고 있는 심각한 문제를 해결한다
- 화재를 진압하는 엄청난 광경은 미디어를 통해 사람들에게 알려

진다. 어데어는 아무 말도 할 필요가 없다. 이미 사람들이 자발적으로 그를 세상에 알리고 있다

- 당연히 가격을 결정하는 것은 바로 그 자신이다. 그리고 고객들은 아주 신속하게 그의 제안을 받아들인다. 유전 화재는 1분마다 엄청난 재산을 집어삼킨다. 유전 소유주는 엄청난 액수라도 기꺼이 지불할 준비가 돼 있다. 협상을 오래 끌 필요도 없다

자신을 전문가로 제대로 포지셔닝한 사람들을 연구하라. 그들의 전략을 발견하라. 신문에 정기적으로 쏟아지는 기사를 통해 성공한 기업가, 연예인, 전문가들을 분석하라. 그들과 자신에게서 동일하게 발견하는 특성이나 성향을 기록하라. 당신의 싱크탱크를 가동시켜라.

사례 4. 숨은 고객을 발견해 낸 보험 전문가

물론 포지셔닝 기본 원칙 열 가지를 이행하는 것이 당장 쉬울 수만은 없다. 몇몇 업계에서는 아예 적용되지 않는 것처럼 보이기도 한다. 실망하지 마라. 항상 길은 있기 마련이다. 마지막 사례로 살펴볼 보험 업계 역시 마찬가지다.

자칭 보험 전문가라고 말하는 많은 사람이 실제로는 전문가가 아니라는 사실을 알고 있는가? 늘 새로운 판매 전략만을 고집할 것이 아니라 그들의 포지셔닝 전략을 심사숙고해야 한다. 일반적인 판매자는 고객을 끌어오는 데 그치지만 전문가로 포지셔닝을 한 사람들은 고객에게 불려 다닌다는 점을 항상 기억하라.

한 포지셔닝 전문가는 특별한 관심사나 재능이 없다고 푸념을 털어 놓는 한 보험 설계사와 대화를 나눴다. 보험 설계사는 "저는 정말 평범 한 사람입니다. 남들보다 뛰어난 부분이 정말 하나도 없어요."라고 말 했다. 그에게 맞는 포지셔닝 전략을 찾아 주기는 쉽지 않았다.

포지셔닝 전문가는 몇 가지 질문을 통해 그의 현재 상태를 파악하기 로 했다. 특별한 성공 경험은 없었다. 심각한 고난을 겪은 일도 없었다. 명확한 삶의 비전도 없었다. 독창적인 취미도 없었다. 특별한 친구나 친 척도 없었다. 그가 아는 주변의 사람들은 평범한 사람뿐이었다. 그런데 보험 설계사가 한 사람을 언급했다. "시각 장애가 있으신 제 이모님을 제외하면요." 이내 그는 풍부한 감성을 담아 이모에 대해 이야기를 시 작했다. 그의 태도로 미뤄보건대 두 사람은 매우 가까운 사이 같았다.

포지셔닝 전문가는 그렇게 그의 감정의 문을 활짝 열어 주었다. 마음 의 문이 열리자 보험 설계사는 맹인들이 일상에서 겪는 걱정이나 문제 에 대해서 전혀 막힘 없이 말하기 시작했다. 특히 설명이 길어질수록 그의 음성은 점점 격앙됐다. 시각 장애인들은 보험에 가입할 때도 앞이 보이는 사람들보다 더 높은 금액을 지불해야 한다고 말했다. 보험 업계 에서는 이를 불확실성 프리미엄이라고 불렀지만, 통계학적으로 보면 시각 장애인들은 비장애인보다 사고에 처할 가능성이 현저히 낮은 것 으로 나타났다. 정말 부당한 조건이었다.

포지셔닝 전문가와 열띤 대화를 하던 중 그는 갑자기 한 가지 아이디 어가 떠올랐다고 했다. "시각 장애인들이 최대한 공정하고 좋은 보험에 가입할 수 있도록 도우면 어떨까요?" 이후 그는 보험 상품들을 조사했고, 시각 장애인들이 프리미엄 수수료를 내지 않아도 될 뿐만 아니라 할인까지 받을 수 있는 몇몇 보험사를 찾아냈다. 그 밖에도 그는 시각 장애인들의 특수한 니즈와 어려움에 대해서도 알게 됐다.

보험 설계사는 자신만의 위치를 발견했다. 하지만 곧바로 전문가가 된 것은 아니었다. 앞에서 강조했던 것을 기억할 것이다. 전문가란 자신의 특화된 지식으로 경제적 이득을 취할 수 있어야 한다. 또한 자신의 포지셔닝에 대해 끊임없이 말할 줄 알고 대중의 주목을 끌 수 있어야 한다. 대중에게 얼마나 알려졌는지가 포지셔닝의 가치를 좌우한다.

보험 설계사는 시각 장애인 고객층의 관심을 어떻게 끌지 고민했다. 우선 시각 장애인들을 대상으로 발행하는 매체를 찾아보기로 했다. 출판사 편집국에 문의한 결과 그는 아주 놀라운 사실을 확인했다. 때마침 새로운 필자를 찾고 있었던 것이다. 그렇게 그는 시각 장애인을 위한 잡지의 고정 칼럼을 할당받을 수 있었다. 그 덕분에 시각 장애인들 사이에서 유명한 보험 전문가로 자리 잡았다. 몇 년 후 그는 시각 장애인을 2만 명 이상 보험에 가입시키는 엄청난 실적을 올렸다.

그의 성공은 충분히 예견된 일이었다. 당신에게 시각 장애가 있다고 가정해 보자. 당신의 문제를 잘 알고 당신이 겪고 있는 문제를 가장 좋은 방법으로 해결해 줄 사람이 소개하는 보험에 가입하는 것은 너무나 당연한 일이다. 게다가 경쟁사보다 가격도 저렴하다면 선택의 여지가 없다. 보험 설계사는 살면서 처음으로 자신이 의미 있는 일을 해냈다는 기분에 심취했다. 일을 하면서도 짜릿한 재미와 더불어 한층 높은 만족감을 느꼈다.

새로운 시대에 맞는 전문가로 포지셔닝하라

누구나 살아온 환경이 다르고 생각하는 바도 다르다. 하지만 돈을 더 많이 벌고 싶고 성취감을 찾으려고 할 때 적용할 수 있는 특정 기본 원칙과 게임 규칙은 누구에게나 동일하다.

- 당신에게 재미를 안겨 주고 당신의 재능에 부합하며 당신을 특별하고 남들과 다르게 만들어 주는 것을 찾아내라
- 당신에게 동기를 부여하는 것은 무엇인가? 가능한 한 그 분야에서 인생의 비전을 전개시켜 보라
- 취업 상태라면 다음 사항에 대해 진지하게 생각해 보라. 직장인으로서 포지셔닝하기를 원하는가, 독립을 원하는가? 물론 두 가지 모두 가능하다. 하지만 어느 쪽이든 결정을 내려야 한다. 적어도 몇 년 정도 깊이 고민하기를 권장한다
- 달라진 시대에 돈 버는 새로운 규칙(제3장)과 고소득을 위한 15계명(제7장)을 참고하라. 이런 조언들을 반복적으로 실천하고 이 책의 조언들이 나날이 더 확고해지는 삶의 일부가 되도록 만들 방안을 찾아본다
- 날마다 자신의 포지셔닝 전략을 다질 시간을 확보하라. 이때 포지셔닝의 열 가지 기본 원칙을 적극적으로 활용하라
- 포지셔닝 전략의 구상을 마쳤다면 적어도 날마다 최소 1시간씩 포지셔닝 전략을 위해 시간을 써라

매일 자신을 포지셔닝하기 위해 노력하라

- 당신의 포지셔닝 전략에 대해 깊이 생각해 볼 시간을 정한다.
- 포지셔닝에 대한 진지한 자세가 준비됐다면 날마다 1시간을 할애한다. 하루 1시간이 3~5년 동안 쌓이면 당신에게 큰돈을 벌어다 줄 것이다.
- 마케팅 서적을 읽어라. 적어도 한 달에 한 권씩 읽도록 한다.
- 성공적인 마케팅을 위한 점검 목록을 작성하라.
- 성공한 사람들의 전기를 읽고 그들의 인생과 포지셔닝 전략을 분석한다. 당신이 처한 상황에 무엇을 어떻게 적용할 수 있을지 생각해 본다.
- 매일같이 포지셔닝 기본 원칙 열 가지 중 하나를 선택한 후 곰곰이 생각해 본다.
- 새로운 아이디어를 생각하는 과정에 도움이 될 만한 질문 목록을 작성해 참고한다.
- 당신의 포지셔닝 전략에 대해서 고민하는 시간을 1년에 여러 차례 마련한다.
- 마케팅과 포지셔닝 분야의 전문가들과 상담하라.

전문성을 갖추지 못한 직원은 언제라도 대체될 수 있다. 그들은 전문가와 극단적인 대조를 이룬다. 기업은 그들에게 이렇게 제안할 것이다. "당신에 줄 수 있는 일자리는 이것뿐이고 임금으로 이 정도를 받게 될 것이다. 당신이 받아들이지 않는다 해도 더 이상은 제안할 수 없다."

반대로 자신을 전문가로 포지셔닝하면 당신 자신이 일의 보수를 결정하게 될 것이다. 새로운 시대에 전문화는 반드시 필요한 요소다. 앞으로는 전문가로서 활동하지 않으면 점점 도태될 것이다.

다음 장에서는 아주 특수한 형태의 전문가인 기업가에 대해 설명하고자 한다. 기업가는 어떤 위치인지, 기업가라면 절대 하지 말아야 할 일이 무엇인지 알아볼 것이다. 물론 굳이 포지셔닝을 하지 않아도 누구나 기업가가 될 수 있지만 그것만으로는 효율적이지 못하며 충분하지 않다.

제**10**장

기업가, 위험을 감수한 만큼 큰돈을 벌어라

작은 세계를 잃는 것은 큰 세계를 정복한 대가다.

_원전 미상

기업가가 되는 것을 큰 행운이라고 보는 사람이 많다. 기업가들을 살펴보면 대부분 누구나 부러워할 만한 장점이 많은 편이다. 누구도 그들처럼 자신의 삶을 소망하는 대로 꾸려 나갈 힘이나 영향력을 행사하지 못한다. 하지만 나는 두 가지 문제에 대해 반박하려 한다.

첫째, 누구나 성공적인 기업가가 될 수 있는 것은 아니다. 비록 긍정적인 사고를 하는 사람들이 "누구나 모든 것을 배우고 이룰 수 있다."라고 주장하지만 절대 그렇지 않다. 내가 경험한 바에 따르면 전혀 달랐다. 기업가가 된 후에 불행에 빠지고 또 전혀 성공하지 못할 사람이 생각보다

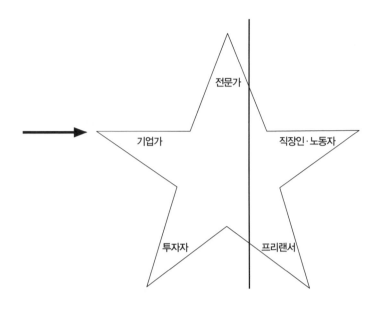

수두룩하다. 기업가가 되려면 특정한 성격적 특징을 지녀야 하기 때문이다. 기업가만의 특징에 대해서는 곧 논의할 것이다. 이어서 기업가가 완수해야 하는 임무에 대한 조언도 덧붙일 예정이다. 더 나아가 기업가로서의 임무를 성공적으로 완수하는 법도 배우게 될 것이다. 하지만 무엇보다 기업가가 되기 위한 성격의 기본 전제 조건을 처음부터 어느 정도 갖추고 있어야 한다. 만약 당신이 이미 기업가이거나 독립한 프리랜서이거나 회사를 창업할 생각이라면 이번 장을 특히 더 꼼꼼하게 읽기 바란다. 기업에 고용된 직장인일지라도 이번 장은 자신의 목표를 깊이 생각하는 데 도움이 될 것이다.

둘째, 성공한 기업가처럼 행동할 때 비로소 사람들이 말하는 기업가의 장점을 누릴 수 있다. 그리고 정확히 말하면 기업가의 99퍼센트가 이에 해당되지 않는다. 기업가라고 자처하는 사람들은 쉽게 말하지만 실상은 그렇지 않다. 그들은 정작 자신들의 말과 달리 직장인, 프리랜서, 전문 가처럼 행동한다. 내가 아는 한 기업가는 다음과 같이 주장했다. "나는 자영업자다. 자영업자는 독립적으로 직접 일해야 한다." 정말 터무니없 는 말이다. 그런 태도로 일한다면 어떤 끔찍한 결과가 생길지도 모르고 하는 소리다.

나는 아주 쓰라린 경험을 통해 이 진리를 배워야 했다. 처음으로 회 사를 창업했을 때 나는 누구보다 더 열심히 일하겠노라고 다짐했고 너 무나 당연한 일이라고 생각했다. 어쨌거나 회사가 내 것이었기 때문이 다. 하지만 나는 비로소 기업가와 고용된 기업가의 차이를 깨달았다.

제아무리 기업가라 해도 본인의 소유인 회사에서 일하는 사람은 고 용된 상태인 것이다. 자기 회사이면서 동시에 자기 자신이라는 가장 혹 독한 고용주를 위해 일해야 한다. 대부분의 자영업자가 직원보다 더 오 래, 열심히 일하는 것도 전부 회사에 고용돼 있기 때문이다.

직장인에 머물 것인가, 기업가로 클 것인가

이제 당신은 중요한 결정을 내려야 한다. 당신은 진정한 기업가가 되 고 싶은가? 단순히 직장인으로 남을 것인가? 앞서 살펴본 별을 떠올려 보자. 기업가는 별의 왼쪽에 있고 직장인은 별의 오른쪽에 위치한다.

대부분의 기업가는 기업가로서 사업을 하면서 동시에 피고용인처럼

당신은 실제로 어디서 일하고 있는가?

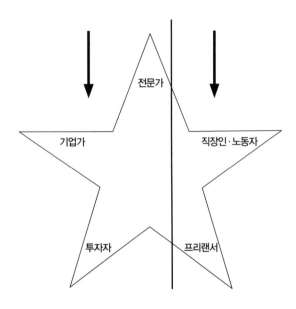

근무하는 직장인에 가깝다. 기업가이면서 직장인처럼 동시에 일하기란 아주 어려운 일이다. 그림에서 보다시피 둘 사이의 간격이 너무 떨어져 있기 때문이다. 그들의 임무, 기대하는 결과는 물론 사고방식 자체가 너무 다르다. 제4장에서 배운 교훈을 떠올려 보자. 두 가지를 전부 다 할 수도 없고, 시도할 생각조차 버려야 한다. 무조건 한 가지를 선택해야 한다.

이번 장을 읽고 나면 당신은 확실히 결정할 수 있을 것이다. 그에 앞서 생각해 봐야 할 것이 있다. 만약 당신이 기업가이면서 동시에 피고용인이 되기로 결심했다면 다음과 같은 세 가지 사항을 분명히 염두에 둬야 할 것이다.

첫째, 두 가지 일 중 어느 것도 제대로 수행하지 못할 것이다. 둘째, 고용된 기업가는 휴가도 없이 수년간 일만 하며 주말 내내 근무하기로 스스로 선택한 것이다. 셋째, 당신이 이룰 수도 있었던 또 다른 성공을 누리기가 힘들어질 것이다. 많은 기업이 생존을 위한 궁여지책으로 이런 방식을 선택해 수익을 창출했지만, 제 발로 다람쥐 쳇바퀴 안에 들어온 것이나 마찬가지다.

기업가라면 기업 안에서 일할 것이 아니라 기업을 위해 일해야 한다. 기업 내부에서 일하는 한 절대로 기업 전체를 위해 일할 때만큼 성공을 이루고, 돈을 더 많이 벌고, 수준 높은 삶의 질을 유지할 수 없다.

프리랜서라면 시스템을 구축하라

프리랜서는 상대적으로 더욱 심각하게 다람쥐 쳇바퀴를 도는 경우가 많다. 모든 일이 자신에게 달려 있기 때문이다. 그들은 자신이 시스템 자체이므로 어떻게 해도 대체할 수 없다. 프리랜서로 성공할수록 시스템 자체는 더욱 확장된다. 자기 자신이 성공할수록 업무 강도는 점점 심해질 뿐이다.

해결책은 간단하다. 프리랜서라면 시스템을 구축하라. 기업가가 되라. 그리고 전문가를 고용하라. 성공한 기업가는 항상 자신을 복제할 능력을 갖고 있다. 다시 말해 내가 아닌 타인을 통해 좋은 결과를 달성하는 시스템을 구축해야 한다는 의미다. 시스템이 있으면 더 이상 자신을 옭아매지 않아도 되고, 지점이나 프랜차이즈를 개설할 수도 있다.

자기 능력 복제에 성공하면 당신은 그만큼 자유로워진다. 이후에는 당신이 가장 잘할 수 있고 가장 좋아하는 일을 자유롭게 하면 된다. 이 때에도 당신이 가장 잘할 수 있고 가장 좋아하는 것이 회사에 전혀 도움이 되지 않는다면 지금 하고 있는 일은 자신에게 맞는 올바른 사업이 아니다.

다시 시스템을 구축하는 문제로 돌아가 보자. 제대로 시스템을 구축하면 당신이 없어도 정상적으로 일이 진행된다. 어쩌면 당신은 "내 일은 불가능합니다!"라고 항변할 수도 있다. 물론 실제로 시스템을 적용하기 어려울 수도 있겠지만 절대 불가능한 것만은 아니다. 의사, 변호사, 건축가 같은 프리랜서가 성공한 사례는 충분히 많다.

다시 한번 별 그림을 살펴보자. 거의 모든 프리랜서가 자기 회사에서 일하며 나머지 네 분야의 임무를 충족시킨다. 즉 한 사람이 직장인, 프리랜서, 전문가, 기업가의 역할을 전부 해낸다는 의미다. 고용된 프리랜서-전문가-기업가인 '다기능 노동력'이라고 부를 수 있다.

당신이 회사에 없어도 돌아가는 시스템을 구축하지 않는 한 자유는 없다는 것을 항상 명심하라. 시스템으로 공백을 채우지 못한다면 자신의 노동력으로 메워야 한다. 더욱이 자신이 직접 시스템 자체가 된다면 정말 재미가 없을 것이다. 만약 당신이 독립적으로 일하는 프리랜서라면 기업가로 전환했을 때 삶의 질이 향상될 여지가 있는지 검토해 봐야 한다. 또는 혼자 일하는 것을 선호한다면 전문가로 포지셔닝하는 것을 고려해 볼 수도 있다.

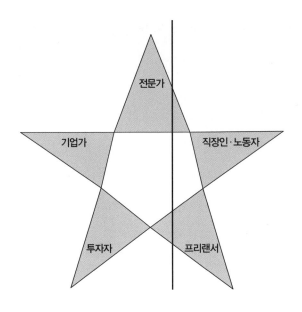

전문가

기업가

직장인·노동자

투자자

프리랜서

불확실성을 극복하는 10가지 기업가정신

누구나 좋은 기업가가 되는 것은 아니다. 누구든 기업가가 되고자 한다면 핵심 업무를 인식하고 올바른 방식으로 풀어 나가는 법은 배울 수 있다. 하지만 기업가정신을 지녀야 한다. 기업가만의 특성 중 일부는 키워 나갈 수도 있지만 몇 가지는 아무리 해도 체득하지 못하거나 피나는 노력을 통해서 간신히 갖추는 경우도 있다. 무언가를 훈련하려면 최소한의 기본적인 성질을 갖추고 있어야 가능하다.

학습보다 더 중요한 현실적 제약이 있다. 자신이 타고난 천성에도 맞지 않고 재미도 느끼지 못하는 것을 억지로 힘들게 배우는 일이 전혀 즐겁지 않다는 것이다. 따라서 열 가지 기업가정신을 진지하게 검토해 보라.

1. 기업가는 위험을 감수한다

별의 왼쪽에 속한 사람들은 특별한 특성을 한 가지 지니고 있다. 그들은 언제나 위험을 감수할 준비가 돼 있다. 그런데 흥미롭게도 대부분의 사람이 그것을 특별한 위험이라고 생각하지 않는다. 그들은 그저 자신이 해야 할 다음 일을 묵묵히 해낼 뿐이다.

그들도 네 살짜리 아이였던 시절이 있었다. 어린 시절에는 위험을 감수하고 배우고 연구하는 것이 너무나 당연한 일이었다. 당시는 누구나 항상 뭔가에 집중하고 재미를 느끼며 포기하는 법이 없었다. 어린 시절의 적극적인 태도를 삶의 철칙으로 유지해 온 사람이 기업가에 적합하다. 당신도 스스로에게 질문해 보라. 당신에게 위험이란 부담스러운 일인가, 인생에서 생길 수 있는 지극히 정상적인 일인가?

만약 위험을 회피하는 성향을 지녔다면 정말로 기업가가 되고 싶은지 신중하게 자문해 봐야 한다. 만약 그렇다면 앞으로 불편한 상황을 계속 마주해야 한다는 점을 상기하고 마음의 준비를 단단히 해야 한다. 기업가는 상황에 따라 위험한 결정도 과감하게 내릴 수 있어야 한다. 매사에 심사숙고하며 조금씩 앞으로 나아간다면 거의 모든 것을 이룰 수 있을 것이다.

창업은 그렇게 만만한 일이 아니다. 남들이 하는 만큼으로는 큰 변화를 일으킬 수도 없다. 큰 도약을 원한다면 무엇보다 용기가 필요하다. 별의 다른 분야와 기업가의 사이에는 제법 넓은 폭의 도랑이 놓여 있다고 한다. 그 도랑은 여러 번의 작은 도약으로 건널 수 있는 수준이 아니다.

누구에게나 "차츰 단계별로 위험을 감수하게 될 것이다."라고 조언할 수 있다. 톰 울프Tom Wolfe는 결단력의 두 가지 특징을 다음과 같이 설명했다. 하나는 "준비, 조준, 발사"다. 또 다른 하나는 "준비, 조준, 조준, 조준, 조준, 조준, 조준, 조준, 조준….".이다. 푸블리우스 코르넬리우스 타키투스Publius Cornelius Tacitus는 "안전에 관한 욕구는 위대하며 고귀한 모든 사업을 훼방한다."라는 진리를 전하고 있다. 게임에 참여했다면 어떻게든 잃지 않는 데 집중하지 마라. 승리를 위한 게임을 해야 한다. 완전히 다른 두 선택지 중 무엇을 결정하는지에 따라 빈곤과 부라는 완전히 상반된 삶이 결정된다. 그리고 모험과 아름다움이 가득한 인생과 생존하느라 급급한 인생 중 하나가 결정된다.

대부분의 사람은 안정을 추구하지만 안정을 찾는 방법을 잘 모른다. 위험을 감수하고 위험에 대처하는 법을 배운 사람만이 인생의 안정을 발견할 수 있다. 위험에서 멀어짐으로써 안정을 찾으려는 사람은 오히려 두려움과 공포만 마주하게 된다. 결국 그가 마주하는 세계는 점점 작아지고 또 작아져서 아주 사소한 문제마저도 대참사로 받아들이게 된다.

얼마 전 나이가 지긋한 노부인과 대화를 나눴다. 그녀가 지루한 생활을 하고 있는 것처럼 보여 정말 그런지 물었더니 이렇게 소리쳤다. "내가 지루하냐고요? 그렇다면 내가 무엇을 근심하고 걱정해야 하는지 좀 들어 봐야겠군요!" 나는 그녀와 대화를 나누면서 어떻게든 자신의 인생에서 위험을 피하려는 사람마저도 삶이라는 전투를 힘들어한다는 사실을 깨달았다. 스스로 걱정거리를 만드는 것은 매우 약삭빠른 속임수다. 단조로운 인생을 순식간에 긴장되고 변화무쌍하게 만들 수는 있을 것이다. 하지만 그것은 명백히 자기를 기만하는 행동이다.

당신을 사로잡은 두려움과 실패야말로 당신이 우려하는 일들을 당신의 삶에 끌어들인다. 실망으로 좌절하는 사람이 줄어든다면 성공할 기업이 훨씬 늘어날 것이다. "용기에는 천재성, 힘, 마법이 들어 있다."라는 괴테의 말처럼 기업가가 안정을 추구하는 성향을 줄일수록 그만큼 성공의 기회도 커질 것이다.

2. 기업가는 실망감을 잘 극복해 낸다

당신이 기업가라면 거부, 실패, 실망이라는 감정에 둔감해져야 한다. 기업가는 거부가 곧 자신의 삶에서 제외할 수 없는 확고한 일부가 돼야 함을 잘 알고 있다. 그렇지 않고서는 '아니요'라는 거절이 두려워 어떤 일도 시도하지 못하게 될 것이다. 많은 기업이 거절을 두려워하지 않는 시도를 통해 환상적인 결과를 도출하곤 했다. 따라서 진정한 기업가라면 체면을 잃지 않으려는 생각으로 거절을 피해선 안 된다. 무릇 성공을 체면보다 훨씬 중요한 가치로 여겨야 한다.

당신이 기업가라면 자신의 실패마저도 용서할 수 있어야 한다. 아무리 중대한 실수를 저질러도 스스로를 용서할 수 있어야 한다. 독일에서는 파산을 끔찍한 악담으로 간주한다. 반면 미국에서는 파산을 경험 축적의 증거이자 일종의 수양 과정으로 여긴다. "번듯한 기업가 중에 파산을 경험해 보지 않은 사람은 없다."라는 말이 통용될 정도다.

거부와 실패를 담담하게 받아들이는 마음가짐을 갖추지 못했다면 자영업자로 일하기가 힘들어질 것이다. 십중팔구 자영업자들은 창업 후 5년 내에 파산한다고 한다. 사업 초기 5년을 잘 버틴 업체도 대부분 시간이 지나면 파산을 경험한다. 이제 정말 중요한 질문을 하나 던지겠다. 당신은 자신의 실패가 미래를 힘들게 괴롭힐 짐이라고 생각하는가, 일종의 투자이자 미래를 대비하는 경험이라고 생각하는가?

한 번 실수했다고 평생 몸을 움츠리고 달팽이 껍데기 속에 숨어 대가를 치러야 할 필요는 없다. 오히려 정반대다. 실패를 통해 많은 것을 배웠으므로 이제 당신은 성공을 향해 한 걸음 더 전진할 수 있다. 누군가 한 번 좌절했다고 해서 "다시는 하지 않겠어!"라고 말한다면 그는 배우기를 포기한 것이고 실망감에 사로잡혀 버린 것이다. 패배는 당신이 문제 삼을 때 비로소 문제가 된다는 사실을 잊지 마라.

어쩌면 당신은 이런 의문을 가질 것이다. "어떤 상황에서도 절대로 실망하면 안 된단 말인가?" 당연히 불편한 상황에 처하면 사람은 실망하기 마련이다. 하지만 실망에 빠진 단계를 얼마나 지속하는지가 결정적인 차이를 만든다. 성공한 기업가는 실망에 빠진 시간을 단축시킬 줄 안다. 얼마 지나지 않아 자신이 맛본 실망감을 미래를 위한 투자로 인식한다.

거부, 실패, 실망을 대수롭지 않게 여기는 특성은 인내심과 연결된다. 실망감에 제대로 대처하지 못하는 사람은 금세 포기해 버리기 때문이다. 반면 실수를 미래를 위한 투자로 인식하는 사람은 자신의 목표를 이룰 때까지 계속 열심히 일할 수 있다.

3. 기업가는 문제를 사랑한다

기업가가 문제를 사랑한다는 주장에 당신은 다소 과장이 심하다고 생각할지도 모른다. 전혀 과장이 아니다. 정말 그렇다. 창업은 각종 문제를 나열해 두고 하나씩 해결해 나가는 과정이기 때문이다. 자신에게 질문해 보자. 당신에게 문제는 환영할 만한 게임 같은 대상인가? 만약 당신이 문제가 하나도 없는 상태를 선호하는 사람이라면 절대로 회사를 창업하거나 경영하지 말아야 한다. 전화벨이 울리고 심각한 문제를 보고받을 때 이렇게 한번 말해 보라. "좋았어! 이제 뭔가를 배우고 나를 증명할 기회가 생겼어. 드디어 좀 흥미진진해지는군. 회사를 크게 개선시킬 좋은 기회가 생긴 거야." 문제는 당신의 인생에 반드시 필요한 양념 같은 존재다.

4. 기업가는 권력을 원한다

책임지는 것을 극도로 꺼리는 사람들이 있다. 그들은 업무를 나누어 실행하기보다 혼자 완수하기를 선호한다. 반면 기업가는 권력을 추구한다. 그들은 자신의 상상을 실현하고 싶어 한다. 둘을 나누는 기준은 간단하다. 한쪽은 게임의 입장권을 사는 사람이고, 다른 한쪽은 게임을 개발하고 규칙을 만들어 입장권을 파는 사람이다. 당신은 자신의 삶을 직접 연출하든지, 다른 사람에게 맡기든지 중에서 결정해야 한다. 당신은 어느 쪽인가?

기업가는 규칙이 정해진 대로 따르지 않고 자신이 원하는 대로 끌고 가야 하는 사람이다. 주변 세계에 애써 맞추려 할 필요도 없고 맞추려 해서도 안 된다. 기업가정신은 그들을 놀라울 정도로 강하게 만든다. 또한 사람들을 열광시키는 데 성공함으로써 권력을 얻는다.

논리만으로는 다른 사람들의 심장을 빠르게 뛰게 하지 못한다. 누구도 총구가 자신을 향한다고 해서 섣불리 전쟁에 뛰어들지 않는다. 자신의 아이디어로 타인의 마음을 사로잡는 사람만이 권력을 손에 쥘 수 있다. 톰 피터스는 이렇게 말했다. "경제 도서를 가급적 줄이고, 오히려 소설을 더 많이 읽어라. 모든 것이 인간관계에 달렸다."

5. 기업가에게는 굉장한 자신감이 필요하다

누구나 자신감을 키우는 법은 배울 수 있다. 하지만 현재의 자신을 바꿀 마음이 필요하다. 예를 들어 그날 잘한 일을 다섯 가지씩 기록하는 성공일기를 쓰는 훈련을 게을리하지 말아야 한다. 당신은 기업가로서 무엇보다 자신을 신뢰해야 한다. 매번 반복해서 겪는 일이지만 기업가에게 조언을 해주면 그들은 "제가 그렇게 할 수 있을 거라 믿지는 않습니다."라고 말한다. 그 순간 내 조언은 쓸모없는 무용지물이 돼 버린다. 그들에게 가장 필요한 것은 새로운 전략이 아니다. 무엇보다 자신의 능력을 신뢰하는 것이다.

6. 기업가는 롤모델이 돼야 한다

누군가에게 생생한 롤모델이 된다면 자신의 기업을 제대로 각인시켜 줄 수 있다. 경영자는 자신이 맡은 임무를 성공적으로 완수하는 것만으로도 충분하다. 기업가는 조금 다른 문제다. 당신의 모습이 곧 기업 그 자체가 된다. 즉, 기업은 당신이 되고자 하는 사람이 아니라 지금 당신의 모습을 그대로 반영한다. 그 이유는 단순하다. 당신은 자신과 비슷한 사람들을 끌어당기기 때문이다. 당신과 다른 사람들은 회사를 떠날 것이다. 그러므로 회사는 점점 더 당신의 성격을 강하게 반영한다.

성공하는 기업가는 많은 것을 다르게 만들 뿐만 아니라 본인 자체부터 남다르다. 결론적으로 말해 비범한 사람만이 비범한 기업을 만들 수 있다. 위대한 기업가는 항상 대단한 인물로 평가받는다. 만약 자신의 기업을 변화시키고자 한다면 자기 자신부터 변해야 한다. 이제 자신에게 질문을 던져 보라. 당신의 성격이 고스란히 드러난다면 당신의 기업에 호재인가, 악재인가?

7. 기업가는 돈을 다룰 수 있어야 한다

긴급하고 중대한 조언을 한 가지를 해야 할 시점이다. 만약 당신이 돈을 관리하는 법을 제대로 배우지 않았다면 절대로 회사를 차리지 마라. 당신 개인의 재정 상황 또한 회사에 매우 빠르게 반영되기 때문이다. 대기업 창업자 중에는 인색하기로 소문난 사람들이 많다. 관대하고 베풀 줄 아는 기업가도 있지만, 대부분 공통점을 한 가지 갖고 있다. 그들은 개인 재산을 축적하는 법을 누구보다 잘 알고 있다. 그리고 개인 재산의 전부를 회사에 장기간 쌓아 두지 않는다.

8. 기업가는 승리를 원한다

조지 버나드 쇼는 무언가에 미쳐 있는 사람들에 대해 이렇게 말했다. "정상인은 세상에 순응한다. 반면 미친 사람은 어떻게든 세상을 자신에게 맞추려고 한다. 모든 진보는 미친 사람들에게 달려 있다." 대부분의 기업가는 승리를 원한다. 시장 점유율을 높이길 원하고 더 많은 돈을 벌길 바라며 권력을 쟁취하기 위한 갈등도 마다하지 않는다. 무엇보다 그들은 세상에 자신의 흔적을 남기고 싶어 한다. 또한 그것이 모두에게 좋은 일이라고 굳게 믿는다. 기업가는 이러한 모든 것을 무조건 이기고 싶은 큰 게임의 일부로 받아들인다. 기업이 성공을 거듭하며 성장하면 머지않아 다른 사람과 다른 기업이 당신과 맞서 싸울 것이다. 당신의 의지와는 상관없다. 다른 사람들을 무시해서는 안 되겠지만 성공한 기업가로서 한 가지만큼은 꼭 지켜내야 한다. 바로 그 경쟁에서 승리하는 것이다.

9. 기업가는 지식을 갈망한다

치과의사, 회계사, 판사, 교사를 키우려면 전문 양성 교육이 필요하다. 왜 기업가는 전문 양성 과정이 없을까? 심지어 기업가가 반드시 따라야 할 보편타당한 임무조차 별도로 정해져 있지 않다. 따라서 호기심과 지식에 대한 갈증은 기업가에게 필수적인 자질이다. 날마다 무언가 배우려는 자세를 갖추지 않는 한 기업가의 성공은 평생 보장되지 않는다. 새로운 시대는 사회 우등생을 요구한다. 이제 당신은 지식과 마주해야 한다. 당신에게 필요한 모든 정보는 이미 세상에 존재한다. 지식은 일종의 추심 채무(채무자의 집에서 재산을 챙겨서 받아 내는 채무)와 같은 성격을 갖는다. 당신에게 필요한 정보가 제 발로 찾아오기를 잠자코 기다려서는 안 된다. 배움에 매진하는 한 성공은 당신의 것이다. 기업가라면 열정적으로 배울 자세를 갖춰야 한다. 꼭 배워야 하기 때문만은 아니다. 기업가에게는 인생 자체가 배움의 연속이기 때문이다.

10. 기업가에게는 기업가적 직감이 있다

매사에 아주 지적이고 탁월하게 일을 잘 해내지만 막상 기업가로서 유능하지 못한 사람들이 있다. 아무리 똑똑한 사람도 결정적 자질을 갖추지 못했기 때문이다. 그 자질은 바로 위험을 감지하는 직감이다. 어떤 일을 제대로 수행하지 못했을 때 사람들은 단순히 운이 따르지 않았다고 말할 것이다. 하지만 그것은 능력이자 특별한 재능의 문제다. 대표적인 것이 기업가적 직관이다. 대부분의 성공한 기업가는 기업가적 직관을 갖추고 있다. 그들은 좋은 기회를 포착하면 절대로 놓치는 법이 없다.

장 폴 게티 Jean Paul Getty는 자신이 성공한 비결에 대해 이렇게 말했다. "아침에 일찍 일어나서 열심히 일하라. 그리고 유전을 찾아라." 그가 말한 유전은 기업가에 필요한 행운이자 직관을 의미한다. 또한 성공한 기업가는 위험을 감지하는 직감 활용법을 배운다. 그렇게 그들은 대부분 설명할 수 없는 뭔가를 애써 설명하기보다 남들보다 아주 빠르게 행동한다.

당신 안에 내제된 기업가정신을 발견하라

당신은 기업가정신의 기본 전제 조건을 얼마나 갖추고 있는지 검토해 보자. 다음의 10가지 특성과 관련해 간단히 0점(전혀 그렇지 않다)에서 10점(매우 그렇다)까지 점수를 매긴다.

- 위험을 감수하는가?(_____점)
- 실망감을 잘 극복하는가?(_____점)
- 문제를 사랑하는가?(_____점)
- 권력을 원하는가?(_____점)
- 자신감이 많은 편인가?(_____점)
- 당신은 좋은 롤모델인가?(_____점)
- 돈을 다룰 줄 아는가?(_____점)
- 승리하고 싶은가?(_____점)
- 지식에 대한 갈증을 느끼는가?(_____점)
- 기업가적 직관을 지니고 있는가?(_____점)

이제 점수를 모두 합산해 보라. 이상적인 점수는 90~100점이다. 70점 이하로 내려가서는 안 된다. 물론 각각의 특성은 키워 나갈 수 있고 당연히 그래야만 한다. 가능하다면 회사를 설립하기 전에 필요한 모든 특성을 갖추도록 한다.

성공한 기업가들이 반드시 가지고 있는 기술

기업가정신을 쌓아 올리는 방법으로 입증된 방법은 두 가지다. 첫째, 당신을 도와줄 코치를 찾는 것이다. 기업가정신을 풍부하게 지닌 성공한 기업가라면 좋을 것이다. 그와 밀접한 관계를 구축하는 것만큼 효과적인 방법도 없다. 둘째, 영업 분야의 일을 부업으로 경험해 보는 방법이다. 많은 기업가가 초창기에 영업 분야에서 일하는 방식으로 경험을 쌓았다. 나 또한 한동안 금융 기업에서 근무한 경험이 있다. 아주 열심히, 아주 힘들게 일해 본 경험을 통해 나는 규율, 인내력, 업무 방식 이외에도 다음의 여섯 가지를 배울 수 있었다.

- 돈을 다루는 법
- 판매하는 법
- 직원을 이끄는 법
- 자신감 키우기
- 실망, 거절, 문제에 대처하는 법
- 타인의 의견에 구애되지 않는 법

앞서 말했듯 나는 기업가정신 열 가지를 훈련할 만한 가치가 있다고 확신한다. 그렇지 않으면 당신이 기업가로서의 자질을 얼마나 가지고 있는 알아볼 수 없을 것이다. 이와 관련해 인상적인 이야기가 하나 있다.

한 부인이 길가에서 새알 하나를 발견했다. 그녀는 새알을 가져와 자신이 키우는 오리 둥지에 넣어 뒀다. 얼마 후 알을 깨고 나온 새끼는 오리와 아주 비슷한 외양을 갖고 있었다. 하지만 자랄수록 차이가 점점 두드러졌다. 사실 새끼 새는 독수리였다. 새끼 독수리는 그 사실을 인지하지 못한 채 오리 틈에서 자랐다. 그리고 주변의 오리를 지켜보며 그들의 습관을 그대로 받아들였다. 결국 새끼 독수리는 오리로서의 삶을 살았다.

수년 후 독수리가 늙어 백발이 됐을 때 우연히 하늘을 나는 커다란 독수리를 발견했다. 평생을 오리로 산 늙은 독수리는 한숨을 쉬며 자조했다. "나도 저런 새였다면 좋았으련만. 저렇게 강한 새는 어떤 삶을 살까. 하지만 애석하게도 나한테는 전혀 맞지 않겠지." 결국 독수리는 죽는 순간까지 자신이 독수리라는 사실을 깨닫지 못했다.

기업가의 임무를 지켜야 성공이 따라온다

당신이 기업가라면 기업가가 꼭 완수해야 할 가장 중요한 임무 여섯 가지를 알고 있는가? 나와 대화를 나눴던 대부분의 기업가는 제대로 대답하지 못했다. 여섯 가지 임무는 기업가로서 성공을 거두는 데 아주 핵심적인 의미가 있다. 코치는 내게 이렇게 말하곤 했다. "자신의 문제가 무엇인지도 모르는데 어떻게 그 임무를 해결하기를 바라는 겁니까?"

만약 여섯 가지 임무의 대가가 된다면 엄청난 비약을 이룰 수 있다. 수입뿐만 아니라 삶의 질도 크게 향상될 것이다. 성공한 기업가들도 그 임무들을 전부 완벽하게 해내지 못한다. 하지만 끊임없이 배우고 성장한다면 점점 더 능숙하게 수행할 수 있을 것이다. 설령 실수를 하더라도 미래를 위한 투자라고 여겨라.

가장 먼저 어떤 경우에도 결코 하지 말아야 할 것을 되새기는 준비부터 시작해 보자. 당신이 시스템 자체가 되지 않도록 주의하라. 당신이 세운 회사에서 직원으로서 일하지 마라. 회사에서 전문가로 일하지 마라. 자신의 회사에서 피고용인, 프리랜서, 전문가로 일한다면 기업가로서의 임무를 이행할 시간이 부족해진다. 기업에는 직원, 프리랜서, 전문가가 필요하지만 기업가도 꼭 있어야 한다. 그것이 바로 당신이 맡아야할 역할이다.

아주 간단한 방법으로 해결할 수 있다. 직장인, 프리랜서, 전문가를 고용하거나 누군가에게 위탁하면 된다. 단 기업가의 임무만큼은 당신 자신이 수행해야 한다. 당신을 제외하면 그 누구도 기업의 심장이 될 수 없다. 기업가가 이행해야 하는 여섯 가지 기본 임무를 살펴보면 다음과 같다.

- 좋은 직원과 파트너를 찾는다
- 수익이 발생하고 시스템이 제대로 구축됐는지 감독한다
- 회사를 새롭게 만든다
- 불필요한 일은 일체 자신과 분리한다

- 큰 그림과 의미를 간직한다
- 출구 전략을 마련한다

임무 1. 좋은 직원과 파트너를 찾는다

나의 두 번째 코치는 8년 만에 수억만 달러의 가치를 달성한 회사를 세웠다. 어떻게 그럴 수 있었을까? 코치는 내게 이렇게 말했다. "내가 성공한 까닭은 내가 하지 말아야 할 일들을 절대로 하지 않았기 때문이라네. 무엇보다 나는 가장 먼저 OP와 OPM, 두 가지에 책임을 져야 했어."

OP는 '다른 사람들'Other People의 약자로 직원과 파트너를 의미한다. 기업가는 다른 사람들을 끌어당겨 자신의 프로젝트에 열광하도록 만들 수 있어야 한다. 그 일을 수행할 적절한 사람을 찾지 못한다면 당신이 직접 그 업무를 맡아서 수행해야 한다. 만약 당신이 모든 것을 해내겠다고 한다면 전혀 상관없다. 하지만 당신은 고전적인 의미의 기업가는 아니다. 또한 과로에 노출될 위험이 있다.

AOL의 창업자 스티브 케이스Steve Case는 이렇게 말했다. "뛰어난 기업을 만드는 유일한 방법은 자신이 직접 하는 대신 그 일을 지시할 수 있는 시스템을 구축하는 데 있다. 그것이 결정적인 요소다. 기업가에서 기업 리더로 전환해야 한다. 문제가 생겼다는 소식이 들리면 나는 먼저 나 자신에게 묻곤 한다. '정말 내가 관심을 가지고 지켜봐야 할 만한 일인가?' 대답은 대부분 '아니요'였다." 당신도 다음의 두 가지 핵심 질문을 자신에게 던져 보라.

- 당신은 지금 수도관을 설치하고 있는가, 양동이를 끌고 다니는가?
- 당신이 매일 하는 일은 어떤 일인가?

지금은 노동력이 중심이던 산업 혁명 시대가 아니라는 사실을 상기하라. 오늘날은 아이디어로 승부를 보는 시대다. 기업가로서 당신은 아이디어 공장이 돼야 한다. 그리고 당신의 아이디어가 방해 없이 원활하고 성공적으로 실행되려면 당신의 주변에 아이디어를 실행할 사람을 둬야만 한다. "그렇군요. 그런데 그렇게 쉬운 일이라면 얼마나 좋겠습니까. 항상 적당한 직원을 찾고 있습니다." 내가 이와 같은 변명을 얼마나 자주 들을 것 같은가? 내게 푸념하는 사람들에게 나는 이렇게 대답해준다. "당신은 자신을 속이고 있군요. 당신은 결코 적당한 사람을 찾고 있지 않을 겁니다. 매 순간 그들의 자리에서 당신이 일하면서 틈틈이 곁눈질하고 있겠죠. 매 순간 찾는 것과 틈틈이 짬을 내어 찾는 것은 매우 다른 얘기입니다."

물론 좋은 직원을 찾기란 어렵다. 게다가 틈틈이 산발적으로 찾는다면 운이 따라 줘야 좋은 직원을 찾을 수 있을 것이다. 더욱이 항시 정기적으로 OP를 찾아 헤매는 철저한 기업가에게 빼앗기기 쉽다. OP 찾기와 함께 고려해야 하는 것이 바로 OPM 찾기다. OPM이란 '다른 사람의 돈'Other People's Money의 약자다. 단기적으로 성장하고 타인의 자금을 조달하기로 결정한 기업가라면 상당 시간을 할애해야 한다. 물론 어떤 방식이든 외부 자금을 조달하는 데는 상당한 단점이 뒤따른다. 정말 당신에게 외부 자본을 끌어다 쓸 의향이 있는지, 그 결과를 책임질 준비가 됐는지 심사숙고해야 한다. 하지만 한번 결정했다면 투자금을 찾는 데 최대한 시간을 할애하라.

그에 앞서 항상 적합한 경영자를 찾는 일부터 시작해야 한다. 다시 말하지만 '적합한' 경영자다. 적당한 사람을 앉히기로 타협하기에는 너무나 중요한 위치다. 나 역시 그 이유를 뼈저린 경험을 통해 배웠다. 물론 당신도 다른 사람을 지도하는 코치가 될 수 있다. 하지만 경영자만큼은 자신이 적합한 능력을 지녔는지 먼저 입증해야 한다. 피지에는 다음과 같은 지혜를 담은 말이 전해져 내려온다.

"돼지에게 노래를 가르치려고 시도하지 마라. 괜히 시간만 버리고 돼지를 성나게 할 뿐이다."

당신이 직접 경영자를 자처하는 것만큼은 지양해야 한다. 경영자란 고용된 관리자다. 당신이 기업가이자 경영자가 되는 순간 당신은 전형적인 고용된 기업가가 될 것이다. 그러면 경영자의 임무를 이행하느라 기업가적 활동을 수행할 시간을 잃게 된다. 경영자는 전화 설치, 임대 계약, 우편 업무, 고용 계약, 심지어 고장 난 복사기 관리는 물론 직원 통솔까지 수행해야 한다. 절대적으로 비생산적인 일들을 전부 처리해야만 한다.

나는 직접 경영자로 일을 하다 실수를 거듭하며 교훈을 얻었다. 이제 나는 적합한 경영자를 찾지 않는 한 절대 기업을 설립하지 않는다. 당신도 그 이유를 깨달았길 바란다. 나는 더 이상 직원처럼 일하기를 바라지 않는다. 그것은 나의 능력에 맞지 않는 일이다.

나는 회사 내부의 관리 업무들을 열정적으로 수행하며 뛰어난 재능을 발휘하는 경영자들을 알고 있다. 당연히 그들은 나보다 이런 류의 업무를 훨씬 탁월하게 처리한다. 그렇다고 그들이 뛰어난 기업가라고 말할 수는 없다. 그들이 환상적인 경영자이자 직원임은 확실하다. 그들과 함께 협력 관계를 맺고 일하는 동안 나는 매우 만족했다. 무엇보다 서로를 탁월하게 보완해 줬다. 모두 각자의 능력과 취향에 맞는 일을 했던 것이다. 그 사실에 나는 큰 자부심을 느낄 수 있었다.

이후 나는 또 다른 별의 다른 분야를 선택하기로 결정했다. 나는 책을 쓰고 강연을 하며 기업가로 일하기를 원했다. 바라건대 그것이 내 열정과 재능에 부합하는 일이었기 때문이다. 만약 내가 관여하고 있는 여덟 곳의 기업에서 일어나는 일상 업무에 얽매여 있었다면 불가능했을 것이다.

경영자의 업무와 무관해진 지금은 날마다 현재 내가 하고 있는 일을 할 수 있음에 기뻐하고 있다. 한때 나는 아침마다 이런 질문을 떠올리고는 했었다. "내가 별로 하고 싶지 않은 일은 무엇인가?" 하고 싶지 않은 일을 떠올리면 출근하자마자 그 일을 가장 먼저 해치워 버릴 수 있기 때문이다. 이것도 좋은 방법이긴 하다. 지금도 나는 아침마다 똑같은 질문을 던진다. 하지만 이제는 상황이 조금 달라졌다. 그 일을 누군가에게 맡겨 처리하기 위해서다. 그리고 이것이 근본적으로 훨씬 더 좋은 방법이다.

만약 회사 안에서 시시콜콜한 일을 처리하는 데 시간을 쓰지 않는다면 그 시간에 좋은 신입 직원을 충분히 찾을 수 있다. 여덟 곳의 기업과 관련된 일을 해내는 나를 보며 사람들이 어떻게 시간을 내느냐고 질문할 때마다 나는 가장 중요한 기본 전제 중 하나를 언급한다. 바로 회사의 일상적인 업무를 하지 않는 것이다.

그럼 좋은 파트너와 직원을 어떻게 찾아야 할까? 아주 간단하다. 친구, 동료, 전문가로 가득한 인적 네트워크를 활용하는 것이다. 나는 그들과 이야기를 나눌 때마다 늘 새로운 깨달음을 얻는다. 또한 그들에게 종종 내가 찾고 있는 특정 직원에 대해서 언급하기도 한다. 그 과정에서 때로는 무언가에 온전히 집중하며 겨냥하기보다 동시에 여러 목표를 공략할 때 더 좋은 결과로 이어지기도 한다는 사실을 깨달았다. 실제로 완전히 다른 일을 고민하는 과정에서 갑자기 회사에 도움이 될 만한 기발한 아이디어가 떠오르는 경우도 있었다.

당신이 기업가가 되기 위해서는 최우선적으로 경영자부터 구하는 편이 여러모로 유리하다. 경영자가 나머지 다른 직원들을 찾아낼 수도 있기 때문이다. 또한 경영자의 핵심 업무 중 두 가지, 수익 실현과 시스템 구축이 곧바로 실행될 수도 있다. 기업가는 그 결과를 감독하기만 하면 된다. 결과를 감독하는 임무만큼은 반드시 직접 해야만 한다. 이제 두 번째 임무를 살펴보자.

임무 2. 수익이 발생하고 시스템이 제대로 구축됐는지 감독한다

경영자와 기업가가 각각 존재한다면 감독의 역할은 더욱 두드러진다. 기업가가 감독하지 않는다면 누가 감독의 기능을 책임지고 맡을 것인가? 기업가 외에는 아무도 없다. 기업에서 감독이라는 기능이 부재하면 당장 긴박한 일을 처리하는 사이에 가장 중요한 사안들이 등한시되는 경우가 부지기수다.

감독의 기능을 고려하면 경영자를 고용해야 할 당위성이 더욱 힘을 얻는다. 하지만 경영자를 고용하더라도 그를 감독해야 한다. 감독이 소홀하면 태만, 무능력, 때로는 자원 남용이 슬그머니 고개를 들기 시작한다. 주기도문만 봐도 확연히 나타나 있다. "부디 우리를 유혹에 빠지지 말게 하시고."

감독이 필요한 이유는 한 가지 더 있다. 감독이라는 기능이 없다면 당신이 고용한 직원과 파트너가 바람직한 성과를 달성하지 않는다. 평소 성취욕이 넘치는 사람이라면 당신이 격려해 주는 것만으로 더 큰 성과를 달성할 수 있다. 여기서도 "감독하지 않고서는 요구하지 마라."라는 원칙이 적용된다.

사람들은 자신들이 기대하는 대로 행동하기보다 감독하는 대로 움직인다. 미국의 사상가 겸 시인인 랠프 월도 에머슨은 이렇게 말했다. "많은 사람이 겪는 비극은 자신의 한계를 뛰어넘을 정도로 도전하는 사람이 없다는 데서 비롯됐다." 당신이 직원과 파트너를 적절한 방식으로 감독한다면 오히려 환영받을 것이다. 승자는 감독을 받고 싶어 하는 법이다.

단 감독이라는 역할에 매몰되지 말아야 한다. 가장 중요한 두 가지 업무만 정기적으로 감독하고 나머지는 직원들이 알아서 진행하도록 해야 한다. 수익을 창출하고 시스템을 구축하는 두 가지 핵심 업무는 감독이 제대로 이뤄지지 않으면 제대로 완수되지 않거나 바람직하지 않은 상태로 처리되기 마련이다. 수익을 창출하고자 한다면 이익을 감독해야 한다. 그리고 시스템이 구축되도록 감독해야 한다. 두 가지 업무를 완수하지 못하면 당신의 회사는 가치를 발전시켜 나가지 못할 것이다. 이제 두 가지 업무를 하나씩 살펴보자.

첫째, 수익 창출은 아무리 감독해도 지나치지 않다. 경제 활동을 하는 모든 기업이 동일한 목표를 추구한다는 사실을 잊지 마라. 기업의 가장 중요한 목적은 이윤 창출이다. 기업에서 추구하는 이윤이 목적 자체가 아니라 목표 달성의 수단이라면 윤리적 측면에서도 타당하다. 여기에 중요한 차이가 있다. 감독이라는 역할도 목적이 아니다. 인간은 살기 위해 먹는다. 만약 먹기 위해서 산다면 여러 측면에서 자기 자신을 훼손하는 것이나 마찬가지다. 즉, 수익은 다른 목표를 달성하게 해주는 수단에 불과하다.

물론 당신은 기업에 관심을 쏟아야 하고 직원과 고객을 주시해야 한다. 하지만 수익이 나지 않으면 예비자금을 조성할 수도 없고 투자를 할 수도 없다. 수익이 없는 기업은 몰락을 향해 나아갈 뿐이다. 따라서 수익은 목표라기보다 건강한 기업을 보장하는 수단이다. 그럼에도 충분한 수익을 창출하는 기업은 그리 많지 않다. 대표적인 일곱 가지 원인을 살펴보자.

• 제 앞가림을 못 한다: 기업가 중에는 계산도 제대로 할 줄 모르는 사람이 항상 있다. 그들은 일단 사업이 잘 돌아가지 않으면 그제야 마지못해 장부책을 들여다본다. 또한 많은 사람이 껄끄러워하는 일을 회피하면 마주하고 싶지 않은 현실로부터 도망칠 수 있다고 여긴다. 기업

에서는 반드시 누군가가 지속적으로 나서서 수익 또는 손실이 발생했는지 검토해야 한다.

- 매출을 수익으로 혼동한다: 어떤 기업가는 절약할 수 있는 방법을 고민하는 대신 계속 매출을 일으키는 데만 집중한다. 매출에만 모든 신경이 집중돼 있는 사람은 몰락을 향해 전진하는 것이나 다름없다. 매출 달성에만 매달리면 제품의 질은 고객의 눈에 잘 띄지 않을 수준으로 떨어지고 중요하지 않은 고객들만 확보하며 갈수록 더 복잡해지기만 할 것이다.

- 때로는 1유로를 절약하는 것이 10유로의 매출을 올리는 만큼 가치를 발한다: 경영자는 대부분 확고한 불이익을 확인할 때만 철저하게 절약을 실천하는 경향이 있다. 평소 일상적인 업무에 파묻혀 있어 모든 업무가 꼭 필요한 상황이라고 생각하는 오류에 빠지기 쉽기 때문이다. 저축이든 매출이든 꼭 필요한 것들을 기업가가 나서서 직접 챙길 필요가 있다. 기업가라면 얼마만큼의 이윤을 창출했는지를 가장 중요하게 생각해야 한다.

- 복잡한 것이 무조건 좋은 것이 아니라는 사실을 제대로 이해하지 못하는 경우가 빈번하다: 성공한 기업가는 복잡한 것을 지양하고 단순함을 선호한다. 지나치게 복잡해 한눈에 파악하기 힘든 기업 구조일수록 비용이 과도하게 발생한다.

- 달성할 수 있는 수익률이 아주 낮아질 수도 있다: 고객은 기업의 제품이나 서비스의 가치를 기대하고 구매한다. 고객이 지불하는 가격에는 비용보다 많은 수익이 일정 비율로 확보돼 있어야 한다. 이처럼

간단한 원리를 종종 간과하는 경우가 있다. 수익이 너무 적은 경우도 있다. 매우 위험한 상황이다. 당신이 생각한 것보다 더 많은 돈을 벌어야 하기 때문이다. 이런 일은 언제든 반복될 수 있다. 따라서 수익을 비용과 동일하게 맞춰 계산하지 않도록 주의하며 항상 일정한 수익률을 확보해야 한다. 변수에 대응하는 예비자금 조성, 훌륭한 컨설턴트 고용, 신규 투자 유치, 풍족한 임금지급, 포트폴리오 제작 등에는 모두 자금이 들어간다. 따라서 나는 최소 100퍼센트의 수익률이 나지 않는 사업에는 결코 참여하지 않는다.

• 예산이 제대로 수립되지 않을 수도 있다: 대체로 두 가지 이유와 관련이 있다. 첫째, 일부 경영자는 자신이 숫자 담당자가 아니라고 생각하기 때문이다. 코치는 다음과 같이 말했다. "막말로 경영자가 숫자를 들여다보지 않으면 도대체 자신의 업무를 무엇이라고 생각한단 말입니까?" 예산 계획이 지닌 힘과 영향력을 제대로 이해하는 사람이라면 분명 숫자도 사랑할 것이라고 생각한다. 둘째, 예산 수립의 힘을 깨닫지 못한 사람들이 많기 때문이다. 하지만 예산 수립은 당신의 기업이 갖출 수 있는 가장 효과 만점인 타깃 플래닝 툴target planning tool이자 막강한 제어 수단이며 최고의 커뮤니케이션 툴이다.

• 유사한 사업 모델이 많아질수록 충분한 수익을 올릴 기회는 현저히 줄어든다: 포지셔닝의 기본 원칙을 제대로 참고하지 않으면 경쟁자와 뚜렷이 구별될 정도로 차별화된 모델을 만들기 어렵다. 다른 경쟁사와 확연한 차이가 없다면 항상 가격 전쟁이 붙기 마련이다. 경쟁사와 눈에 띌 정도로 확연히 달라야 직접 가격을 정할 수 있다. 존 록펠러John

Rockefeller도 이렇게 말했다.

"경쟁사와의 전쟁이 나날이 치열해지는 가운데 시간과 돈을 투여하려는 경향은 진보와 행복으로 가는 길에서 가장 큰 걸림돌이 된다."

기업가라면 우선 수익이 생기도록 심혈을 기울여야 한다. 절대로 타협해서는 안 된다. 수익을 감독하지 않는다면 얻을 수 있는 것이 거의 없다고 봐야 한다. 지금 당장 경영자가 가장 중요한 두 가지 업무 중 두 번째 업무를 수행하고 있는지 감독해야 할 것이다.

둘째, 시스템을 구축하기 위한 주의를 충분히 기울이지 않는다. 나는 종종 왜 그런 것인지 나 자신에게 질문을 던져 보곤 했다. 나는 다음과 같은 네 가지 이유가 있다고 생각한다.

• 시스템 구축을 전혀 고려하지 않을 정도로 경영자의 역할이 정말 중요하고 대체할 수 없다고 느끼기 때문이다: 주변에 무능한 사람들만 있어서 자신이 없으면 아무것도 돌아가지 않는다고 불평하는 사람들이 많다. 좋은 직원을 찾는 것도 경영자의 임무임을 간과한 것이다. 이런 경영자일수록 그동안의 불평과는 상관없이 혼란스러운 상황을 제대로 바로 잡겠다며 또 모든 일을 떠맡아 버린다.

• 종종 시스템 자체를 만들지 못하는 경우가 있다: 사실 시스템은 간단한 아이디어와 과정만으로 구축할 수 있다. 복잡한 구조는 시스템에 맞지 않다. 간단한 것만 표준화가 가능하다. 경영자 중에는 그냥 단순화의 길을 걷지 않으려는 사람이 많다. 기업가의 임무 4와 임무 6이

매우 중요한 역할을 한다.

- 업무 과정 자체가 시스템화되지 않는다: 이런 경우 신입 직원을 영입하기가 힘들어진다. 명확하게 업무를 설명할 수도 없고, 감독도 거의 제대로 할 수 없는 경우다. 때로는 다른 것들이 훨씬 급박해 보이기 때문에 시스템이 구축되지 않기도 한다. 또 항상 새로운 것에만 관심을 갖는 경우다. 나를 비롯해 당신도 위급한 경우와 뜻하지 않은 일들이 그날 하루의 흐름을 결정한다는 것을 몸소 겪어 본 적이 있다. 그것이 습관으로 자리 잡게 해서는 안 된다. 특히 경영자라면 효율적인 시간 관리법을 배워야 한다. 임무 5를 참조하기 바란다.

- 시스템의 필요성을 인식하지 못했기 때문이다: 물론 시스템을 반드시 구축해야 하는 것은 아니지만 시스템이 없다면 실제로 기업의 성공으로부터 멀어지기를 선택한 것이나 다름없다. 시스템이 필요없다고 느끼는 선택이 의식적인 결정인지 여부가 아주 중요하다.

당신은 기업가로서의 성공을 원하는가? 만약 그렇다면 어떻게 하면 기업가가 성공하는지 명확히 파악하고 있어야 한다. 단기적으로 작은 성공을 거두려면 수익을 감독해야 한다. 장기적인 관점에서 큰 성공을 이루려면 시스템 구축을 위해 다방면으로 노력해야 한다.

시스템을 구축해야 다양하고 좋은 아이디어가 만들어진다. 무엇보다 양질의 아이디어가 풍부해져야 한다. 아이디어가 기업의 성공을 판가름하기 때문이다. 공식은 아주 간단하다. 좋은 아이디어를 많이 만들어 낼수록 기업도 그만큼 성공한다. 현명한 기업가라면 지금 당장 자신을 복제하기 시작해야 한다.

좋은 아이디어를 생각해 내는 사람은 많다. 하지만 아무리 아이디어가 좋아도 그 생각들을 단순화해 자신의 기업에 속한 사람들에게 이해시키지 못한다면 전혀 가치가 없다. 따라서 단순한 요소를 기반으로 시스템을 만들어야 한다. 그래야 비로소 아이디어가 증식한다. 기업에 소속된 모든 일원이 시스템을 제대로 파악할수록 기업이 당신에게 의존하는 정도를 현저히 줄일 수 있다. 당신에 대한 시스템의 의존도가 낮아질수록 시스템은 그만큼 더 개선된다. 나아가 회사의 성과와 가치도 그만큼 더 높아진다.

무엇보다 시스템이 최고다. 시스템을 구축하지 못하면 결국 당신의 노동력으로 그 결손을 다 메워야 한다. 또한 절대 회사의 가치를 높이고 매각할 수 없다. 다음은 당신이 구축해야만 하는 시스템 목록이다.

- 상품 개발
- 재고 조사
- 일상적인 사무 업무, 노동 시간, EDP(전자정보처리)
- 주문 접수·처리
- 고객 관리, 데이터 관리
- 불만 접수, 소송
- 경리, 회계, 지불 독촉 사무
- 마케팅, PR, 광고
- 인사, 연수, 고용계약

- 협력, B2B
- 비용 절감 및 관리

SOP Standard Operating Procedures (표준처리절차) 가이드를 만들고 그 안에
모든 업무 과정, 즉 기업 내에 구축한 모든 시스템이 세세하게 설명되
도록 관련 정보를 쌓아 간다. 따라서 SOP를 따라 설치된 모든 시스템
을 글로 기록한다. SOP는 엄청난 장점이 있다. 그중 일부만 언급해 보
자면 신입 사원 연수가 한결 쉬워지고 새로운 지사 개설도 상대적으로
수월해진다. 또한 직원들을 감독하고 평가하는 기본 자료로도 활용된
다. SOP 구축을 위해 노력하는 것이 경영자의 임무다. 기업가인 당신의
임무는 SOP가 제대로 완성됐는지 감독하는 것이다.

임무 3. 회사를 새롭게 만든다

성공적인 시스템을 구축했다고 가정해 보자. 당신은 머지않아 경쟁
사에게 둘러싸이게 될 것이다. 그들 중 하나는 더 나은 전략을 개발해
당신의 전략을 쓸모없는 것으로 만들려고 노력할 것이다. 언제나 반복
되는 현상이다. 당신은 경쟁사에게 지금의 자리를 빼앗기기 전에 경쟁
사들을 추월해야 한다. 그들보다 더 빠르게 새로운 전략을 개발해야
한다.

기업가라면 이와 같은 상황을 결코 과소평가해서는 안 된다. 경쟁사
를 얕봤다가는 생각보다 더 빠르게 사업 분야에서 도태될 것이다. 오늘
의 비전이 내일의 구속복이 되는 것은 순식간이다. 새로운 시스템 개발

에 대한 의지가 과거의 영광을 지키겠다는 희망보다 강력해야 한다. 빌 게이츠도 사업의 미래를 긍정적으로 내다보지 않았다. 그는 이렇게 말한다.

"마이크로소프트는 실패하기까지 고작 2년밖에 남지 않았다."

기업가라면 사업의 미래를 내다보는 것이 무엇보다 중요하다. 이는 경영자가 해낼 수 있는 영역이 아니다. 기존 모델에 기대고 있는 상태에서 새로운 모델을 개발한다는 것은 거의 불가능하기 때문이다. 경영자는 늘 기업 시스템이 원활히 작동하는지 확인해야 한다. 그처럼 막중한 임무를 맡은 경영자가 새로운 시스템까지 동시에 개발하기란 어렵다. 새로운 가능성이 생겨도 기존의 낡은 안경을 쓰고 바라볼 것이 필연적 과제이다. 미래는 과거에 무언가를 조금 더하는 형태로 만들어서는 안 된다.

나는 결코 당신에게 현재의 시스템을 개선해야 한다고 강조하지 않는다. 끊임없는 학습과 성장을 요구하는 것도 아니다. 물론 모두 중요한 개념이지만 이러한 과정들은 당신이 고용한 경영자가 충분히 해낼 수 있고, 또 해내야만 하는 일들이다. 일상적 업무를 책임지는 경영자가 당신보다 훨씬 더 잘할 수도 있다. 기업가가 이행해야 할 세 번째 임무는 단계적인 개선을 의미하지 않는다. 당신의 임무는 완전한 변화, 한발 빠른 혁신, 새로운 창조다. 절대로 과거에서 조언을 구하는 일은 없어야 한다. 과거에서 미래를 위한 답을 찾을 수는 없다. 개선과 창조는 전혀 다른 별개의 세계다.

- 개선은 이미 존재하는 것, 새로운 창조는 미래에 중점을 둔다
- 개선은 사실과 경험, 새로운 창조는 가설과 비전을 토대로 한다
- 개선은 현실적이고 확고하다. 새로운 창조는 꿈을 허용하고 한계가 없다
- 대부분의 개선은 기존 방식을 조금 더 최적화한 형태를 의미한다. 새로운 창조는 미래의 모든 가능성과 기회가 포함돼 있다

현재 기업이 훌륭한 콘셉트를 갖추고 있는데 갑자기 변화를 꾀하는 것은 거의 정신 나간 짓처럼 보일 것이다. 하지만 혁신의 최적기는 성공 곡선이 둔화되기 전에 찾아온다. 대부분의 분야에서 매 2~3년마다 전략을 새로이 재정비해야 한다고 보면 된다. 물론 다음과 같은 사항을 고려해야 한다. 한번 성공을 맛본 전략을 너무 늦게 버리는 일이 없도록 해야 한다. 그렇다고 너무 일찍 포기할 필요는 없다. 낡은 전략이 돼 버렸어도 혁신을 수립하는 데 필요한 자원을 제공하기 때문이다.

성공한 기업가는 자만심을 경계해야 한다. 성공 가도가 확연히 눈앞에 보이는 순간 더 이상 다른 일을 거들떠보지 않으려는 경향이 나타날 수 있다. 그 순간 기업가는 나태해지고 태만해진다. 당신이 달성한 성공을 의미 없게 만들면 안 된다. 또 다른 성공을 위한 도약판으로 사용해야 한다.

또한 항상 새로운 것들을 고안해 내고 도입해야 한다. 설령 과거의 전략과 경쟁을 하는 한이 있더라도 말이다. 기업가라면 모름지기 경쟁사가 먼저 시도하기를 마냥 기다리기보다 자신이 먼저 시도하는 것이

훨씬 더 낫다는 사실을 알고 있을 것이다. 따라서 기업가는 혁신가가
돼야 한다.

기업가로서 당신에게는 새로운 시스템을 고안하는 혁신가적 임무만
주어진 것이 아니다. 그것만으로는 충분하지 않다. 생각만으로는 아무
일도 일어나지 않는다. 혁신가는 다음의 네 가지 역할을 수행해야 한다.
그 역할을 차례대로 살펴보자.

- 탐험가: 새로운 아이디어가 형성될 소재를 찾는 역할이다. 한번
  발을 내디뎠던 길에서 벗어나 새로운 길을 찾는 것이 무엇보다 중
  요하다. 그러므로 과감히 미지의 땅으로 진출하라.
- 발명가: 탐험가로서 당신이 수집한 요소에서 독창적인 새로운 아
  이디어를 구상하는 일이 주된 임무다. 창의력과 상상력이 요구되
  는 단계다. 아이디어를 뒤집어 보고, 기존의 요소를 배제해 보고,
  비교해 보고, 대조해 보고, 다른 요소들을 서로 결합시켜 보고, 바
  꿔 본다. 제9장에서 창의성을 높이는 방법에 관한 조언들을 읽었
  을 것이다. 그 조언들이 본질적으로 혁신가의 처음 두 가지 역할
  에 해당한다.
- 결정자: 당신이 만들어 낸 창작품을 도입할지, 수정할지, 아예 폐
  기할지 논리적으로 그려 봐야 한다. 현재 상황과 시기를 검토하고
  불확실성과 가능성을 각기 비교해 본다. 그런 다음 모든 판단에
  의거한 결정을 내린다.
- 실행가: 마지막으로 아이디어를 실행하기 전에 꼭 처리해야 하는

일이 있다. 상황에 따라 회사 내부에서 발생하는 반대 의견을 극복해야 한다. 당신의 아이디어가 이미 사랑받고 있는 기존 전략과 습관을 바꾸려는 것일 수도 있기 때문이다. 새로운 아이디어를 실현하는 일에 직접 나서서 부딪치며 싸워야 할 수도 있다.

기업가인 당신은 하나의 역할에 머물러 있으면 안 된다. 네 가지 역할을 전부 차례대로 수행해야 한다. 탐험가의 역할에만 머물러 있다면 수많은 요소를 결합해 새로운 전략으로 발전시키지 못할 것이다(이론가). 또한 오랜 기간을 발명가로만 머물러 있다면 계속 변화만 거듭할 뿐 아예 시작조차 하지 못할 것이다(완벽주의자). 만약 당신이 결정자의 역할에 치중한다면 너무 이른 시점부터 아이디어에 부정적인 생각들을 성급히 쏟아 내면서 당신의 내면에 있는 발명가 기질을 위축시킬 수 있다. 결국 당신의 창의력은 앞으로 나아가지 못하고 정체돼 버린다(비관론자). 반면 실행가와 제작자로 머무른다면 실행 전에 모든 상황을 충분히 검토하지 않을 것이다. 그러면 제대로 생각해 보지도 않고 무턱대고 많은 일을 밀어붙이는 경향을 띠게 된다(오지랖이 넓은 허풍쟁이). 처음의 세 가지 역할만을 고수한다면 멋진 아이디어를 생각해 낼 수는 있을지라도 실행되지는 못할 것이다. 정기적으로 다음과 같은 질문을 던져 보는 것이 당신에게 큰 도움이 될 수 있다.

- 최근 2년간 전략을 바꾼 적이 있는가?
- 새로운 경쟁사를 이긴 적이 있는가?

- 새로운 시장을 개척했는가?

- 고객의 구성이 바뀌었는가?

- 당신의 가치를 다른 형식으로 제공할 수 있는가?

- 더 이상 하지 말아야 하는 것은 무엇인가?

- 당신의 사업에 연쇄 효과를 일으키는 것은 무엇인가?

- 당신과 맞지 않아서 거절했지만 여전히 관심이 가는 제안이 있다면 무엇인가?

- 당신은 기본 욕구에 특화돼 있는가, 방식에 특화돼 있는가?

- 당신이 집중하는 것은 핵심 능력인가, 핵심 사업인가?

- 현재 진행되고 있는 혁신 가운데 기업의 미래를 결정하는 혁신은 무엇인가?

- 현재 진행하고 있는 사업 외에 얼마나 많은 기회를 검토했는가?

항상 현재 걷고 있는 길만 걷는다면 미래로 향하는 길을 놓칠 수 있다. 나는 무엇보다 기존의 방식에 반기를 들고 항상 새로운 방식을 찾으라고 권고한다. 그럴수록 기업가가 이행해야 할 중요한 세 번째 임무를 실행하면서 동시에 큰 재미도 느끼게 될 것이다. 게임하듯 가벼운 마음으로 기업에 접근할 때 혁신 아이디어가 잘 떠오르기 마련이다. 일상적 업무를 하면서 병행하기란 거의 불가능하다. 절대로 잊지 마라! 이 모든 것은 게임이다.

임무 4. 불필요한 일은 일체 자신과 분리한다

우리는 모두 수집가다. 하지만 애석하게도 불필요한 것마저 수집한다. 더 많이 수집할수록 중요한 임무를 처리하는 데 써야 할 시간도 줄어든다. 기업도 다르지 않다. 가령 중복된 업무나 보고 체계, 무능한 직원, 실적이 거의 없는 사업 부문 등이 쓰레기통을 가득 채울 때까지 이어진다.

피터 드러커는 이렇게 말했다. "유기체는 폐기물을 배출시킬 수 있는 시스템을 지니고 있다. 체계적이고 지속적인 해독 과정 없이는 생존이 불가능하다. 그러므로 폐기물을 제거하라." 하지만 기업은 자동으로 쓰레기를 제거하는 기관이 없으므로 모두 기업가의 몫이다. 따라서 기업에서 무엇을 개선할 수 있을지 고민할 뿐만 아니라 더 이상 하지 말아야 할 것을 깊이 고민하고 찾아야 한다.

북미 인디언 종족인 수족은 말이 죽으면 그 말에서 내려야 한다는 진리를 잘 알고 있었다. 어떤 전략이 제대로 작동하지 않는다면 바꿔야 한다. 말이 죽어 버렸는데 새로운 기수를 고용한다거나 또 다른 죽은 말을 바라보며 "저 말도 나을 게 없구나."라고 말해 봤자 아무 소용이 없다.

나는 특정 전통에 책임을 느끼며 매번 불필요한 요소 제거 임무에 어려움을 겪는 기업들과 자주 논쟁을 벌인다. 그때마다 나는 이렇게 대답한다. "전통이란 다 타 버린 잿더미를 지키는 것이 아니라 타오르는 불꽃이 꺼지지 않도록 유지하는 것입니다."

기업가의 네 번째 임무와 관련해 구체적인 두 가지 비결이 있다. 매년 자신에게 이렇게 질문해 보라. "이전에 해본 적도 없으면서 당장 시작하지 않으려는 일은 무엇인가?" 그런 다음 현재 상황에서 벗어날 수 있는 길을 찾아보라.

두 번째 비결은 프랑스의 할인 슈퍼마켓 체인인 알디Aldi의 사례에서 살펴볼 수 있다. 알디에서는 신상품이 물품 장부에 올라오면 그에 준하는 다른 한 상품이 교체된다. 뛰어난 음악가들에게서도 비슷한 패턴을 발견할 수 있다. 그들은 새로운 곡을 레퍼토리로 추가하기 전에 기존에 연주했던 곡 중 하나를 빼 버린다. 음악가들은 연주할 작품이 너무 많아지면 절대로 모든 작품을 탁월하게 소화해 내지 못한다는 것을 잘 알고 있다. 평균 수준으로 많은 곡을 연주할 수는 있겠지만 그중 수준 높은 연주는 겨우 몇 곡만 가능하다.

네 번째 임무를 수행하기 위한 두 가지 전제 조건이 있다. 하나는 당신의 쓰레기통을 비워야만 장기적으로 생존을 보장받을 수 있다는 점, 또 다른 하나는 자신의 본질에 집중해야 한다는 것이다. 무엇을 비워 버리고 또 무엇을 유지할지 파악하려면 매 순간 "나는 왜 그 일을 하는 것인가?"라는 핵심 질문을 던져 봐야 한다. 이제 다섯 번째 임무를 살펴보자.

임무 5. 큰 그림과 의미를 간직한다

일상에 문제가 가득 차 있다면 더 높은 목적을 바라보는 시선을 빼앗긴다. 바쁜 일상이 시작되면 연속적으로 이뤄지는 부차적인 일 중에서 정작 중요한 일을 놓치고 만다. 그림 전체를 볼 줄 아는 지혜가 무엇보다 중요하다. 기업가라면 일상적 업무에 관여하면 안 된다. 이번에 소개할 기업가의 다섯 번째 임무는 기업이 항상 움직이도록 돌봐야 한다는 것이다. 자신이 가야 할 길에서 이탈하는지를 파악하려면 궤도 밖에서 바라봐야 한다.

나는 '행복할 용기'를 주제로 세미나를 개최할 때마다 다섯 번째 임무의 중요성을 체험하곤 한다. 나는 참가자들에게 다섯 가지 삶의 영역, 즉 건강, 관계, 재정, 감정/정신, 직업/인생의 의미에서 올해의 목표가 각각 무엇인지 적어 보라고 요청한다.

'직업/인생의 의미'에 대한 목표를 적은 것을 보면 누가 기업 내부에서 일을 하고, 또 누가 기업가로서 기업을 위한 일을 하는지 한눈에 파악할 수 있다. 경영자는 주로 목표를 적는다. 종이에 쓸 공간이 부족한 경우도 종종 있다. 기업가는 주로 한두 줄만 간단하게 작성해 버린다. 하지만 그들이 적은 내용은 아주 결정적인 것들이다. 결정적인 비전과 큰 그림을 시야에서 놓치지 않으려면 무엇보다 다음의 세 가지 사항이 필요하다. 그것은 집중, 단순함, 거리감이다.

• 집중: 성공하는 기업은 사업에 집중할 뿐만 아니라 마땅한 대가를 치를 준비가 돼 있다. 그들은 장기적인 성공을 위해 단기적인 이익을 포기한다. 성공을 꿈꾸는 사람은 자신이 무엇을 하고 싶은지 알고 있어야 한다. 자신이 하고 싶지 않은 것에 대해서도 제대로 알고 있어야 한다. 기업 컨설턴트사인 맥킨지에서는 이렇게 말한다. "거의 모든 기업이 너무 많은 고객과 너무 많은 상품을 보유하고 있다."

집중은 동시에 포기를 의미한다. 기업을 운영할 때는 포기할 용기가 있어야 한다. 파레토 법칙을 떠올려 보라. 당신은 매출의 80퍼센트가 20퍼센트의 고객에게서 나온다는 사실을 이미 알고 있다. 그렇다면 지속적으로 고객의 수를 줄여 나가야 하지 않겠는가? 그리고 차라리 이상적인 고객을 확보하는 데 주력하는 것이 더 나을 것이다. 기억하라. 승자에게 기대를 거는 사람은 결국 자신도 승자가 된다. 집중은 "무엇이 될 수 있을까?"라는 상상을 "무엇이 될 것이다."라는 분명한 확신으로 바꾸어 놓는다.

매출도 파레토 법칙을 따른다. 제품의 20퍼센트가 매출의 80퍼센트를 차지한다. 이쯤에서 네 번째 임무가 떠오를 것이다. "불필요한 일에서 최대한 멀어져라." 피터 드러커는 이렇게 말했다. "성공한 경영자는 우선 가장 중요한 일부터 처리한다. 그리고 중요하지 않은 일은 아예 시작도 하지 않는다." 결국 집중하는 능력이 있어야 밀알에서 왕겨를 골라낼 수 있다.

• 단순함: 성공적인 집중은 절대적 단순함으로 이어진다. 자신의 목표를 정확히 아는 사람만이 값비싸고 위험한 복잡성이라는 덫을 피할 수 있다. 또한 깊이 생각하는 사람만이 명확한 체계와 단순한 시스템을 구축할 수 있다. 잊지 마라. 단순해야 복제도 가능하다. 능력을 복제하면 할수록 그만큼 기업가로서 누릴 성공도 커진다. 단순함에는 두 가지 장점이 있다. 첫째, 시스템이 단순해진다. 기업의 가치도 함께 상승한다. 둘째, 단순한 시스템은 비용을 절감한다. 기업의 수익도 함께 상승한다. 두 가지 장점이 결합돼 기업의 가치와 수익을 동반 상승시키면

당신의 기업은 더욱 큰 성공을 거둘 수 있을 것이다. 좋은 아이디어와 큰 성공 사이에는 항상 단순함이 있다.

• 거리감: 당신은 일상적 업무가 아니더라도 기업의 임무가 당신을 위해 봉사하기는커녕 당신을 지배한다는 것을 곧 깨닫게 될 것이다. 그러니 항상 주의해야 한다. 업무나 임무로부터 거리를 유지하는 합리적인 방법은 단 한 가지뿐이다. '방해받지 않는 시간을 마련하라.' 즉 기업가의 임무를 차분히 검토할 수 있도록 반나절 혹은 하루의 시간을 통째로 비우도록 한다. 그리고 큰 그림을 자유롭게 바라볼 수 있는 거리감을 유지한다.

나는 일주일에 3일간 오후에 사무실에서 근무한다. 그 시간에는 나와 면담을 할 수 있다. 그리고 매년 3개월씩 마요르카 섬에서 시간을 보낸다. 그 기간에는 오전에 집필 활동을 하고 오후 3시부터 두 시간씩 전화로 일한다. 즉, 나는 의도적으로 회사와 단절하는 시간을 계획한다. 업무와 임무로부터 단절될 때 아무에게도 방해받지 않고 기업가로서 이행해야 하는 임무를 처리할 시간을 충분히 확보할 수 있다.

누군가에게 방해받지 않는 것이 중요하다. 기업가들처럼 주로 머리로 일하는 사람들의 일과는 연속적으로 이어질 수밖에 없을 것이다. 그럼에도 방해받지 않을 시간을 별도로 마련해야만 한다. 물론 쉽지 않은 일이다. 나조차도 단절의 시간을 마련하는 것이 항상 이상적이지만은 않았다. 하지만 다른 대안이 있는가? 거리감을 두지 않고 큰 그림을 볼 수 있는가? 끊임없이 울리는 전화벨 소리를 들으며 사업의 의미에 대한 진중한 질문을 던질 수 있는가?

삶의 의미를 묻는 질문을 계속 피할 수는 없는 법이다. 당신의 내면에는 조금 더 나은 세상을 만들고 싶은 갈망이 숨어 있다. 당신은 당신의 진심이 닿는 경영을 꿈꿀 것이다. 그에 걸맞게 당신 자신을 체계화하는 것이 매우 중요하다.

임무 6. 출구 전략을 마련한다

당신은 앞으로 1년 안에 회사를 매각할 수 있는가? 만약 그렇다면 당신이 만족할 만한 가격을 받을 수 있을 것 같은가? 아마도 기업 소유자의 99퍼센트는 그러지 못할 것이다. 엄밀히 말해 그들이 기업을 '소유'한 것이 아니기 때문이다. 바로 자신의 기업이 그들을 소유하고 있다. 다시 말해 매각할 수 없다면 선택권이 없다는 의미다. 선택권이 없는 사람은 자유로울 수 없다.

출구란 결말을 말한다. 출구 전략이 당신을 기업과 어떻게 분리할 수 있는지를 결정한다. 출구 전략의 방식은 굉장히 한정적이다. 기업의 전체 혹은 일부를 매각하거나, 증권거래소에 등록하거나, 은퇴하거나 상속하는 정도다. 당신이 앞으로 10년 내에 쓰일 출구 전략을 마련한다고 가정해 보자. 물론 당신이 정말로 기업에서 분리돼야 한다는 의미는 아니다. 하지만 원한다면 언제라도 실행할 수 있는 자유는 중요하다.

기업가의 여섯 번째 임무에서는 기업으로부터 자신을 분리하는 방법을 미리 마련해 두는 것이 최우선 과제다. 당신은 언제 출구를 설계하면 가장 좋을 것 같은가? 가장 이상적인 시점은 기업을 창업하기 전이다. 그러면 최상의 퇴로를 설계할 수 있다. 물론 이런 조언을 마음 깊이 새기는 사람은 주로 소수의 노련한 기업가뿐이다. 당신은 최선의 시점은 아닐지라도 차선의 시점을 알고 있어야 할 것이다. 바로 지금이다. 무엇을 해야 하는지는 기업가의 임무 1에서 5까지 살펴보며 상세하게 깨달았을 것이다. 추가로 현명한 자산 계획을 세워야 한다. 출구 전략은 다음의 여섯 가지 항목으로 구성돼 있다. 그중 처음 네 가지는 이미 앞에서 살펴보았으므로 언급만 하겠다.

- 기업이 당신에게 종속되지 않게 하라
- 수익을 생각하며 일하라
- 과정을 단순하게 유지하고, 스스로 증식할 수 있는 시스템을 만들어라
- 단순한 시스템을 위협하는 모든 것들을 멀리하라
- 자본 가치를 형성하라
- 개인 재산을 마련하라

- 자본 가치를 형성하라: 기업의 가치를 시스템적으로 높여라. 그 과정에서 두 가지 사항을 주의해야 한다. 첫째, 주기적으로 다음과 같이 질문하라. "나의 기업에서 정말 가치 있는 것은 무엇인가? 그중 매각할 수 있는 것은 무엇인가? 그 가치를 더 발전시키려면 어떻게 해야 할까?"

둘째, 자신에게 이런 질문을 던져라. "연말에 기업을 매각한다면 그 가치가 얼마나 될까? 그 가치를 매년 상승시키려면 무엇을 해야 할까?"

기업의 가치를 체계적으로 상승시켜 주는 간단한 필승 전략이 있다. 동종 업계에서 당신의 기업보다 3~10배 정도 가치가 높은 기업이 얼마에 매각됐는지 알아본다. 그런 다음 해당 기업에 대해 집중적으로 분석해 보라. 그 기업이 그 정도로 성공한 배경은 무엇인가? 당신의 기업과는 어떤 차이가 있는가? 그들에게서 배울 점은 무엇인가? 당신이 그들보다 더 잘할 수 있는 것은 무엇인가?

어쩌면 당신은 그 기업의 전직 소유주를 코치나 고문으로 삼을 수도 있을 것이다. 결과가 어떻게 되든 한번 시도해 보기를 바란다. 어쨌거나 이제 기업을 매각한 상대는 더 이상 당신의 경쟁사가 아니다.

• 개인 자산을 마련하라: 기업가와 대화를 나눌 때마다 나는 그들의 순진한 세계관에 부딪히게 된다. 그들은 자신만의 생각을 기준으로 정해 놓은 계획에 따라 사고하고 행동한다. 대부분 "우선 기업부터 성공적으로 키워 내면 나는 부자가 될 거야."라고 생각한다. 하지만 탄탄한 개인 자산이 출구 전략에서 아주 중대한 역할을 하며, 기업의 성공에도 영향력을 행사한다는 것을 간과하기 쉽다.

만약 기업의 소유주인 당신의 개인 자산이 충분하다면 기업을 훨씬 수월하게, 특히 더 좋은 가격으로 매각할 수 있을 것이다. 그러면 당신은 기업에 종속되지 않는다. 그것만으로 함부로 과소평가할 수 없는 힘과 위치를 지니게 된다. 개인 자산이 있는 기업가에게는 세 가지 장점이 있다.

첫째, 기업가인 당신이 가격을 정한다. 매수자는 당신이 궁핍한 상황인지, 재정적으로 탄탄한 상태인지 매우 빠르게 감지한다. 둘째, 반드시 기업을 매각해야 하는 것은 아니다. 기업을 계속 경영하고 싶지 않거나, 경영할 수 없는 상황에 처하더라도 개인 자산의 소득만으로 현 생활수준을 유지할 수 있는지가 무엇보다 중요하다. 셋째, 쉽게 기업을 떠나보낼 수 있다. 예컨대 서로 동의한 내용이 실제로 이행되는지 여부를 걱정할 필요가 없다. 매각 대금에 목을 매지 않는다면 기업의 존속을 보장받으면서 한결 수월하게 계약을 체결할 수 있다. 또한 인생을 걸고 닦아 놓은 사업을 그대로 유지할 수도 있다.

반드시 사업과 별개로 개인 자산을 마련하라는 조언은 아무리 강조해도 부족함이 없다. 개인 자산이 있다면 당신은 두 다리로 땅 위에 서는 것처럼 훨씬 더 안정적으로 버틸 수 있다. 단, 기업과 전혀 무관한 자산이어야 한다. 이를테면 연금 담보는 이에 해당되지 않는다. 기업이 파산할 경우 연금은 보장받을 수 없기 때문이다.

나는 개인 자산을 마련하라는 조언에 대한 반론을 수없이 받아 왔다. "당신은 항상 집중의 가치를 강조하는데 차라리 내 돈을 기업에 맡기는 편이 더 낫지 않은가?" 이 질문의 대답에는 당신이 기업가로서 배워야 할 가장 중요한 결정 사항 중 하나가 담겨 있다. 기업가로서 당신이 배워야 하는 가장 중요한 사항 중 하나는 기업과 기업가의 본질을 구분할 수 있어야 한다는 것이다.

• 기업의 차원: 모든 기업은 다른 기업과 경쟁 관계에 있다. 장기적으로 보면 최고의 기업만이 살아남는다. 최고가 되고자 한다면 절대로 기업을 분산하지 말아야 한다. 기업의 다각화는 패착이다. 절대로 집중

을 포기하지 말아야 한다. 물론 집중에는 큰 위험이 따른다. 하지만 성공하는 기업을 세우고 싶다면 위험을 감수하는 것 외에 선택의 여지가 없다.

• 기업가의 차원: 개인적 차원에서는 위험을 감수해야 한다. 기업가 개인은 분산 투자를 해야 한다. 투자자라면 경쟁 상황과 마주치지 않겠지만 기업가는 늘 경쟁하는 상황에 놓인다. 최대한 자산을 분산시켜 당신의 위험을 관리하는 것이 중요하다. 따라서 현명하게 재산을 분산할수록 그만큼 안전해진다. 당신의 재산을 서로 명확히 구분된 세 개의 커다란 단지 속에 나누어 담는 것이 좋다.

• 기업
• 개인 투자 자산
• 사치 자산(예를 들어 당신이 생활하는 집)

세 가지 단지의 역할은 매우 중요하다. 재정적 자유는 개인 투자 자산을 통해서만 얻을 수 있다. 기업가 개인의 자산을 관리할 때는 투자자의 영역에서 머물며 지속적인 수익을 추구해야 한다. 단, 사치 자산은 수익을 전혀 발생시키지 않고 오히려 관리 비용만 든다. 요약하자면 당신이 소유한 기업의 입장에서 성공 공식은 당연히 집중이지만 개인 기업가를 위한 성공 공식은 분산이다.

성공한 기업가들은 회사에 얽매이지 않는다

일상의 업무에서 완전히 벗어나고 싶은지 아닌지를 의식적으로 결정하라. 성공적인 기업가라면 여섯 가지 임무를 제대로 이행하기 위해 자신의 회사를 최대한 활용할 것이다. 그리고 기업가의 임무에 전념하다 보면 금세 다음과 같은 네 가지 사항이 명확해질 것이다.

- 기업가의 여섯 가지 임무를 완수하지 못한다면 어떤 기업가도 제대로 성공할 수 없다.
- 여섯 가지 임무는 종일 업무에 해당한다. 다른 무언가를 하면서 부차적으로 이행할 수 없다.
- 만약 과로를 한다면 여섯 가지 임무를 훌륭히 완수하지 못할 것이다. 충분한 휴식을 취해야 최고의 아이디어와 통찰력을 얻을 수 있다.
- 당신만이 여섯 가지 임무들을 이행할 수 있다. 따라서 당신이 직접 수행하지 않으면 처리되지 않을 것이다.

기업가는 돈을 벌고 투자한 후 세금을 낸다

당신이 기업가의 영역에 있다면 더 많은 재산을 축적할 수 있을 것이다. 여기에도 몇 가지 규칙이 있다. 기업가가 이행해야 할 핵심 임무에 대해서는 이미 충분히 논의했다. 마지막으로 나는 세금에 대해 언급하고자 한다. 애초에 세금 관련 법률은 빈곤층과 중산층을 돕기 위해서 제정됐다. 하지만 실제로는 지식층만을 돕는다. 그러니 당신은 반드시 유능한 세무사를 찾아 세금 관리를 의뢰하라. 부자만큼 세금을 더 내는 사람도 없다. 하지만 기업가만큼 합법적으로 절세할 기회를 많이 얻는 경우도 없다.

납세 의무가 있는 사람은 절세할 권리도 함께 갖는다. 절대로 속임수나 법규의 허점을 활용하라는 것이 아니다. 단순히 원칙의 문제다. 중산층은 돈을 벌고 수입에 준하는 세금을 납부한다. 그리고 세금을 공제한 나머지 돈을 투자에 활용한다. 반면 현명한 기업가는 돈을 번 다음에 투자하고 남은 돈으로 세금을 낸다.

부자 기업가	중산층
1. 돈을 번다	1. 돈을 벌었다
2. 투자한다	2. 세금을 낸다
3. 세금을 낸다	3. 투자한다

즉 부자 기업가가 중산층과 다른 가장 큰 차이는 세금을 공제하기 전에 상당 금액을 저축하고 투자할 수 있다는 데 있다.

이번 장의 서두에서 말했듯이 기업가는 대가를 치러야 한다. 또한 자신이 원한다고 해서 모든 사람이 기업가가 될 수 있는 것도 아니다. 나는 누구나 최고의 기업가가 될 수 있다고 주장하지 않는다. 하지만 이번 장의 원칙을 제대로 지킨 기업가라면 전혀 신경 쓰지 않을 때보다 확실히 훨씬 좋은 결과를 얻게 될 것이다.

당신이 자신을 불행하게 만들 상황에 빠지지 않는 것이 무엇보다 중요하다. 자신이 기업가에게 필요한 필수 자질과 특성을 얼마나 갖추고 있는지 근본적으로 검토해 보기를 권한다. 기업가로서 얻을 물질적 성공만을 좇아서는 안 된다. 항상 자신을 진정으로 행복하게 해줄 별의 분야를 선택한 것인지 주의하고 의심하라.

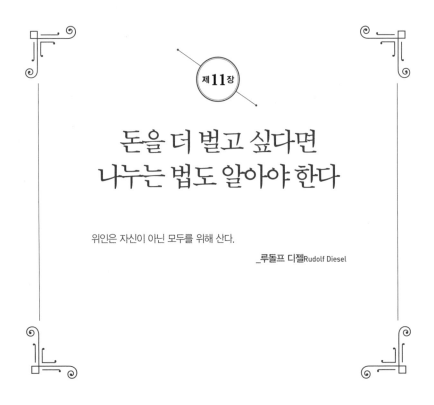

제 11 장

돈을 더 벌고 싶다면
나누는 법도 알아야 한다

위인은 자신이 아닌 모두를 위해 산다.

_루돌프 디젤Rudolf Diesel

"돈을 많이 벌고 싶으면 먼저 상대를 섬길 자세부터 갖춰야 한다."라는 격언이 있다. 같은 내용을 이 책의 주제에 맞도록 조금 더 명확하게 짚어 보면 다음과 같다.

"어떻게 일해야 하는지 배운 사람만이 인생에서 실질적인 보상을 받는다."

무조건 돈을 벌고 싶다는 생각부터 하는 사람이 아주 많다. 그런 식이라면 부를 축적하는 것은 절대 불가능하다. 농사를 짓든, 대인관계를 맺든, 수입을 벌어들이든 마찬가지다. 먼저 씨앗부터 뿌려야 수확할 것도 생기는 법이다. 아무런 대책도 없이 텅 비어 있는 화로 앞에 앉아 "자, 어서 날 따뜻하게 해줘. 그러면 내가 장작을 넣어 줄게."라고 말해 봐야 자신에게 돌아오는 것은 없다.

이번 장에서도 앞에서 보았던 별 그림을 다시 활용하려고 한다. 하지만 이번에는 조금 다른 의미를 부여하고자 한다. 이제부터는 당신이 돈을 어디에서 벌 수 있는지가 아니라 돈을 누구에게 써야 하는지를 다룰 것이다.

부의 획득에만 집중한다면 결코 행복과 성취감을 맛볼 수 없다. 별의 또 다른 측면인 나눔과 베풂이 필요한 시점이다. 당신이 생각해야 할 다섯 가지 핵심 대상은 다음과 같다.

- 동료와 고객
- 임무
- 가족과 친구
- 사회적 약자
- 시스템

동료와 고객에게 진짜 필요한 일을 하라

가장 먼저 당신은 직장에서 타인을 도울 수 있는 여력을 갖춰야 한다. 이는 당신의 고객, 동료, 회사의 임직원까지 모두 대상이 된다. 품위

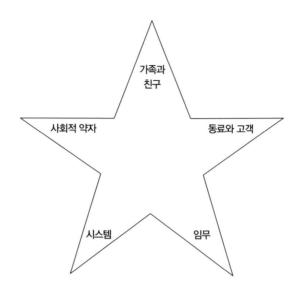

도, 자존심도 내세우지 말고 남들이 하기 싫어하는 모든 사소하고 별 것 아닌 업무까지 전부 다 해주라는 의미가 아니다. 서비스란 진정한 의미의 '도움'을 뜻한다.

타인이 바란다고 해서 무조건 도움을 베풀면 안 된다. 때로는 상대가 다소 편하게 느끼지 않을 방식으로 돕는 것도 필요하다. 또한 그들이 스스로 할 수 있고, 또 해야만 하는 일들을 대신해 주는 것은 진정한 도움이 아니다.

무엇보다 당신이 도움을 주는 것을 절대로 부끄러워하지 말아야 한다. 필요하다면 설거지도 해주고, 가구를 옮겨 주고, 야근도 줄여 줄 수 있다. 도움을 베푸는 대상이나 행위에 차별을 두지 않는다는 마음가짐을 되새기는 것이 좋다. 상대방의 일을 전부 맡아서 하는 것도 중요하지만, 잘 해내는 것도 중요하다. 보잘것없고 소소한 일은 분별력이 부족한 사람에게만 그렇게 보일 뿐이다.

무엇보다 고객을 좋아하려는 마음과 그들을 기쁘게 해주려는 마음에는 동기가 필요하다. 도움을 주려는 사람은 하인의 역할이 아니라 왕의 역할을 자처하는 것이다.

당신이 버는 수입은 도움을 받은 상대가 당신에게 전하는 감사에서 비롯된다. 따라서 당신에게 고맙다고 하는 사람들이 많아질수록 당신의 수입이 늘어날 것이다. 고객이 당신에게 고맙다고 표현하는 것은 당신이 어떤 방식으로든 좋은 서비스를 제공했기 때문이다. 그런 만큼 더 많은 사람에게 고맙다는 말을 들을 수 있도록 애써야 한다.

이기심을 버리고 겸손하게 임무를 수행하라

프로젝트, 임무, 아이디어와 같은 일에 뛰어들어 봉사할 준비가 돼있어야 한다. 자신이 맡은 임무보다 자신을 더 낮게 설정하는 법을 배우지 못한 사람은 근본적인 마음가짐이 결여돼 있다고 할 수 있다. 사람은 자신보다 더 중요하게 생각하는 일을 수행할 때 한층 더 성장한다. 그리고 뒤로 한 걸음 물러설 때 성격적인 측면에서도 한 단계 더 성장한다. 팀을 이뤄 함께 목표를 달성하려면 일정 기간 동안 자신을 내려놓을 수 있어야 한다. 그래야만 최고의 결과를 얻을 수 있다.

하지만 세상에는 자신을 낮추는 태도를 갖추지 못했거나 철저하게 자기중심적인 사람들이 많다. 그중 일부는 마치 세상과 그 안에 사는 무수한 작은 사람들이 자신을 중심으로 존재하고 움직이기 위해 존재한다고 믿는 것처럼 보인다. 그들은 지구본을 응시하면서 거기에서도 오직 자기 자신을 찾는다. 세계를 바라보는 시야가 지극히 협소하고 제한적인 사람들이다.

자신을 지나치게 중요하게 생각하는 사람은 서비스를 제공할 수 없다. 세상의 모든 일이 큰 게임의 일부라는 점을 떠올리면 누구나 겸손해질 수밖에 없다. 이러한 겸손은 누군가에게 서비스를 제공하기에 아주 좋은 기본 조건이다. 당신은 자기 인생의 주인공이지만 동시에 더 큰 연극 무대에 서는 조연 배우이기도 하다는 것을 기억하라.

가족과 친구들에게 시간을 아끼지 마라

가족과 친구를 사랑하는 사람은 항상 그들을 응원한다. 당신이 상대의 자유를 수용하고 그가 지닌 잠재력을 신뢰할 정도로 당신에게 중요한 사람임을 효과적으로 알릴 방법은 무엇일까? 가족과 친구에 대한 사랑을 다른 말로 고쳐 쓴다면 아마도 시간일 것이다. 시간의 질을 의미하는 것이 아니라 말 그대로 얼마만큼의 시간을 썼느냐가 관건이다. 당신에게 주어진 시간은 한정적이다. 얼마 되지 않는 시간을 수많은 사람에게 퍼줄 수는 없다. 정말 친한 친구의 수가 적을 수밖에 없는 이유이기도 하다. 하지만 누군가에게 정말 도움이 되고 싶다면 특정 그룹의 사람들을 지정해 격려할 수 있다.

당신이 아끼는 사람들이 시야를 넓힐 수 있도록 도움을 줘라. 당신의 지식을 그들과 공유하라. 양질의 주제에 대해 서로 대화하라. 이를테면 돈을 더 버는 방법에 대해 이야기하는 것이다. 또한 당신은 자신이 사랑하는 사람들에게 항상 편안한 사람이 되지 말아야 한다. 누군가에게 격려와 지지를 받는 것은 마냥 편할 수 없는 일이다. 그건 도움을 주려는 사람도 마찬가지다.

세상에 도움이 필요한 사람들을 잊지 마라

프랑스 혁명의 원래 모토는 자유와 평등이었다. 나중에 박애라는 세 번째 개념이 추가됐다. 왜일까? 알다시피 자유와 평등은 서로 반대되는 개념이다. 자유가 허락될수록 그만큼 평등은 줄어든다. 그리고 평등이 실현될수록 각각의 자유는 제한된다.

국가를 운영하다 보면 서로 대립되는 개념을 극복할 수 없다. 각각의 기능이 각 개인에게 요구되고 있기 때문이다. 게다가 이런 모순을 해결할 시스템도 없다. 상황에 따라 자유를 희생하거나 때로는 평등을 희생하는 식으로 타협할 뿐이다. 이렇게 서로 대립되는 개념을 극복할 수 있는 개념이 필요하다. 그것이 바로 박애다.

이 세계는 속박과 불평등이라는 거친 물결을 따라 요동친다. 서로를 존중해야지만 살 만한 곳으로 거듭날 수 있다. 당신이 주변 사람들을 존중하는 사람이라면 그들이 존엄성을 잃는 환경에서 생활하도록 내버려 둬서는 안 된다. 가난은 단순히 빈곤층의 문제가 아니다. 그것은 모두의 문제다.

당신의 가족과 친구라는 범주 안에 들어와 있는 사람이라면 아마도 큰 곤경에 빠져 고통을 받고 있지는 않을 것이다. 많은 사람이 자신을 보호하는 일종의 고치 속에서 살고 있다. 진정한 빈곤에 대해 당신이 아는 것들은 그저 피상적인 것에 지나지 않는다.

하지만 절대로 빈곤을 무시하지 말아야 한다. 그저 나와 상관없는 일이라고 치부하기에 세상에는 불행을 겪고 있는 사람들이 너무 많다. 당신이 만약 빈곤 문제를 진지하게 받아들이기를 거부한다면 일상에서 벌어지는 사건들을 놓치고 말 것이다. 그리고 너무 쉽게 기준을 바꿔 버릴 것이다.

예를 들어 보자. 휴가를 얻어 비행기를 타고 여행을 떠났다가 여행 가방을 잃어버린 경험이 있는가? 휴가지에서 입을 멋진 옷가지들을 포함해 개인소품이 모두 사라졌으니 망연자실할 수밖에 없을 것이다. 게다가 보험사에서 지급하는 보상금은 분실물에 비하면 헛웃음이 나올 수준이다. 당신이 잃어버린 물건들을 다시 얻을 때까지 써야 할 당신의 시간은 누가 보상해 줄 것인가. 이미 당신의 휴가는 끝나 버린 것이나 다름없다.

거리에서 구걸해야 할 정도로 가난한 사람들 중에서 휴가지에서 모든 물건을 잃어버린 당신과 입장을 바꾸고 싶어 할 사람이 얼마나 될 것 같은가? 생존의 기로에 서 있는 사람에게 당장 당신이 처한 문제는 그저 코웃음을 칠 수준밖에 되지 않는다. 지금 당장 먹을 것도 없고 한 겨울에 길바닥에서 잠을 청해야 하는 신세인 그들에게 여행 가방 하나 사라진 게 뭐 그리 대수겠는가? 배고픔에 굶주린 사람들이 문명화된 세계에서 가장 뜨거운 주제 중 하나가 과체중이라는 사실을 어떻게 받아들일 것 같은가?

당신은 1분마다 2,500만 달러가 군수 물자에 투입되고, 1분마다 기아로 굶주린 40명의 어린아이가 사망하는 세상에서 살고 있다. 자신의 안전만을 생각하는 자산가는 혼자 사다리를 타고 안전한 곳으로 올라간 뒤 사다리를 치워 버리기 일쑤다. 절대로 극심한 빈곤 문제에 눈을 감지 말아야 한다. 그러니 당신은 자신이 벌어들이는 수입의 10퍼센트를 빈곤층을 위해 기부할 방법이 없는지 고민할 필요가 있다.

당신에게 약속할 수 있다. 당신이 기부한다고 해서 절대 당신의 몫이 줄어들지 않을 것이다. 오히려 당신은 더 부자가 될 것이다. 기부함으로써 정신적 행복도 얻지만 물질적으로도 얻을 수 있다. 정확히 말로 설명할 수는 없지만 항상 그래 왔다. 그러니 한번 시도해 보라.

타인을 돕는 일 중에서 당신에게 가장 맞는 일을 실행하라. 빈곤층 돕기, 아픈 환자 돌보기, 죽음을 목전에 둔 사람의 곁에 있어 주기 등 세상에는 다양한 도움의 방식이 존재한다. 도움이 절실한 사람들에게 도움의 손길을 내미는 순간 당신도 변화할 것이다.

서로 연결된 시스템이 더 나아지게 만들어라

아마도 지금 당신은 아무것도 할 수 없다는 무력감에 사로잡혀 있을지 모른다. 당신은 이렇게 질문할지도 모른다. "도대체 시스템을 어떻게 개선하란 말입니까? 고작 일개 개인인 내가 무엇을 바로잡을 수 있을까요?"

주지아라는 이름의 랍비가 있었다. 그는 자신이 모세만큼의 능력도 없고 카리스마도 없다고 평생을 불평했다. 어느 날 이를 보다 못한 신이 그에게 말했다. "천국에서는 네가 왜 모세 같지 않았느냐고 묻지 않는다. 오직 네 자신이 왜 주지아이지 못했는지를 물을 따름이지."

자신이 할 수 없는 것에 집착하지 말고, 할 수 있는 일에 몰입해야 한다. 그것이 변화의 비결이다. 공자는 이렇게 말했다.

"차라리 촛불을 켜는 것이 깜깜한 어둠 속에서 계속 불평만 하는 것보다 훨씬 낫다."

아무리 노력해도 변하는 것이 별로 없는 것 같은가? 그렇다고 해도 낙심하지 마라. 누군가 자신의 인생이나 기회를 개선할 때 항상 굉장한 것을 달성하게 된다. 그 순간 행복의 가치를 측정하고 싶은 사람이 어디 있겠는가? 그리고 누구도 행동이 미치는 진정한 효과에 대해 제대로 모른다. 모든 일이 서로 유기적으로 얽혀 있다는 정도만 파악할 뿐이다. 시스템은 각각의 작은 부분들로 구성돼 있다. 작은 부분이 서로 어떻게 연결돼 있는지 정확히 설명하기 어려울 정도로 복잡하다. 물론 앞으로 계속 과학 기술이 발전하면서 시스템의 연계성은 점차 명확해질 것이다. 누구나 눈앞에 있는 사과 한 개에 씨가 몇 개나 들어 있는지는 셀 수 있다. 하지만 아무도 씨앗 하나에서 사과가 몇 개나 나올지는 예측할 수도, 알 수도 없다.

기타 두 대를 나란히 세워 놓고 한 기타의 E 현을 튕겨 보면 다른 기타의 E 현도 진동하기 시작한다. 공명 진동이라는 현상이다. 인간 세계에도 공명을 일으키는 행위들이 있다. 미소, 친절, 인정, 격려, 희망, 신뢰 등을 통해 당신도 주변과 공명할 수 있다. 세상에 서로 영향을 받지 않는 것은 없다. 당신이 진심으로 말하고 행동한다면 상대방의 진심도 반응할 것이다.

시스템을 개선하기 위해 당신은 어떤 방법을 제안할 것인가? 세상을 위해서, 동물을 위해서, 학교를 위해서, 평등한 기회와 박애와 사랑을 위해서 무엇을 할 수 있는가? 세상을 바꾸기 위한 과제는 무수히 많다. 당신의 내면이 내는 소리에 귀를 기울여라. 당신의 마음에는 무엇이 자리하고 있는가? 당신의 열정을 채워 주는 것은 무엇인가? 당신의 임무는 무엇인가? 다시 말하지만 세상에는 도움이 필요한 곳이 셀 수 없이 많다.

이웃을 돕고 더 좋은 세상을 만들자

• 무턱대고 에너지를 소모하지 마라. 목표를 정하고 한 가지 프로젝트만 실행

해야 한다.

- 선의에서 행동하는 것이라도 현명하게 대처하고 집중해야 한다. 도움을 건넬 때에도 목표를 설정하고 마땅한 계획을 수립하고, 시간 관리도 효율적으로 해야 한다. 또한 같은 생각을 지닌 사람들과 연합해 서로 위임하고 조직을 구성해야 한다.
- 도움 프로젝트를 하나의 기업처럼 바라보라. 타인을 돕는 일도 기업가처럼 접근하라.
- 이 책에서 설명한 모든 내용은 당신의 사회 연대에도 적용된다. 단 자기 자신을 위해 돈을 버는 것이 아니라 타인을 위해 벌 때 해당된다.
- 한 사람이 막대한 재물을 소유하는 것은 전혀 나쁜 일이 아니다. 그 재물이 그 사람을 소유하게 된다면 끔찍한 재앙이 펼쳐진다. 소유한 부의 일부를 타인에게 베푼다면 재물에 집착하는 일이 절대로 생기지 않는다.

공정사회에 투자하라

공정은 누구나 비슷한 교육을 받을 기회를 가져야 한다는 것을 의미한다. 그 사람에게 필요하지 않은 것을 나눌 필요는 없다. 또한 자격을 갖추지도 않았는데 모두 똑같이 나눠 받을 필요도 없다. 어린아이라면 각자의 역량을 키울 기회가 똑같이 주어져야 한다.

공정을 실현하려면 모든 사람을 위한 교육 부분에 투자가 필요하다. 또한 이러한 투자가 그 무엇보다 이 사회에 훨씬 유익하다는 사실을 수용해야 한다. 공정이 실현된다면 아이들은 누구나 교육의 권리를 가질 수 있다.

아이들은 우리의 가장 큰 자산이자 우리의 미래다. 따라서 아이들에게 공정한 기회를 허락해야 한다. 내일을 위한 적선 대신 오늘을 위한 지식을 제공해야 한다. 설령 당신이 세운 인생의 목적과 다르다고 해도 공정한 기회는 주변 사람의 인생에 긍정적인 영향을 미친다. 긍정적인 영향이 확산되다 보면 결국 많은 것이 바뀔 것이다.

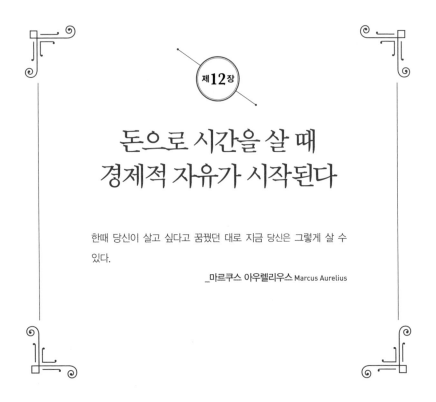

제12장

돈으로 시간을 살 때 경제적 자유가 시작된다

한때 당신이 살고 싶다고 꿈꿨던 대로 지금 당신은 그렇게 살 수 있다.

_마르쿠스 아우렐리우스 Marcus Aurelius

우연히 요정과 마주친 당신이 세 가지 소원을 빌 기회를 얻었다고 생각해 보자. 어떤 소원을 빌 것인가? 주로 동화에서는 먼저 터무니없는 소원을 두 가지 빌고 결국 모든 것을 바로잡는 데 마지막 남은 소원을 사용한다.

현실도 크게 다르지 않다. 열심히 노력하며 힘들게 달려갔지만 결국 어느 순간 그 결과가 당신을 전혀 행복하게 해주지 않는다는 사실을 깨닫고 허망해한 적 있지 않은가? 그런 상황에 처하면 자신이 직접 자초한 상황을 타개하고자 모든 노력을 다 쏟아부아야 한다. 돈을 많이 번다고 해서 똑같은 일이 생기지 않는다는 법이 있을까?

워커홀릭은 더 이상 멋지지 않다

당장 현실에는 아무런 기대도 하지 않으면서 미래에 모든 것을 거는 사람이 아주 많다. 그들은 항상 산더미 같은 업무에 파묻혀 사느라 신선한 공기조차 제대로 마시지 못한다. 과거에는 이런 자세를 가리켜 영웅적으로 칭송받고 제대로 일하는 것이라고 평가했다. 누구보다 열심히 오래 일하는 것은 그가 성공으로 향하는 길에 있다는 확실한 신호였다.

하지만 오늘날 점점 더 많은 사람이 인생에서 일이 전부가 아니라는 사실을 깨우치고 있다. 일만 하는 사람을 오히려 안타까운 시선으로 바라보는 시대가 온 것이다. 오늘날 우리는 일에서 느끼는 열정과 인생의 다양한 측면을 즐기는 능력 사이에서 적절한 균형을 찾는 것이 무엇보다 중요하다는 것을 잘 알고 있다. 일과 재산 축적은 인생의 절반에 불과하다. 어떤 경우에도 가족, 친구, 문화, 독서, 배움, 재미, 치유, 스포츠, 휴식이 뒷전으로 밀려 나는 일은 없어야 한다.

한 애니메이션에서 사업 경영자가 딸아이와 함께 해변을 산책하고 있었다. 그가 통화를 하는 동안 아빠의 관심을 끌고 싶었던 아이는 아빠의 재킷 소매를 잡아당겼다. 그 순간 그는 아이에게 언짢은 목소리로 말했다. "지금은 안 돼! 아빠가 일하고 있잖니!"

진정한 워커홀릭은 여가 활동보다 일하는 것을 선호한다. 그런 상태가 장기적으로 지속된다면 정말 안타까운 상황이라고밖에 할 수 없다. 조금 과장하자면 알코올, 마약, 약물 같은 것들을 과도하게 복용해 중독된 상태나 다름없다. 이러한 중독 증세는 항상 뭔가로부터 도망칠 때 생기기 때문이다. 그리고 무능력의 이면에 숨어 유익한 관계를 맺지 못하도록 방해한다.

일할 때는 시간을 넉넉히 잡아라. 단, 시간을 허비하지는 말아야 한다. 항상 자신에게 충분한 시간을 허락하라. 인생의 성공을 결정짓는 본질적인 측면을 희생하지 않도록 하라. 진정한 행복에는 당신이 하는 일도 포함되지만 일을 제외한 곳에서 누리는 즐거움도 포함돼 있다. 그중 하나를 최대치로 끌어올리기 위해 다른 하나를 희생하지 말아야 한다. 오직 일과 개인의 삶이 조화를 이뤘을 때 당신은 진정한 성공을 누릴 수 있다.

여가와 일은 모두 각각의 가치가 있다. 당신의 인생에 그 두 가지를 위한 자리를 만들어야 한다. 일에서 얻는 성취감과 일의 결과로 얻은 넉넉한 수입은 물론, 여가시간을 제대로 즐길 수 있는 능력이 전부 갖춰질 때 진정한 행복을 누릴 수 있다. 다시 말해 직업적으로 성공하면 여가시간을 통한 행복과 충만함을 얻을 수 있다. 직업의 성공을 통한 높은 수입이 당신의 여가시간을 보다 높은 수준으로 끌어올려 줄 것이다.

삶에서 진정 중요한 것을 깨닫지 못한다면

워커홀릭은 자신이 몹시 효율적으로 일한다고 생각한다. 그것은 정말 값비싼 오류다. 주야장천 일만 하기 때문에 그들이 일하는 기업에는 더 많은 비용이 청구된다. 게다가 부정적인 스트레스를 받으면 실수를 남발한다. 결국 그들은 가장 중요한 일들을 잊어버리게 된다. 또 부정적인 스트레스는 큰 성공 대신 세부 사항에 그들의 소중한 시간을 허비하게 만든다.

과도한 업무는 결국 평범한 결과로 이어진다. 탁월한 성과는 즐거움을 갖출 때 찾아온다. 자신의 업무 활동에서 성취감을 찾는 사람만이 비범한 결과를 이룰 수 있다.

일본에서 두 번째로 높은 사망 원인이 바로 과로사다. 독일에서는 과로사로 사망하는 인구의 숫자가 정확히 집계되지 않았지만 분명 매우 높은 수준일 것이다. 나 또한 아버지를 과로사로 잃었다. 아버지는 거의 항상 일을 했다. 병든 순간에도 이전보다 더 열심히 일했다. 결국 아버지는 마흔여덟 살이 되던 해에 사망했다.

아버지가 미친 듯이 일을 할 때 내가 경고했어야 한다. 하지만 나 역시도 동일한 덫에 빠지고 말았다. 강연을 하기로 처음 결정을 내렸을 당시 나는 강연료로 하루에 1,000유로를 받기도 힘들었다. 1년도 지나지 않아 나의 강연료는 1만 유로로 올랐다. 그로부터 몇 달 뒤에는 1만 5,000유로가 되더니 어느새 2만 유로를 훌쩍 뛰어넘었다. 그때 내가 제대로 연습하지 못했던 훈련은 '아니요'라고 거절하는 것이었다.

새로운 영역에서 거둔 성공의 단맛에 심취해 버린 나는 강연 문의가 들어오는 대로 수락해 버렸다. 온종일 수많은 사람 앞에서 강연하는 일이 몇 날 며칠이고 계속 이어지는 가운데 회사도 경영하고, 책도 집필하는 일이 무슨 의미가 있고 또 얼마나 많은 에너지를 소모하는지 나는 몰랐다.

하지만 매우 건강한 생활을 하고 운동도 많이 하며 항상 에너지가 넘쳤던 탓에 나는 더 많은 세미나 참가자에게 좋은 영향력을 선사할 수 있을 것이라고 확신했다. 하루에 16시간씩 일했고 잠도 거의 서너 시간만 잤다. 결국 폐렴에 걸린 후에야 나의 거침없는 행보에 제동이 걸렸다. 하지만 이미 1년 반 전부터 모든 일정이 예정돼 있었다. 나는 세미나를 방문할 참가자들을 실망시키고 싶지 않았다. 무엇보다 여전히 내게는 거절할 용기가 부족했다. 얼마 후 또다시 쓰러지고 나서야 더 심각한 결과를 책임지는 것이 극도로 불편하다는 것을 절실히 느꼈다.

이후 내가 다시 건강을 되찾기까지는 여러 달이 걸렸다. 나는 당신에게 간곡히 경고하고 싶다. 워커홀릭, 번아웃, 과도한 스트레스는 정말 바보 같은 짓이며 낡아 빠진 과거의 전유물이다. 이제는 고소득자도 현재를 담보 삼아 미래를 계획하지 않는다.

나는 나 자신을 위해, 물론 나를 보호할 목적으로 간단한 철칙을 세웠다. 과도하게 일만 하는 사람은 자신을 충분히 아끼지 않는 것이다. 그런 사람들은 자신에 대한 관심을 잃어버린 것이다. 그러니 자신을 조금 더 아끼는 법을 배워라. 그리고 무엇이든 자신에게도 베풀어라.

내가 경고하고 싶은 것은 순전히 과로로 병에 걸리는 것만이 아니다.

나는 아직까지도 많은 사람이 자신의 일에서 가장 중요한 보물을 찾지 못하고 있음을 상기시키려는 것이다.

일하면서 자유를 누리는 시간 관리법

돈을 더 많이 벌기 위해서 더 오래, 더 열심히 일한다고 해서 모두 부자가 되는 것은 아니다. 여가시간을 희생해 얻은 가치는 수입이 늘어나더라도 그만큼 제외돼야 한다. 여가시간을 대가로 얻은 재정적 이득이 희생된 여가시간의 가치보다 훨씬 낮을 때도 있다.

진정한 번영은 돈을 벌고자 여가시간을 포기한다고 얻을 수 있는 것이 아니다. 적은 것에서 더 많은 것을 만드는 능력이 진정한 번영을 부른다. 동등한 가치를 지닌 뭔가를 희생양으로 삼아선 안 된다. 나는 당신에게 일하는 시간을 늘리라고 안내할 의도가 결코 없다. 그보다 업무의 생산성을 향상하는 방법을 더 중점적으로 다룬다. 진짜 성공이란 수입이 더 늘어나는 동시에 근무 시간은 예전과 동일하거나 오히려 줄어드는 상황을 일컫는다. 또한 진정한 자유란 일에서 자유를 찾는 것이 아니라 일을 하는 과정에서 자유를 누리는 것을 의미한다. 즉 깊이 생각하고 대화를 준비하는 데 충분한 시간을 가지는 것을 의미한다.

과도한 업무로 인한 번아웃 상태를 피하는 법이 새로운 시대의 가장 중요한 생존 기술이다. 만약 삶의 균형을 찾지 못한다면 이 책에 수록된 조언은 전부 무의미해진다. 나는 다시 한번 간곡히 호소하려 한다.

당신에게 적절한 업무량과 업무 시간은 어느 정도인지 결정하라. 여가 시간을 정하고 마치 업무를 보듯이 여가를 계획해야 한다. 어쩌면 최적의 시간 분배를 찾는 과정이 당신에게도 도움이 될 수 있을 것이다.

- 의미를 찾는 질문하기: '나는 내가 무엇을 원하는지 알고 있다.' 제6장에서 다룬 자신이 진정으로 원하는 일을 찾는 법에 관한 내용은 내가 실제로 세미나에서 진행하는 훈련법 중 하나다. 또 나 역시 지금도 스스로 삶에서 적용하는 훈련이기도 하다. 그 훈련을 통해 나는 무엇보다 나에게 맞는 것(효율성)이 무엇인지 깨닫는다. 대부분의 사람은 뭔가를 제대로 하는 데만 초점을 맞추지만 말이다. 무엇보다 자신의 내면의 나침반을 제대로 읽어야 한다. 그래야만 자신이 가고 싶은 방향을 제대로 파악할 수 있다. 당신에게 맞는 활동이 무엇인지 명확히 깨달은 후에야 비로소 그 일을 더 잘하게 될 것이다.

- 계획 세우기: 나는 휴가 기간 동안 며칠에 걸쳐 연간 계획을 세운다. 주간 계획을 세우는 데도 약 45분 정도가 소요된다. 일정 시간만 근무하려는 계획이므로 실제로 실행할 때는 항상 가장 중요한 활동부터 완료한다. 또 날마다 예상 밖의 일을 위한 시간도 별도로 정해 놓는다. 무엇보다 여가시간을 1순위로 생각하고 반드시 계획에 포함시킨다.

- 위임하기: 나는 뛰어난 파트너, 직원과 함께 일하고 있다. 내 회사에서는 누구나 재미를 느끼고 자신의 재능에 부합하는 일을 한다. 나는 주로 기업의 수익만을 감독하며 시스템이 제대로 구축됐는지만 신경 쓴다. 나는 기업가로서 내가 맡은 임무(제10장 참조)에 최선을 다한다.

나는 일상적 업무에는 관여하지 않는다. 그 대신 나만큼 또는 나보다 더 잘 완수할 수 있는 사람에게 위임한다.

• 절대적인 집중하기: 나는 현재의 일에 온전히 집중하며 그 밖의 사소한 일로 생각을 흩트리지 않는 법을 배웠다. 그 덕분에 기존에 달성했던 경험의 몇 배에 달하는 성과를 이룰 수 있었다. 두 가지 요소가 크게 기여했다. 먼저 매일 명상하는 것을 빠트리지 않았다. 명상할 때는 절대적인 집중이 필요하다. 그리고 두 시간마다 20분씩 휴식을 취했다. 그 시간 동안 나는 신체적으로나 정신적으로, 영적으로 지친 심신을 회복할 수 있었다. 심신이 피곤해지거나 지쳐 버리거나 스트레스받기 전에 휴식을 취하는 것이 비결이다. 나는 당신도 이 방법을 꼭 시도해 보길 권장한다(제10장 참조).

• 파레토의 80:20 법칙 적용하기: 파레토 법칙에 따르면 업무 성과의 80퍼센트가 업무에 사용한 시간의 20퍼센트에서 나온다. 따라서 업무 중 성과를 좌우하는 20퍼센트에 집중한다면 더 이상 시간이 부족한 일은 없을 것이다. 이를 응용해 업무 시간을 다수의 불필요한 활동과 소수의 필수 활동으로 분류해야 한다. 무엇이든 복잡해지고 어려워진다면 일의 본질에 집중하지 못하기 때문이다. 파레토 법칙을 제대로 이해하기 전에는 항상 시간이 턱없이 부족하다고만 생각했다. 이제는 시간이 부족한 것이 아니라 시간 관리에서 치명적인 실수를 범했던 것이라는 사실을 알게 됐다. 당신이 하는 일 중 상당수가 거의 쓸모없는 일이다. 당신이 쓰는 시간 중 가치 있게 쓰이는 시간은 극히 일부분에 불과하다.

파레토 법칙을 터득한 사람은 부수적인 변화만으로는 충분하지 않다는 점을 깨달았을 것이다. 당신에겐 시간 혁명이 필요하다. 시간 계획 전체를 염두에 두고 올바르게 계획됐는지 항상 의심해야 한다. 다음과 같은 질문으로 확인하라. 다른 사람이라면 무엇을 했을까? 오늘 내가 마지막으로 한 일은 무엇이었는가? 내 일에서 결과물의 80퍼센트를 좌우하는 20퍼센트는 어디에서 비롯되는가?

파레토 법칙을 응용하면 결정적인 20퍼센트 내에서 또다시 80대 20의 분배가 이뤄지고 계속 반복될 수 있다. 이 과정은 당신에게서 최적화의 의지가 사라질 때까지 계속 이어진다. 대리인에게 일을 위임하고 80대 20 법칙을 따라 일하면 혹시 시간이 너무 넘쳐 나는 것은 아닐지 우려하는 사람이 많다. 성공한 사람일수록 자신의 시간이 넘쳐 나기를 바란다. 그들은 항상 기업을 앞으로 나아가게 하는 법을 알고 있다. 그래서 그들 자신이 더 자유로울 수 있을 방법을 모색하려 한다. 기업의 번창을 위해 자신의 시간을 창의적인 원동력으로 삼아야 한다.

제대로 쉬고 제대로 일하고 싶다면

이제 별의 모든 영역을 살펴봤다. 앞으로 당신은 별의 어느 영역에서 일하고 싶은가? 이 책의 도입부에서 설명했던 두 가지 방법을 되짚어 보면 좋을 것이다. 나는 이 책을 통해 누구나 많은 돈을 벌어들이는 고소득자가 될 수 있다고 주장하는 것이 아니다. 누구나 대가를 치를 각

오가 돼 있는 것은 아니기 때문이다. 하지만 다음 두 가지 길 중 하나를 선택하고 이 책에서 설명한 규칙을 수행한다면 아무것도 하지 않았을 때보다 훨씬 더 좋은 결과를 달성할 것이다. 그것만큼은 확실히 보장할 수 있다.

이제 당신은 두 가지 선택의 기로 앞에 놓였다. 당신은 지금 버는 수입의 20퍼센트 정도를 더 벌고 싶은가? 아니면 100퍼센트 이상 더 벌고 싶은가?

• 현 수입의 20퍼센트 정도만 더 벌고 싶은 경우: 많은 것을 하지 않아도 되지만 몇 가지만큼은 꼭 해야 한다. 오늘부터 매일 성공일기를 기록하라. 오늘 당신이 잘 해낸 모든 성공 이야기를 기록하라. 직장인 영역에 머무르고 싶다면 제7장에서 설명한 임금 인상을 목표로 설정한다.

당신이 근무하는 기업의 구조상 임금 인상이 어렵다면 몇 주 안으로 부업을 알아보라. 물론 지금 일하는 분야와 달라야 한다. 그 밖에도 제9장의 내용을 마음에 새긴다면, 즉 자신의 위치를 포지셔닝하고 이 책의 다른 조언들을 이행하다 보면 분명 수입이 1년 안에 예전보다 20퍼센트 늘어날 것이다. 당신이 다른 분야에 도전해도 동일하게 적용할 수 있다. 그리고 어떤 경우에도 추가로 번 수익의 50퍼센트를 별도로 저축해야 한다. 그러면 당신은 조금씩 확실하게 투자자의 위치에 서게 될 것이다.

• 현 수입의 100퍼센트 이상을 더 벌고 싶은 경우: 본질적인 측면에서 훨씬 더 강력한 변화가 필요하다. 무엇보다 자신감을 키워야 하고,

성공일기를 최대한 자주 기록해야 한다. 당신이 직장인이라면 특정 부문의 전문가로 포지셔닝을 하거나 아예 별의 반대쪽으로 옮겨 가야 한다. 이미 별의 왼쪽에서 일하고 있어도 이 책에서 설명한 급진적인 단계가 필요하다. 극적인 소득 증가는 여러 차례의 작은 변화만으로는 이룰 수 없다. 오히려 당신의 인생에 혁명을 일으켜야 한다. 작은 변화는 작은 성공을 이룬다. 큰 변화만이 큰 성공을 누릴 수 있다.

내가 설명한 모든 과정에는 변화를 시도하려는 용기와 열망이 필요하다. 이 시점이 되면 나는 종종 다음과 같은 반박을 듣곤 한다.

'그렇게 쉬운 일은 아닌 것 같습니다.'

'나의 파트너가 동참할 리가 없어요.'

'그런 위험을 감수할 수 없습니다.'

'그러기에는 내 능력이 부족합니다.'

'그러려면 돈이 더 필요할 것 같습니다.'

간단히 요약하자면 이렇다. "나는 보상을 원하지만 대가는 치르고 싶지 않다. 수입이 늘어나면 좋겠지만 기본적으로 지금 상태만으로도 만족하고 있다." 신중하게 생각하라. 혁명은 결국 혁명이다. 당연히 위험하고 불편하다. 따라서 누구나 쉽게 각오하기가 힘든 것이 사실이다. 하지만 당신은 위험을 감수하고 새로운 세상에 발을 내디뎌야 한다. 마지막으로 파레토 법칙을 적용해 보자. 당신이 누릴 행복의 80퍼센트를 당신이 쓸 시간의 20퍼센트를 통해 경험하게 될 것이다. 이만하면 변화를 시도해 볼 만하지 않은가?

부수적인 문제만 다루거나 좀 더 효율적인 시간 관리 정도만 시도해 보는 것으로는 의미가 없다. 앞서 말한 내용의 20퍼센트만 제대로 활용한다면 정말 많은 변화를 이룰 수 있다. 거의 모든 것이 바뀐다고 해도 과언이 아니다. 새로운 규칙을 따르지 않는다면 당신은 시간을 허비할 뿐이다. 열심히 일만 한다고 해서 성공하는 것이 아니라 새로운 시대의 필수 규칙을 실행하는지 여부에 달렸다. 모든 것이 의식적인 결정에서 시작된다. 결단을 내리지 않는 한 아무것도 변하지 않는다. 그리고 결정을 내리기 전에 스스로 근본적인 질문을 던져 봐야 한다. "내가 내 인생에 기대하는 것은 무엇인가?"

모든 결정이 뜻밖에 일어나는 우연이 되지 않도록 하라. 인생에서 당신을 정말로 행복하게 만드는 모든 것을 적어 보라. 그것에 당신만을 위한 행복의 섬이라고 이름을 붙여 보자. 그런 다음 반대되는 불행의 섬을 목록으로 작성해 보자. 비효율적인 모든 것을 적어라. 불행의 섬이 문제인 것은 아니다. 그보다는 커다란 미지의 땅에서 평균적인 만족감을 선택하는 사람들이 대부분이라는 점을 기억해야 한다.

이러한 무인도가 당신의 내면에 들어올 공간을 허락하지 마라. 행복의 섬을 겨냥해 섬의 규모를 늘리는 데 집중하라. 다른 사람들을 위해서 그렇게 해야 한다. 당신이 행복하지 않으면 당신 주변에 있는 사람들의 행복마저 함께 줄어든다. 따라서 행복하기 위해 필요한 모든 노력을 아끼지 않는 것은 당신이 책임져야 할 긍정적인 의무다. 당신이 진심으로 바라는 인생을 만들어라. 그것을 위해 불편하고 힘든 길을 가고 위험을 감수해야 할지언정 그럴 만한 가치가 있다.

인생에서 내가 바라는 것들을 깨닫는다

조용한 장소에서 제6장에서 소개한 내용들을 다시 살펴 보라. 추가로 다음의 질문에 답해 보자.

- 현재의 나는 내게 필요한 모든 것을 소유하고 있는가?
- 나의 라이프스타일이 나의 가족에게도 맞는 것인가?
- 지금 나는 올바른 장소에서 적절한 사람들과 함께 살고 있는가?
- 여행을 충분히 자주 하고 있는가?
- 나에게 최적인 업무 리듬을 찾았는가?
- 언제든 내가 원할 때 운동하고, 휴식하고, 명상을 할 수 있는가?
- 거의 항상 편안하고 마음의 여유가 있는가?
- 업무 진행 과정이 수월하게 흐르는 편인가? 업무에서 창의성과 내가 지닌 잠재력을 발휘할 수 있는가?
- 나의 업무가 짜릿한 재미를 선사하고 나의 능력에 부합하는 일인가?
- 아무 걱정 없이 살 정도로 충분한 돈이 있는가?
- 내가 원하는 대로 다른 사람의 인생까지 풍요롭게 할 수 있는가?
- 나에게 정말로 중요한 사람들을 자주 만나고 있는가?

진정한 부의 레버리지를 찾는 법

만약 근본적으로 더 많은 돈을 벌고 싶다고 결정했다면 다음의 세 가지가 꼭 필요하다.

- 기준을 더 높이 설정한다
- 새로운 확신을 수용한다
- 새로운 전략을 적용해야 한다

당신에게 필요한 진정한 부의 레버리지를 찾는 전략은 이 책에서 전부 찾았을 것이다. 성공한 고소득자들과 교류할 때 새로운 확신을 가장 쉽게 얻을 수 있다. 날마다 배우고 성장하며 자신이 취할 수 있는 최고를 추구하는 사람을 통해 배울 수 있다. 그들과 가까이 지내며 교류하는 것은 자신에게 할 수 있는 커다란 선물이다. 소소한 만족에 머무는 것을 절대 용납해선 안 된다.

물론 모든 사람이 당신이 성공하는 모습을 지켜보고 싶어 하지는 않을 것이다. 배포가 작은 사람은 천성적으로 불안정하고 불안으로 가득 차 있다. 그들은 성공을 위협적으로 느낀다. 당신의 변화에도 별로 신뢰가 가지 않는다고 주장할 것이다. 그들은 그들 자신조차 신뢰하지 못한다. 그들의 말에 뒤로 물러서지 마라. 당신은 자신의 손으로 인생에서 가장 중요한 결정을 내렸고 이제 그것을 실천하는 중이다.

당신도 다른 사람에게 영감을 주는 본보기가 돼라. 그리고 그들을 도와라. 주변 사람들이 새로운 규칙을 적용하며 살 수 있도록, 자신의 일에서 더 큰 성취감을 누릴 수 있도록 그들의 시야를 열어 주면 된다.

당신이 그렇게 해야 하는 세 가지 이유가 있다. 첫째, 이 책의 기본 원칙을 지키는 사람들이 늘어날수록 당신이 원칙을 지키는 것이 한결 쉬워진다. 둘째, 다른 사람에게 기본 원칙을 설명하는 과정에서 무엇이 당신에게 중요한지 다시 한번 되새기게 될 것이다. 셋째, 다른 사람을 도움으로써 얻는 행복은 당신의 인생에 긍정적이고 아주 중요한 변화를 일으킨다.

절대적인 성취를 추구하라, 타협하지 마라

부디 당신이 자신의 인생에 무엇을 요구해야 좋을지 고민하는 데 이 책이 어느 정도 기여했기를 소망한다. 당신이 하는 일에서 절대적인 성취를 추구하라. 당신이 하는 일에 타협을 허락하지 마라. 일에서 좌절하고 만족하지 못한다면 여가활동으로도 만회되지 않는다. 펄펄 끓는 뜨거운 물에 한 손을 넣고 다른 한 손을 차가운 얼음물에 넣는다고 해서 따뜻한 온도로 맞춰지는 것은 아니다.

직업의 성취도에 신경을 쓰지 않는 사람은 원래 자신이 얻을 수 있던 것에서 등을 돌리는 것이나 마찬가지다. 당신은 그 기회를 어떻게 사용했는가? 지금까지 당신의 가능성 중 몇 퍼센트나 제대로 활용했는가? 25퍼센트? 47퍼센트? 만약 지금도 방향을 전환하지 않았다면 마지못해 머물렀던 그 장소에 정말 계속 있고 싶은 것인가? 자신에게 솔직해지자. 지금 당신이 있는 그 장소를 떠나는 것만으로도 기회가 생길 수도 있다.

인생은 여행이다. 자신의 가능성을 개방하면, 당신은 상상도 하지 못했던 방향으로 나아갈 수 있다. 그리고 당신의 꿈을 훌쩍 뛰어넘는 무언가를 발견하게 될 것이다.

당장 돈을 더 벌지 못할 수도 있다

아마 당신의 수입은 직선적으로 증가하지 않을 수도 있다. 그 과정에서 좌절, 의심, 반발심 등 부정적인 감정도 경험하게 될 것이다. 또 어떤 어려움은 부적절한 순간에 당신을 찾아오기도 할 것이다. 단 한 번도 문제가 생길 거라고 예상하지 못했던 방향에서 어려움이 찾아와 당신이 제대로 아픔을 느끼는 곳을 강타하기도 한다. 모두 정상적인 과정이다. 원래 인생이란 폭신한 쿠션이 아니다.

인생의 반격이 저주가 되어 평생 반복되지는 않는다. 누구나 겪어 본 일이 아니던가. 인생이라는 건물에 튼튼하게 설치된 창문과 문을 통해 그 내부를 바라보라. 문과 창문을 통해 그 안으로 들어가면 더 높은 차원에 도달할 수 있다. 당신이 소망하는 인생의 길은 후퇴와 반등을 겪어야지만 앞으로 나아갈 수 있다.

때로는 당신이 앞으로 나아가지 못하는 시간도 있을 것이다. 당신은 자신이 멈춰 섰다고 생각할 것이다. 아무것도 하지 않는데 시간만 속절없이 흐른다고 생각할 것이다. 하지만 그 과정 역시 아주 정상적일 뿐만 아니라 시스템의 일부다. 그렇게 계단을 하나둘 오르다 보면 결국 정상에 도착할 것이다. 설령 수입이 증가하지 않는다고 해도 당신은 내적 성장을 통해 더욱더 성숙해질 것이다. 내적으로 성장하는 기간은 매우 중요하다. 그 기간을 배움과 도전을 준비하는 기회로 삼아 적극적으로 활용해야 한다. 그런 마음가짐이라면 당신이 오르게 될 정상을 사랑하는 법을 배울 수 있다.

진짜 원하는 일이 금메달을 가져다준다

당신이 금메달리스트를 만난다고 가정해 보자. 당신은 그에게 이렇게 묻는다. "당신 인생의 금메달은 무엇입니까?" 항상 잊지 말자. 별로 중요하지 않은 일을 하기에 인생은 너무도 짧다. 당신이 바라기만 한다면 안전, 재미, 높은 수입, 명성, 충분한 여가시간과 삶의 의미 등을 모두 다 가질 수 있다. 절대 동화 같은 이야기가 아니다.

아직도 불가능하다고 생각하는가? 물론 큰 목표라면 그렇게 생각할 수 있다. 처음에는 목표에 이르는 것이 절대 불가능하다고 느껴질 것이다. 하지만 시간이 지나면서 목표는 아예 불가능한 것에서 현실적인 것으로 바뀐다. 자신의 경험, 자신이 처한 상황 등 많은 것으로 인해 힘들지도 모른다. 하지만 마지막에는 그때까지의 모든 시간이 우리에게 필연적인 일이었음을 깨닫게 된다. 언제나 그런 생각이 당신의 내면에 계속 있었기 때문이다.

모든 변화는 당신이 사랑하고 당신의 능력에 부합되는 직업을 찾아나서는 것부터 시작된다. 당신이 하는 일에서 꺼지지 않는 열정을 느낄 수 있기를 바란다. 당신의 내면에 열정을 일으키는 일을 발견하는 순간 당신은 그 누구도 빼앗지 못할 금메달을 목에 건 것이다.

자신의 장점을 정확하게 파악하라. 당신의 심장을 타오르게 하는 불꽃, 열정은 궁극의 장점이 될 것이다. 이러한 낙원에 발을 들여놓는 순간 예전으로 되돌아가는 것은 인간의 본성에 부합되지 않는다. 나는 당신이 평생 일과 사랑에 빠질 수 있기를 기원한다.

빛은 주변에 어둠이 내려앉았을 때 특히 더 소중하고 유용하다. 하지만 우리가 그 빛을 가장 원할 때 빛이 꺼지고 우리 삶에서 사라지기도 한다. 어떤 사람들은 주변을 지배하는 어둠에 적응하려 하고, 또 어떤 사람들은 폭풍우가 몰려오는데도 곧장 밖으로 나서기도 한다.

나는 폭풍이 몰아치는 시간을 겪어 왔다. 그리 좋지 않은 시기를 보내는 동안 사라지지 않는 빛이 무엇인지 깨달았다. 돌이켜보면 나는 평생 동안 특권, 신뢰, 사람들과의 우정과 함께했다.

특히 감사의 말을 전하고 싶은 사람들이 있다. 페터 회벨만, 발터 뫼비우스 교수, 그레타 안드레아스, 베른트와 필츠 라인트겐, 크리스티안 피셔, 누노 아시스와 모니카 레탕이다. 더불어 뛰어난 전문성으로 적극적으로 지원해 주고 많은 영감을 줬던 dtv의 팀에게도 감사한다. 특히 인내심을 발휘하며 항상 신선하고 비판적인 시각으로 영감을 안겨 줬던 나의 편집자 카타리나 페스트너에게 감사의 말을 전한다.

당신에게 성취감을 안겨 주는 일을 찾는 데 도움이 되는 또 다른 심오한 질문들이 있다.

1. 어린 시절 당신은 무엇이 되고 싶었는가? 그 직업은 어떤 욕구를 충족시켰는가?(예를 들어 나는 인디언이 되고 싶었다. 그 이면에는 모험과 자유에 대한 욕구가 숨어 있었다.)
2. 당신에게 있는 능력을 갖지 못한 사람은 누구인가?
3. 당신만 체험해 본 일은 무엇인가? 당신이 독창적으로 잘하는 일은 무엇인가? 각자의 능력은 전화번호에 있는 숫자와 같다. 각각의 숫자는 전 세계에서 수백만 번 이상 쓰인다. 하지만 하나의 전화번

호로 조합되면 유일무이해진다. 당신의 능력은 어떻게 조합돼 있는가?

4. 다른 사람에게서 가장 감탄하는 것은 무엇인가? 괴테는 말했다. "우리가 타인에게서 주목하는 특성과 능력은 우리 내면에 각인돼 있는 것이다." 우리가 타인에게서 인지하는 것은 우리 내면에 잠재돼 있고 또 우리가 발달시키고 싶은 능력이 무엇인지 보여 준다.

5. 해피엔드로 끝나는 아름다운 꿈을 자주 꿔라. 그리고 무엇을 꿈꾸었는지 상세히 기록하라.

6. 자신에게 질문을 던져라. 내 인생에서 언제 가장 만족스러웠는가? 언제 가장 불만스럽고 불행했는가? 그 이유가 무엇이었는지 연구하라.

7. 기분이 좋다는 것은 우리의 욕구가 충족됐다는 의미다. 정말 행복했던 적이 언제인지 그 상황을 떠올려 보라. 당신은 그때 왜 기분이 좋았는가? 당신은 다음과 같은 여섯 가지 욕구를 어떻게 충족시킬 것인가? 안정과 편안함, 변화와 모험, 독창성과 의미 사랑과 결합, 성장과 배움, 나눔과 차별화.

8. 7년 뒤에 당신의 전형적인 일과(업무와 여가)는 어떤 모습일까? 가능한 한 상세히 기록하라.

9. 일에 대한 당신의 생각은 어떠한가? 일을 통해 당신이 얻고자 하는 것은 무엇인가? 돈, 자신감, 접촉, 사회적 지위, 학습과 성장 가능성, 도전, 안정, 재미, 자유, 의미, 남을 도울 방법, 자아실현, 한계 발견, 단결심 등을 떠올려 보라.

10. 인생에서 꼭 이루고 싶은 다섯 가지는 무엇인가?

11. 인생에서 수용하는 모든 역할(아버지, 어머니, 친구, 자식, 형제, 사업 파트너, 조언자, 이웃…)을 나열하라. 그중 가장 중요한 것은 무엇인가?

12. 당신의 주변에는 어떤 사람들이 있는가? 그들이 당신에게 기대하는 것은 무엇인가? 그 사람들과 그 기대가 당신에게 영향을 미치는가?

13. 당신의 경험이 없었더라면 지금의 당신이 없었을 거라는 사실을 인식하라. 그리고 다시 생각해 보라. 당신을 특별하게 만든 것은 무엇인가?

14. 가장 친한 친구들과 앉아서 서로 질문하라. 내가 잘하는 것은 무엇인가?

15. 당신의 가치를 명확히 인식하라. 당신이 정기적으로 접촉하는 다섯 명의 이름을 적어 보라. 그리고 스스로 질문하라. 이 사람들에게 나는 어떻게 보일까? 그들의 눈에 비치는 나의 장점은 무엇인가?

16. 누구와 함께 일하는 것을 선호하는가? 그 이유는 무엇인가? 누구와 일하는 것이 불편한가? 그 이유는 무엇인가? 그 사람들이 중요하게 생각하거나 무시하는 가치는 무엇인가?

17. 당신에게 정말로 중요한 것을 밝혀 내기 위해서 직접 자신의 부고장을 써 보라. 당신은 뭐라고 쓸 것인가?

18. 당신에게 중요한 가치를 기록하라. 가치를 나열한 목록은 다음과

같다. 당신의 인생에서 중요하다고 판단이 되는 가치를 열 가지에서 열다섯 가지 정도 고른 후 탐구하라. 그리고 그 중요도에 따라 순서를 정하라.

가치의 예시

신뢰	기여
이해	감사
진실	검소
존경	겸손
열정	건강
개방	친절
성실	에너지
사랑	행복과 기쁨
따뜻함	평화
즐거움	끊임없는 학습과 성장
재미	훈련
안정	지속성
발전	냉정
지원	인내
도전	모험
창의력	성공

아름다움	지성
매력	집중
정신성	책임
자유	경제력
부	자신감
만족	변화
기분 전환	피트니스
존경	이완·휴식
부에 대한 의식	정의·질서
무결	영향력과 권력
가족	

19. 당신의 가치를 발휘할 수 있는 업무 영역이 떠오르는가?

20. 다음 훈련을 하려면 몇 시간 정도 필요하다. 하지만 그럴 만한 가
    치가 있다고 약속할 수 있다. 몇 시간을 투자한다면 그 어느 때보
    다 자신에 대해 더 많은 정보를 알게 될 것이다. 확실히 약속한다.
    당신은 심오한 평화를 느끼게 될 것이다.

    당신이 저 멀리서 자신의 장례식을 지켜보고 있다고 상상해
    보라. 많은 사람이 당신에게 마지막 경의를 표하고자 찾아왔다.
    당신의 인생에 대한 그들의 애정과 인정, 존경에 대해 마지막으
    로 알리기 위해서다(주의: 자신의 장례식을 연상할 때 지나치게 비탄
    에 빠진다면 시나리오를 바꿔서 연상하라. 많은 지인을 초대한 85번째

398

또는 95번째 생일 파티를 떠올려 본다). 식순에 따라서 네 명의 지인들이 그들의 관점에서 본 당신의 삶에 대해 마지막으로 연설을 하려고 한다. 첫 번째 연사는 당신의 가족 중 한 명이다. 그 사람은 당신을 배우자, 아버지/어머니, 형제/자매로서 어떻게 설명할까? 두 번째 연사는 가장 친한 친구 중 한 명이다. 그 사람은 당신을 친구로서 어떻게 설명할까? 세 번째 연사는 직업적으로 관련이 있는 사람 중 한 명이다. 그 사람은 당신이 직장 동료로서 어떤 사람이었다고 평가할까? 마지막으로 네 번째 연사는 사회생활에서 만난 지인이다. 당신이 어떤 부문에 적극 참여했다고 소개할까? 당신은 누구에게 무엇을 줬고 또 어디에서 선행을 베풀었는가?

21. 괴테는 "소망은 우리 능력을 미리 보여 주는 것"이라고 말했다. 그런 만큼 당신이 진심으로 바라는 것을 발견하는 과정이 중요하다. 그러므로 다음의 내용을 적어 보자.

향후 5년 안에 당신이 되고 싶은 것, 하고 싶은 것, 갖고 싶은 것은 무엇인가? 그것이 현실적인지 생각하지 마라. 적어도 당신의 생각과 메모만큼은 모든 한계를 뛰어넘을 수 있어야만 한다. 그리고 누가 알겠는가. 인생에서 자신이 진정 누구인지, 무엇을 하고 싶은지 파악하기 위해 진지하게 고민할 때 비로소 우리는 두 가지를 모두 갖출 수 있다.

Bodo Schäfer
Endlich mehr verdienen